Core-A 교재개발 시리즈 3

Core-A 반도체배치설계관련 지식재산권

이경란 · 임병웅 공저

32bit RISC

GNU

GCC

ICE

특허청
KOREAN INTELLECTUAL PROPERTY OFFICE

반도체설계교육센터
IC DESIGN EDUCATION CENTER

차 례

chapter

1 반도체 설계재산의 개념, 보호의 필요성 및 현황

제1절 序

최근 반도체 공정기술의 발달로 인한 반도체의 직접도 증가는 종래 SoB(System on Board) 기술로부터 단일 칩 내에서 시스템을 구현할 수 있는 SoC(System on Chip) 설계를 가능하게 하였고, 반도체 산업에 있어서 중요한 경쟁요소인 시장적시성을 충족시키기 위해서는 반도체 설계재산의 재사용 또한 중요한 의미를 가지게 되었다.

반도체 IP는 반도체 설계 모듈이면서 그 성격에 있어서는 마치 컴퓨터프로그램의 성격과 유사하여 불법적으로 사용되기가 용이하고 도용을 입증하기도 어려워 현실적으로 볼 때 반도체 IP의 도용을 막기 위한 법적인 보호 방법이 적절히 갖추어져 있다고 볼 수 없다. 이러한 반도체 IP의 보호장치에 대한 미흡함은 결국 재사용 가능한 반도체 IP의 유통을 가로막는 가장 큰 요인 중의 하나로서, 세계 반도체 시장의 열쇠를 쥐고 있는 SoC 산업의 발전을 위하여 반도체 IP에 대한 효과적이고 체계적인 보호방안이 요구된다.

이하에서는 반도체 설계재산의 개념 및 보호의 필요성에 대해 구체적으로 살펴보고, 이를 보호하고 있는 직접적인 법률인 반도체 집적회로의 배치설계에 관한 법률에 의한 보호 가능성 및 그 한계를 극복하기 위한 타법에 의한 보호 가능성에 대해 고찰하고자 한다.

제2절 반도체 설계재산의 개념

I 반도체 설계재산의 의의

반도체 설계재산(Semiconductor Intellectual Property:SIP)은 관련업계에서 통상 IP라 칭한다. IP(Intellectual Property)의 문자 그대로의 의미는 “지식 재산(자산)”으로서 일반적으로 발명, 디자인, 표장, 저작물 등 인간의 지식 활동으로부터 나온 무형의 지적 결과물(또는 이를 보호하는 지식재산권)을 의미하는 것으로 널리 사용되고 있지만, 반도체 업계에서는 “반도체 집적회로의 설계시 독립적인 기능을 가지고 재이용이 가능한 기능블록(반도체설계모듈)”을 말한다(이하에서는 반도체 IP라 칭함).

즉, 반도체 IP란 반도체 회로의 로직 LSI를 구성하기 위하여 필요한 기능을 하드웨어와 소프트웨어의 상태로 정리한 블록을 말하는 것으로 칩의 코어 셀(기능 블록)과 그 코어 셀을 구동하기 위한 디바이스 드라이버, 소프트웨어, 펌웨어 등을 포함한다. 다만, 반도체 업계에서 사용하는 반도체 IP라는 용어는 용어로서 반드시 통일된 것은 아니며, 반도체 IP 표준화 단체인 VSIA에서는 반도체 IP 대신 “VC(Virtual Component)”라는 용어를 사용하고, 데이터퀘스트는 “SLM(System Level Macros)” 이라는 용어를 사용하기도 한다.[1)]

II 구별개념

1. 반도체

반도체라 함은 전기를 통하는 도체와 전기를 통하지 않는 부도체의 중간에 해당하는 성질의 고체물질을 말하며, 순수한 상태에서는 부도체에 가까운 성질을 나타내지만 적당한 양의 불순물을 첨가하면 전기·열·자기 등의 자극에 의하여 전기가 통하게 되어 전류의 정도와 방향을 조절할 수 있는 성질을 가지게 되는 물질로서, 실리콘(Si), 게르마늄(Ge) 등과 같은 단원소로 된 반도체와 갈륨비소(GaAs) 등과 같은 화합물로 된 반도체로 구분된다.

2. 반도체집적회로

반도체 기판 위에 수천 개 내지 수백만 개의 트랜지스터, 콘덴서, 저항 등의 회로소자를 형성하고, 이들을 도선으로 연결하여 신호의 정류, 증폭, 검파, 스위칭, 기억,

1) 특히, VSIA에서 사용하는 VC라는 용어는 과거 실체가 있는 전자부품과 달리 무형의 설계 데이터라는 것을 강조하기 위한 것이다.

신호처리 및 논리연산 등의 다양한 전자회로 기능을 수행토록 한 것이 반도체 집적회로(Integrated Circuit), 즉 반도체칩(Semiconductor chip)이며, 이는 회로소자가 집적된 정도에 따라 소규모 집적회로(SSI), 중규모 집적회로(MSI), 대규모 집적회로(LSI), 초대규모 집적회로(VLSI)와 하나의 칩에 천만 개 이상의 소자를 가지고 있으며 도선의 폭이 0.5μm 이하인 극초대규모집적회로(ULSI)로 구분된다. 현재는 도선의 폭이 32nm 정도 되는 인 극초대규모집적회로(ULSI)가 실용화되고 있다.

3. 배치설계

배치설계라 함은 반도체집적회로를 제조하기 위한 일종의 설계 형태로서 각종 회로소자 및 이들을 연결하는 도선을 평면적·입체적으로 배치한 설계를 말한다. 예를 들어 64GD램 메모리의 반도체칩을 제조할 경우 엄지손톱 정도 크기의 반도체 기판 위에 640억개의 트랜지스터와 640억개의 콘덴서를 내장하고 이들을 연결하는 약 0.4~0.25μm의 미세한 도선을 공간적으로 배치한 설계도면이 필요한데 이를 육안으로 식별할 수 있도록 확대한다면 축구장 면적에 해당하는 크기의 특수한 설계도이며, 이러한 배치설계는 기술집약도가 높고 개발에 막대한 비용과 고도의 기술을 필요로 하는 반도체산업의 핵심기술 분야이다.

[표 1] 배치설계의 국가별 표현

한국	미국	일본	유럽
배치설계	Maskwork	Circuit Layout	Topography

Ⅲ 반도체 IP의 종류

1. 제공형태에 따른 분류

가. LSI 공정의 구분

LSI의 개발은 트랜지스터의 형상과 그 사이의 배선을 미세가공 기술로서 칩 표면에 새기는 "LSI 제조공정"2)과 이러한 트랜지스터의 형상과 배선 즉, 레이아웃 디자인을 도출하기 위한 "LSI 설계공정"으로 크게 나눌 수 있다. 한편, LSI 설계공정의

2) LSI 제조공정에서는 트랜지스터의 배치와 배선을 자유롭게 설정할 수 있는 스탠더드 셀이나, 트랜지스터는 이미 배치되어 있어 그 사이의 배선만을 변경하는 게이트 어레이라는 제조방법이 사용되고 있다. 이들 스탠더드 셀이나 게이트 어레이는 반도체 공장에서 많은 제조공정을 거쳐 LSI로서 추하된다. 또한 반도체 제조프로세스를 거치지 않더라도, 마이크로 프로세서에서의 프로그램과 같이 사용자의 손으로 트랜지스터 사이의 배선을 자유롭게 설정 또는 변경함으로써 소망하는 LSI 기능을 실현할 수 있는 FPGA(Field Programmable Gate Array)나 PLD(Programmable Logic Device)라는 디바이스도 1990년대부터 많이 사용되고 있다.

전(前) 단계로 "시스템 설계공정"이 필요한데[3], 시스템 설계공정에서는 가격이나 소비전력, 속도 등의 기본적 성능에 대한 시스템의 요구사항[4]을 고려하여 사양을 결정하고, 어떠한 기능을 하드웨어로 하고 어떠한 기능을 소프트웨어로 할 것인가의 분담을 결정하는 기능분할설계를 한다.

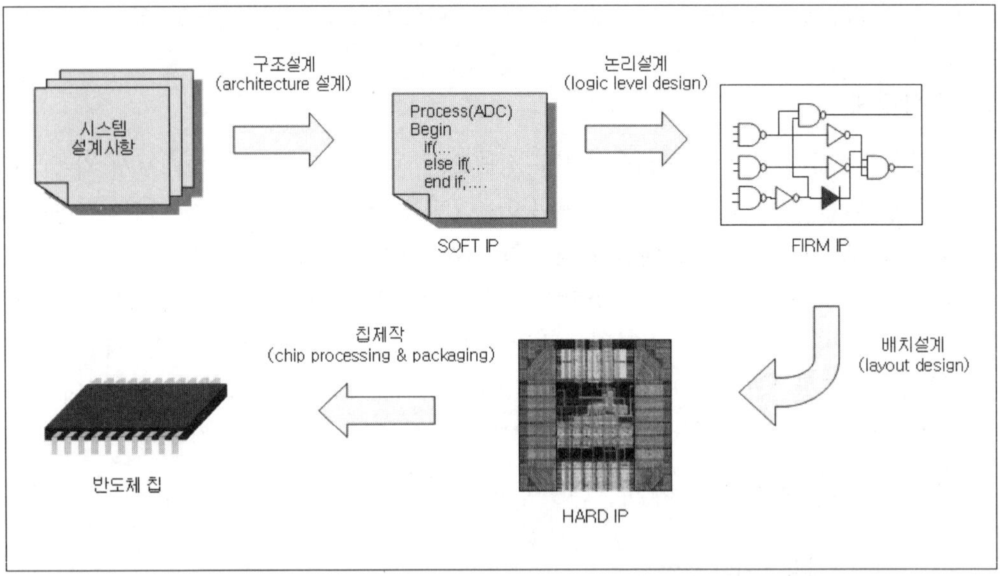

[그림 1] **반도체칩 설계공정 및 성과물**

LSI 설계공정에서는 실현하는데 있어서 지켜야 할 제약에 따라서, 시스템에서 실현해야 할 기능의 구체화 또는 상세화를 행한다. 나아가 어느 기능을 하드웨어로 실현할지 또는 소프트웨어와 소프트웨어의 처리를 실행하는 마이크로 프로세서로 실현할지를 결정한다. LSI 설계공정은 크게 "기능설계(상위수준합성)", "논리설계(논리회로합성)", "레이아웃설계(레이아웃 디자인)"로 구별된다.

"기능설계(상위수준합성)"는 LSI에서 실현하고자 하는 기능을 시스템의 요구 사양에 의한 제한(소비전력, 가격 등)이나 실장을 위한 제한(미세가공기술, 개발기간 등)을 고려하면서 최종 LSI 하드웨어 구성요소와 그 동작사양을 하드웨어 기술언어(HDL)로 구체화 또는 상세화하는 작업을 말한다. LSI 동작사양이 시스템 요구사양에서 지정된 기능을 만족하고 있는가의 여부는 시뮬레이션 CAD를 이용하여 확인한다.

---

3) 시스템 설계공정은 LSI 설계공정에 포함시켜 설명되기도 한다.

4) 과거 메모리로 대표되는 범용제품이 주류였던 시기에 비하여 최근의 포스트 PC 시대에서는 거의 모든 부품을 하나의 반도체집적회로 상에서 실현할 수 있게 됨으로써 시스템의 요구사항(사용자의 요구사항)을 어떻게 반도체집적회로에 반영할지의 여부가 중요한 점이 되었다.

"논리설계(논리회로합성)"는 하드웨어 기술언어(HDL)로 작성된 LSI의 동작 사양을 만족시키는 논리회로(넷 리스트[5])를 미세가공 기술의 제한을 고려하면서 구성하는 작업을 말한다. 최근에는 논리합성 CAD를 이용하여 하드웨어 기술언어로부터 자동적으로 생성하는 일이 많다.

"레이아웃설계(레이아웃 디자인)"는 실제의 LSI 칩 상에 트랜지스터를 어떻게 배치하고 배선하여 논리회로를 구현할 것인가를 구하고[6] 레이아웃 CAD를 사용하여 2차원 도형(마스크 레이아웃)으로 출력하는 작업을 말한다.[7] 레이아웃설계는, 넷 리스트에 따라서 실제의 마스크 레이아웃을 생성하는 것이며, 회로 접속정보를 기하학정보로 변환하여 반도체 집적회로용의 마스크를 작성하는 설계이며, 이 설계에 의한 성과물인 설계데이터(하드 IP)로부터 EDA에 의해서 거의 자동적으로 제조행위에 불가결한 마스크를 즉시 작성할 수 있다.

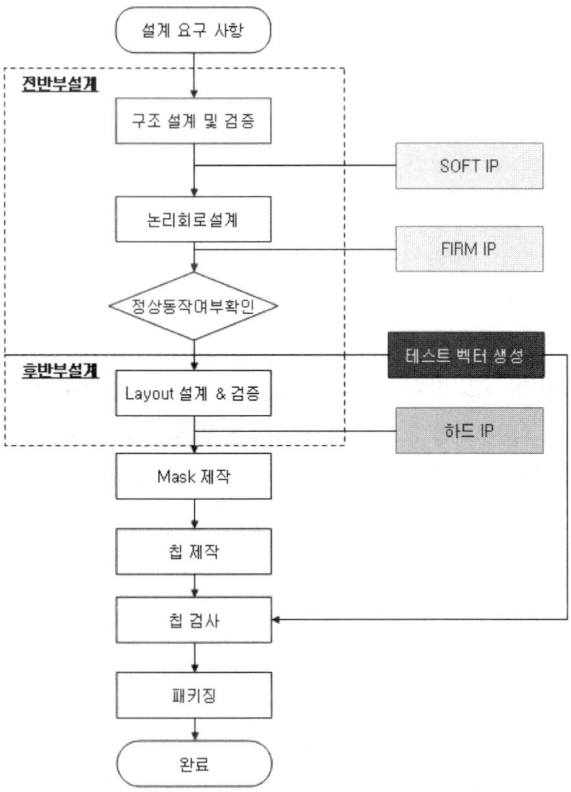

[그림 2] 반도체 설계공정의 개요

5) 넷 리스트란, LSI 논리회로를 구성하는 기본게이트의 접속관계를 나타낸 설계데이터를 말하는 것이며, 이른바 게이트셀과 게이트셀의 단자간 접속정보를 제공하는 파일로서 출력된다. 논리회로를 구성하는 소자간의 전기적 접속상태를 전부 나타내고 있으며, 컴퓨터로 처리가능한 형식이 되어 있다.

6) 이는 통상 레이아웃 CAD를 사용하여 자동적으로 구한다.

7) SoC의 설계재산에 관한 연구, 일본 공업소유권센터, 2001

나. IP의 분류

LSI의 전통적인 설계과정에서 생기는 성과물을 기준으로 반도체 IP는 통상적으로 "하드 IP(hard IP), 펌 IP(firm IP), 소프트 IP(soft IP)"의 3가지로 구분된다. LSI 설계공정에 있어서의 각 단계의 성과물 중 기능설계의 성과물은 "소프트 IP"에 해당하고, 논리설계의 성과물은 "펌 IP", 레이아웃설계의 성과물은 "하드 IP"에 해당한다.

(1) 소프트 IP

소프트 IP란 일반적으로 하드웨어 기술언어(Hardware Description Language; HDL)로 쓰여진 논리합성 가능한 설계 자산을 의미한다. 하드웨어 기술언어로는 VHDL과 Verilog 등이 이용되며, 합성 가능한 RTL(Register Transfer Level)에서 기술되는 것이 일반적이다. 소프트 IP는 아직 테크놀로지 맵핑(Technology Mapping)이 되어 있지 않으며, 이것이 가장 큰 장점이다.

테크놀로지는 사용자 쪽에서 선택할 수 있으며, 설계의 수정이나 개량, 기능 변경도 용이하다. 설계재산을 재이용의 관점에서 보면 하드 IP나 펌 IP 보다 유연하다고 할 수 있다. 또한 가격 측면에서도 다른 설계재산보다 유리하다는 것이 소프트 IP가 주목받는 이유 중의 하나이다. 소프트 설계재산은 3가지 설계재산 중에서 유연성이 가장 좋고 필요에 따라 첨삭이 가능한 장점을 가지고 있다. 그러나 플로플래닝(Floorplanning) 구현, 레이아웃 등에 관련된 정보가 없어 면적 및 성능 예측이 잘 안 되는 단점이 있다. 소프트 IP의 공급 시 최소한의 전달물은 원시코드, 일반적인 라이브러리(generic library)에 의한 논리 합성용 스크립트, 테스트 벤치 및 테스트 벡터, 사양서 등이다. 그 밖에 소프트 IP를 사용하는데 있어서 보조적인 것으로서 C 언어나 HDL 등에 의한 동작모델, 평가보드가 있다. 소프트 IP는 기능 테스트와 합성 가능성 테스트만 행한 상태이므로 실제 논리 합성 이후의 작업 공정은 모두 사용자 측의 역할과 책임이 된다. 특히 중요한 것은 소프트 IP의 기능이 검증되어 있어도 다른 회로와 조합하면 동작되지 않을 가능성도 있다는 점이다.[8)]

(2) 펌 IP

펌 IP는 소프트 IP와 하드 IP의 중간에 위치하는 설계재산으로서 약간의 플로플래닝(floorplaning) 정보를 가진 게이트 레벨의 네트리스트(Netlist)이다. 즉, 펌 IP는 소프트 IP에 논리소자의 종류나 신호 전파지연이라는 미세가공기술의 제약조건을 부가한 설계정보이다. RTL 기술의 원시코드와 일반적인 라이브러리를 사용한 논리 합성의 스크립트 및 그 결과에 해당하는 네트리스트를 펌 IP라 할 수 있다. 일반적인 라이브러리를 사용함으로써 게이트 수나 성능 예측에 어느 정도 이용할 수 있다.

8) 이영호 외 1인, IP 기술동향, KETI

펌 IP는 수정 및 변경이 용이한 편인데 펌 IP는 하드 IP와 달리 약간의 위치 정보를 포함하고 있어 이 블록이 확실히 동작할 것이라는 기대를 반도체 IP 사용자에게 줄 수 있지만, 특정 공정의 라이브러리가 확정되어 있는 상태이므로 소프트 IP와는 달리 다른 공정으로의 전환이 쉽지 않은 편이다. 다만, 최근에는 ASIC 벤더간의 공정 기술 차이가 별로 없어서 어느 한 회사의 라이브러리로 펌 IP를 만들어 두면 타 회사의 테크놀로지에 간단한 변환으로 이식할 수 있다.

(3) 하드 IP

하드 IP는 LSI 설계공정 중 레이아웃 설계 데이터이다. 즉, 하드 IP는 공정이 완전히 정해져 있고 배치・배선이 끝난 설계 데이터로서 재이용이 가능한 형태의 설계재산이며, 표준셀이든 게이트 어레이이든 문제 되지 않는다. 즉, 게이트 어레이라면 배선층의 마스크패턴, 표준셀이나 완전주문형이면 전 층의 마스크 패턴을 포함한 설계 데이터로 도면 검증까지 실시한 것을 하드 IP라고 한다. 하드 IP의 이점은 도면검증을 포함하여 블록 레벨에서의 모든 설계가 종료 되었다는 것이다. 즉 칩 레벨에서 블랙박스로 취급할 수 있기 때문에 설계재산 중에서도 가장 큰 TAT(Turn Around Time)의 단축이 가능하다.

하드 IP는 타 공정으로의 전환이 거의 불가능하기 때문에 이식성이 낮다. 또한 반도체 제조업체는 이러한 형태의 설계 정보를 대단히 많이 가지고 있어서 입수하기도 쉽다. 그러나 하드 설계재산은 제조하면 동작할 것이 거의 확실하므로 매우 비싸며 또한 사용자는 칩 제조시 특정 반도체 공정에 예속되는 단점이 있다.[9)]

[표 2] 제공형태에 따라 분류된 IP의 특성[10)]

구분	의미	유연성 (customize)	신뢰성 (안정성)	가격
소프트 IP	하드웨어 기술 언어(HDL)로 쓰여진 논리 합성 가능한 설계 자산, HDL은 VHDL과 Verilog-HDL 등이 이용되며, 합성 가능한 RTL(Register Transfer Level)이라는 하드웨어 기술 레벨이 일반적임	설계의 수정이나 개량, 기능 변경이 쉽기 때문에, 유연성이 매우 높음	면적이나 성능 예측이 되지 않으므로, 안정성은 낮음	낮음
펌 IP	약간의 Floorplanning 정보를 가진 게이트 레벨의 netlist; RTL 기술을 기반으로 어느 정도 범위의 제조 공정 한정	중간	중간	보통
하드 IP	공정이 완전히 결정되어 있고, 레이아웃 제조까지 완료된 블록	어려움	높음	높음

9) 이영호 외 1인, IP 기술동향, KETI

10) 반도체 배치설계권 유통표준화 연구 및 반도체 배치설계권 표준안 구축. 관리사업 권리표준보고서 5면 참조 (2000. 특허청)

2. 개발형태에 따른 분류

반도체 IP의 개발형태에 따라 반도체 IP를 분류하는 경우에는 일반적으로 Star IP, Standard IP, Cell IP로 분류하는데, Star IP는 재사용이 매우 활발하여 특정한 기능에 제한되지 않고 거의 모든 SoC에 채택 가능한 프로세서 코어, DSP 코어 등의 범용 IP를 말하고, Standard IP는 USB, IEEE1394 등과 같은 특정한 인터페이스 표준 방식 또는 MPEG 등과 같은 표준기능에 맞추어져 개발된 IP를 말하며, Cell IP는 종래의 SoC 설계방식에 사용되던 설계 라이브러리 또는 Memory Macro 등을 말한다.

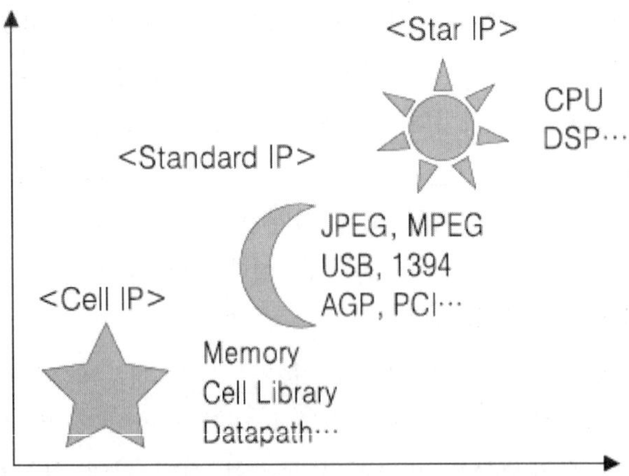

[그림 3] IP 개발 형태에 따른 분류방식[11)]

제3절 반도체 IP 보호의 필요성

I 기술적 측면에서 필요성

1. 서설

앞서 살펴본 바와 같이 반도체 IP란 "반도체 집적회로의 설계 시 독립적인 기능을 가지고 재이용이 가능한 기능블록(반도체설계모듈)"을 말한다. 즉, 반도체 IP의 존재의의는 SoC[12)] 제작에 있어 이미 완성된 설계모듈로 이용됨으로써 SoC의 기술성 및 시장 적시성을 만족하는데 있다는 것이다. 반도체 IP 보호의 필요성은 반도체 IP의

11) 반도체설계 지식재산연구, 특허청. 2003
12) SoC(System on a Chip)란 반도체 IP을 조합하여 하나의 반도체칩 속에 시스템을 구현하는 기술이다.

재사용이 필요하기 때문이며, 반도체 IP의 재사용이 필요한 것은 필연적으로 SoC 설계기술의 동향에 좌우된다고 할 것인바, 먼저 최근의 SoC 설계기술 동향에 대하여 간략히 살펴보면 아래와 같다.

2. SoC 설계기술의 변화

가. 개요

〈그림 4〉에서는 ASIC을 비롯한 SoC에 대한 설계 방법이 변천되는 동향을 나타내고 있는데, 여기에서는 90년대 초까지 주로 적용되던 Time Driven Design(TDD) 방법, 90년대 중 후반 및 현재에도 적용이 되는 Block Based Design(BBD) 방법, 가장 최근에 생겨난 SoC 설계기술이자 현재와 향후에도 적용될 것으로 예상되는 Platform Bsaed Design(PBD) 방법 등으로 구분하여 볼 수 있다.[13)]

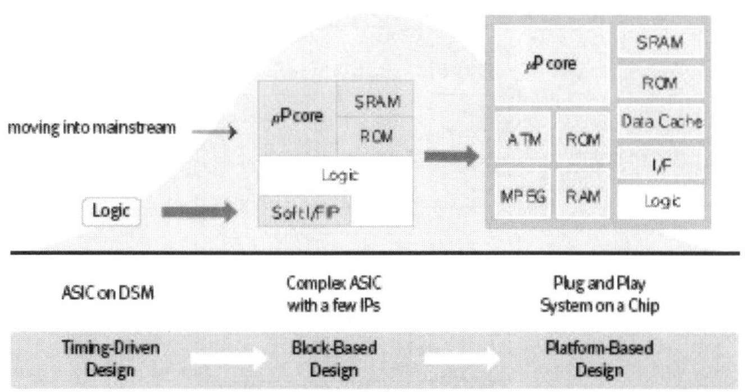

[그림 4] SoC 설계방법의 변화[14)]

나. 시간 설계(TDD : Time Driven Design)

TDD는 칩 규모가 10만 게이트 내외이던 당시에 적용하던 설계 방법으로써 Schematic을 주로 사용하였고 RTL 설계가 태동하여 적용되기 시작하던 때이다. 이 당시에는 Reuse의 개념이 별로 적용되지 않던 시기이기도 하며, 소수의 인력으로 칩 설계가 가능하던 시기였으므로, 반도체 IP에 대한 개념도 명확하지 않았으며 반도체 IP 재사용의 필요성 또한 거의 요구되지 않았다.

다. 블록 기반 설계(BBD : Block-Based Besign) - IP 재활용

BDD는 통상적으로 칩 규모가 100만 게이트 내외인 경우에 사용되는 설계방법이며, 100만 게이트 내외의 규모에 Schematic 설계를 적용하는 경우에는 배선 등의 오

13) IP 및 플랫폼을 이용한 SoC 설계, 한국전자통신연구원, 여순일
14) 주간기술동향 통권 112호, ETRI, 2003. 9.9

류 수정에 많은 시간이 소요되기 때문에 BDD의 경우에 있어서는 RTL을 주로 이용한다.

<그림 5>에서 알 수 있는 바와 같이 BDD는 시스템을 여러 블록으로 설계하고(시스템 구현 비용 및 성능을 최적화하도록 하드웨어와 소프트웨어를 동시 설계(co-design)하기도 한다), 필요로 하는 구성 요소(component)들을 반도체 IP 공급자(vendor)로부터 구입하여 시스템을 구성하고 검증하는 설계방법을 말하는 것으로 BDD에 있어서는 이미 개발되고 검증되어 있는 반도체 IP를 재활용하는 것이 필수적이라 할 수 있으며, 결국 이런 반도체 IP를 기본적인 설계 단위로 하여 그림과 같이 시스템을 구성하는 방법을 블록 기반 설계(BDD)라고 한다. 따라서, BDD에 의한 설계방법이 사용된 1990년대 중반부터 반도체 IP의 재활용의 필요성이 대두되기 시작하였다.

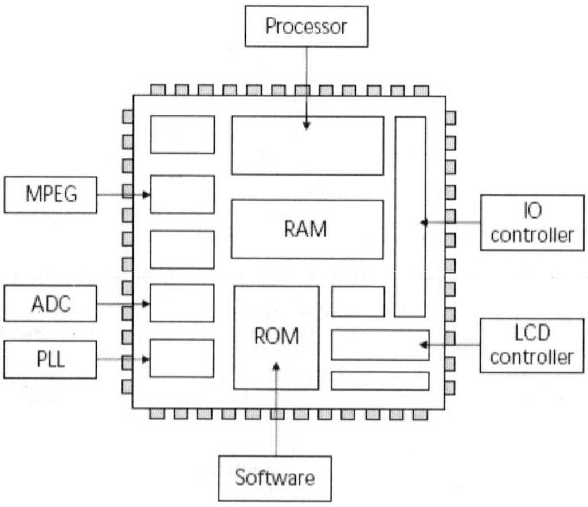

[그림 5] 블록 기반 설계[15)]

라. 플랫폼 기반 설계(PBD : Platform-Based Design) – IP 및 플랫폼(platform) 재활용

PBD 설계방법은 현재 혹은 향후의 수십만, 수백만 게이트 이상의 설계에 적용되는 방법으로 반도체 IP가 필수적으로 갖추어져야 하며 전체 칩 구조의 설계를 선행해야 칩 설계가 이루어질 수 있는 경우에 적용되는 방법이다.

즉, 시스템이 점점 복잡해지면서 각각의 반도체 IP들을 구성하고 검증하는 데에도 시간 및 비용이 많이 들게 되므로 이러한 노력을 줄이기 위하여 여러 시스템에서 사용 가능한 공통적인 아키텍쳐(architecture)와 코어 프로세서(core processor)에 상주

15) 주간기술동향 통권 112호. ETRI. 2003. 9.9

하는 OS 등 범용적인 플랫폼(platform)을 구성해 놓고 필요에 따라 소프트웨어를 변경하거나 새로운 기능 블록을 추가하는 방법으로 시스템을 재구성하는 방법을 플랫폼 기반 설계(PBD)라고 한다.

PBD를 이용하면 〈그림 6〉에 나타난 바와 같이 필요로 하는 기능 블록만 추가함으로써 나머지 컴포넌트는 검증하지 않고도 새로운 시스템을 구성할 수도 있으며, 소프트웨어만을 변경함으로써 플랫폼 자체도 재사용 할 수 있다. 공정기술의 발달로 사용 가능한 칩 면적이 충분히 넓어지면서, 널리 사용되는 반도체 IP들을 최대한 집적시켜 놓고 제작하려는 시스템에 따라 필요한 부분만 사용하는 방법도 사용될 수 있다. 이 경우 하드웨어 자원(resource)들을 모두 활용하지 않을 수 있지만 시스템의 설계 및 검증 비용을 줄일 수 있는 장점에 비한다면 작은 단점이라고 할 수 있다.

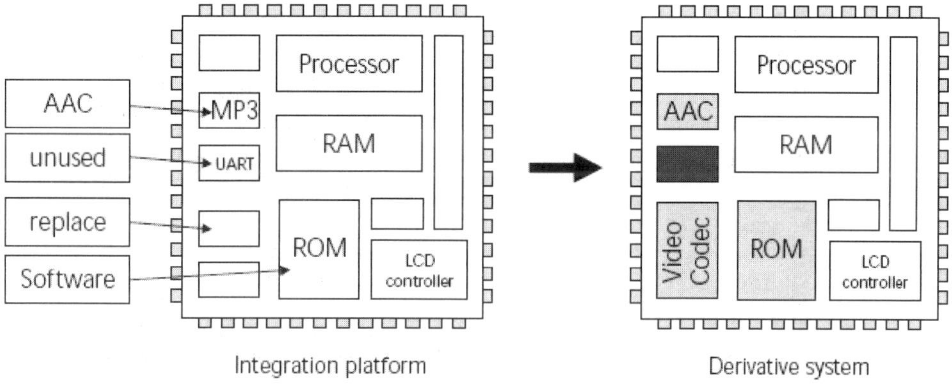

[그림 6] 플랫폼 기반 설계[16)]

또한, SoC에 있어서는 통상 Hardware와 Software가 동시에 다루어지며, 칩 설계를 진행하게 됨과 아울러 Software도 칩 내부에 내장될 수 있도록 하는 Embedded Software 설계 방법을 적용하여야 한다. 그러므로 PBD는 Hardware 부분뿐만 아니라 Software 및 Firmware부분도 재사용(Reuse)할 수 있도록 준비되어야 적시에 칩 설계를 완료할 수 있는 것이다.

〈그림 4〉에서도 볼 수 있듯이 SoC 설계에 대한 동향은 이와 더불어 Plug and Play를 가능하게 하는 방향으로 진행될 것이며, 이를 위해서 필요로 하는 IP의 확보가 필수적이다. 따라서, 최근에 주로 사용되는 PBD에 있어서는 반도체 IP 재사용의 필요성이 더욱 더 요구된다.

16) 전게서

3. IP 재사용의 필요성

SoC의 개념에서 알 수 있듯이 SoC는 기존의 칩들보다 규모 및 복잡도가 훨씬 커지고 임베디드 프로세서의 소프트웨어까지를 고려한 디자인이 필요해진 반면, 그 성공여부는 누가 먼저 시장에서 필요한 제품의 상품화에 성공하여 TTM(time-to-market)을 만족할 수 있는가에 좌우된다. 한편, 반도체 기술은 인텔의 공동 창업자인 고든 무어(Gordon Moore)가 1965년 전망한 트랜지스터 집적도 증가 법칙에 따라서 3년에 약 4배씩 발전되어 왔다.

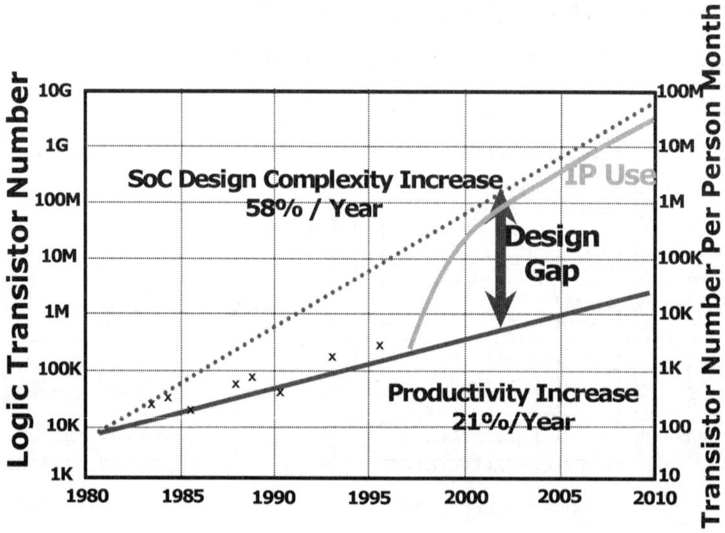

[그림 7] 반도체 생산성 격차[17)]

〈그림 7〉을 보면, 반도체의 제조기술과 집적도에 따른 시스템의 복잡도는 무어의 법칙에 따라 연 약 58%씩 증가하고 있으나, 집적회로의 설계능력(설계 생산성)은 설계 CAD tool의 획기적인 향상에도 불구하고 시장에서 요구하는 SoC의 고기능화[18)]에 따라 연 21%씩 발전하고 있다. 즉, 집적기술의 향상은 설계능력의 발전 속도보다 거의 3배 정도 빨리 성장하고 있어 반도체 설계 생산성 격차(productivity gap; design gap)는 점점 커지고 있는데, 〈그림 7〉의 “IP USE”라는 선에서 단적으로 알 수 있듯이 이러한 생산성 격차를 극복하기 위해서는 반도체 IP의 재사용이 필수적이다.

17) Sematech.

18) 반도체 공정기술은 고밀도화 되었으나 반도체 설계기술은 상대적으로 이에 미치지 못하고 있다. 게이트 수가 많아짐에 따라 설계는 더욱 복잡해지고 더 많은 개발시간이 소요되며, 소자가 더 작아짐에 따라 설계의 불확실성은 증가하게 되었다.

반도체 IP를 활용하여 SoC를 설계하는 경우 일반적으로 5 내지 10배의 설계 효율성이 차이가 난다고 알려져 있고, 〈그림 8〉과 같이 EDA today의 예상에 따르면 반도체 IP를 재사용하는 경우와 재사용하지 않는 경우의 설계 비용이 1998년 이전에는 차이가 없었으나, 2002년도에는 약 4배, 2006년도에는 약 8.5배 정도의 차이가 날 것으로 전망하고 있다.

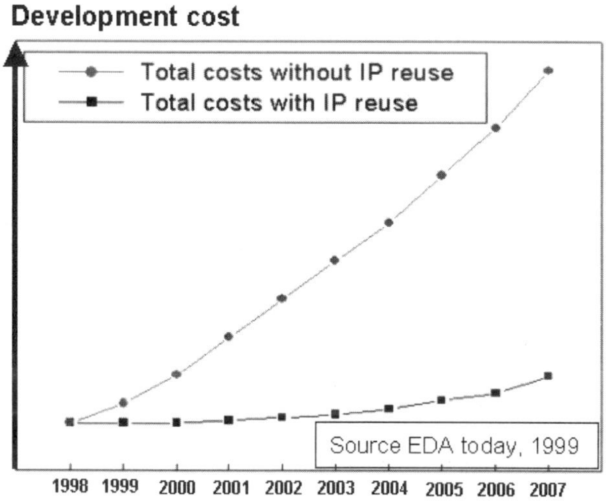

[그림 8] 반도체 IP 재사용시의 설계 비용 감소 추이[19)]

SoC를 설계하는 개발자가 모든 기술을 개발하여 시장이 만족하는 제품을 출시하는 것은 불가능하다. 따라서, 위의 SoC 설계동향에서 본 바와 같이 이를 해결하기 위한 방법은 반도체 IP를 "재사용"하여 시장의 변화에 빠르게 적응하고 TTM을 만족하는 제품을 출시하는 것이다.

요컨대, SoC의 설계에는 검증된 IP를 재사용하여 설계 생산성을 높이는 일이 필수적이며, 시스템 레벨에서의 설계와 IP의 재활용, 그리고 이를 위한 새로운 설계 방법론과 이를 지원하는 CAD tool의 발전이 SoC 설계를 가능하게 하는 요소인 것이다. 특히 재활용이 가능한 IP의 개발과 이를 유통시켜 활용할 수 있는 기반구축이 선행되는 것이 TTM을 만족시키는 SoC를 설계할 수 있는 관건이며, 이는 기술적 특성에서 파악한 본 사업의 필요성이라 할 것이다.

19) EDA today

Ⅱ 지식재산권 측면에서 필요성

반도체 IP는 기술집약도가 높고 막대한 비용과 시간을 들여 창작되는 지식재산물이지만, 다른 지적재산권과 마찬가지로 상대적으로 적은 비용과 간단한 방법으로 무단 복제가 가능하여 침해되기 쉬운 특징을 가지고 있으며, 특히, 최근에는 전문적으로 IP만을 개발하는 이른바 팹리스 회사가 반도체업계의 하나의 축을 담당하는 분야로 성장하였다.

[표 3] 반도체 제조공정별 특성과 주요기업[20)]

구분	공정별	사업특성	주요업체
前공정	일관공정 (IDM)	- 칩 설계에서 제조 및 테스트까지 일관공정체제를 구축하여 직접 수행 - 메모리제조의 가장 성숙한 모델 - 기술력과 규모의 경제를 통한 경쟁확보 - 거대투자의 고위험 고수익 형태	Intel, 삼성전자, 하이닉스, Micron, TI, STMicro, Qimonda, Infineon, Freescale, Elpida, Renesas, NEC Elec
	설계전문 (Fabless)	- 칩의 설계만 전문으로 하는 업체 - 고위험의 거대 투자를 회피할 수 있으나, 위탁제조의 비용부담 필요 - 고도의 시장예측이 필요하며, 주문생산의 최소물량수준의 예측필요	Broadcom, Qualcomm, Marvell, Xilinx, Altera, NVIDIA, ATI, 코어로직, 엠텍비젼
	제조전문 (파운드리)	- 주문 방식에 의해 칩 생산만 전문 - 직접 칩 설계를 하지 않고, 설계전문업체로부터 위탁제조	TSMC, UMC, SMIC, Charteted Sem I, IBM Micro, 동부일렉
後공정	패키지 및 테스트	- 메모리제조는 자체적으로 조립하지만, 비메모리 분야는 다양한 제품을 모두 패키징 할 수 없어 외부에 위탁 - 반도체 테스트는 전수검사를 해야 하며, 조립업체에서 수행하지만, 검사장비가 고가이므로 다양한 칩을 모두 검사할 수 없어 테스트 전문 업체에 위탁	ASE Test, Am kor, Siliconware Prescision, STATS-ChipPAC
설계 및 장비	IP전문 (Chipless)	- 설계기술 R&D 전문 - IDM이나 Fabless에 IP 제공 - 칩 설계용 Architecture IP, Chip 생산용 Physical IP, System IP, 일반 기술 IP 등	ARM, Rambus, Artisan, TTCom, Ceva
	공정장비	- 반도체 제조 장비 개발 및 생산 - 제조공정 기술개발도 주도	Applied Materials, TEL, ASML, Advantest, Nikon

반도체 IP를 이용한 SoC 설계는 반도체 산업의 전통적인 비즈니스 모델에 혁명을 일으켜 SoC 설계자들은 사내 또는 외부에서 이미 제작되어 있는 반도체 IP를 재사용하여 시장이 요구하는 짧은 시간 내에 SoC를 제작할 수 있게 되었고, 이에 가치 있

20) KIET(산업연구원, 2007)

는 반도체 IP를 소유한 소규모의 팹리스 회사 및 디자인 하우스가 반도체 전체 산업에 큰 영향을 미치고 있다.

즉, 반도체 IP는 특허권, 상표권 등의 타 지식재산권에 비하여 특히 거래의 요청이 더욱 더 크게 요구되며, 거래 시에는 반도체 IP 구매자가 별다른 노력을 들이지 않고도 구입한 반도체 IP를 SoC의 설계에 이용할 수 있어야 한다. 이러한 반도체 IP의 지적재산권으로서의 특징을 고려하면, 공인된 반도체 IP 거래기관 등에 의하여 반도체 IP 거래의 장을 마련할 필요성은 더욱 커지고, 세계 각국은 이미 민간 또는 정부 주도로 반도체 IP 거래기관을 운영하고 있는 실정이다.

한편, 우리나라의 경우 아직까지는 공인된(또는 실제 산업계에서 인정된) 반도체 IP 거래기관에 의하여 반도체 IP를 거래하기 보다는 반도체 IP 구매자가 직접 자신이 원하는 반도체 IP를 구비하고 있는 반도체 IP 개발자 또는 보유자를 찾아 반도체 IP를 구매하고 있는 실정이며, 이로 인하여 SoC 개발에 있어 TTM의 만족에 많은 어려움을 겪고 있으며, 특히 거래의 중개자 없이 양 당사자간만의 사적계약으로 반도체 IP가 거래되어 반도체 IP 거래 시 분쟁의 위험성도 항상 상존하고 있는 실정이다.

Ⅲ 산업적 측면에서 필요성

1. 반도체산업의 분류와 특징

반도체는 대부분의 가정용·휴대용 전자제품과 컴퓨터, 통신장비, 로봇 등의 산업용 전자제품 및 자동차, 첨단 군사장비에 이르기까지 거의 모든 산업분야에서 사용되는 핵심적 부품으로서, 그 중요성이 매우 높은 고부가가치 산업으로 인식되고 있고, 반도체 기술의 발전은 기술혁신을 이끌어내는 핵심적 역할로서 각 국가의 전략산업으로 채택·추진되고 있다. 반도체는 크게 메모리 분야와 비메모리 분야로 대별되는데, 메모리 분야는 그 성질상 대량생산에 적합하고 적기투자가 중요하며 제품의 라이프 사이클이 짧아 지속적인 연구개발과 설비투자가 필요한 산업인 반면, 비메모리 분야는 다품종소량 생산체제의 산업으로서 누가 먼저 시장에서 필요한 제품의 상품화에 성공하느냐 하는 이른바 TTM(time-to-market)이 중요한 산업이다.

〈표 4〉에서 볼 수 있듯이 반도체를 소자생산 측면에서 분류하면 메모리, 마이크로컴퍼넌트, LOGIC/ASIC, 아날로그, 디스크리트(개별소자), 기타 Opto electronic 등으로 분류할 수 있다. 이중 메모리를 제외한 나머지를 비메모리 반도체로 분류할 수 있으며, 비메모리반도체 중 마이크로 컴퍼넌트는 마이크로 프로세서(MPU), 마이크로 콘트롤러(MCU), 마이크로 페리퍼럴(MPR), 디지털신호처리 프로세서(DSP) 등으로 구분

[표 4] 반도체의 분류[21)]

메모리	휘발성 메모리	DRAM	전원이 공급되고 있는 동안이라도 일정 기간 내에 주기적으로 정보를 다시 넣지 않으면 기억된 데이터가 없어지는 메모리로 범용, EDO, Synchronous의 순으로 발전
		SRAM	전원이 공급되는 동안은 항상 기억된 내용이 그대로 남아 있는 메모리
		기타 DRAM	DDR(Double Data Rate) DRAM, RAMBUS DRAM 등 기존 DRAM의 단점인 컴퓨터 프로세서와의 정보처리 속도 차이를 극복하기 위하여 등장
	비휘발성 메모리	MASK ROM	제조 공정시에 고객이 원하는 정보를 저장함으로써 전자사전, OA기기의 문자정보 저장 등에 이용
		EPROM	Erasable & Programmable ROM의 약어로 자외선을 이용, 정보를 지우거나, 기억할 수 있는 메모리
		EEPROM	Electronically Erasable & Programmable ROM으로 EPROM보다 발전된 개념의 제품으로 전기적으로 정보를 기억 및 저장할 수 있어 횟수에 관계없이 Byte 단위로 데이터를 입력가능
		플래쉬 메모리	EEPROM의 집적도 한계를 극복하기 위하여 일괄소거방식의 1TR-1Cell 구조 채용. 전력소모가 적고 고속 프로그래밍이 가능하여 자동응답기나 전자수첩 등 메모리를 자주 변경해야 하는 제품에 주로 채용된다.
비메모리	IC	Micro-Component	마이크로 컴퓨터를 구성하기 위한 핵심부품으로 MPU(Micro Processor Unit), MCU(Micro Controller Unit), MPR(Micro Peripheral), DSP(Digital Signal Processor) 등을 총칭
		Logic/ASIC	고객의 주문에 의하여 설계된 특정회로를 반도체 IC로 응용설계하여 주문자에게 독점공급하는 User 전용 규격의 주문형 IC로 Gate Array, Standard Cell 및 Full Custom이 있음
		Analog IC	제반 신호의 처리를 연속적인 신호변환에 의해 인식하는 IC로 Audio/Video IC, 통신용 IC, 신호변환용 IC 등이 있음
	개별소자		IC에 반대되는 개념으로 TR, Diode, 저항기, 콘덴서 등 개별품목으로서의 단일기능만을 가지고 있는 개별소자를 총칭
	기타		Opto, Hybrid IC 등

21) 정보통신산업동향, 2003.02.

[표 5] 메모리 산업과 非메모리 산업의 차이점[22)]

	메모리 분야	非메모리 분야
제품 성격	• 생산/설계 기술 지향 • DRAM 등 (과거) 표준제품 (현재) 다각화 추세 • 짧은 수명주기 • PC시장에 의존	• 설계기술 지향 • ASIC 등 용도별 품목 다양성 • 시스템 및 소프트웨어와의 조화 • 기계의 전자회로 등 수요 다양
사업 특성	• 소품종 대량생산 • 대규모 투자집중 추구 • 공정의 극한기술 극복 • 대기업형 사업구조	• 다품종 소량생산 • 제품의 칩세트화 구축 • 시스템부문의 경쟁력 제고 • 중소벤처기업형 사업구조
경쟁 구조	• 선행기술개발, 시장선점 • 중단 없는 설비투자 관건 • 높은 위험부담 • 참여업체 제한적	• 우수한 설계인력 및 IP확보 관건 • 경쟁 시스템과의 기능 경쟁 • 낮은 위험부담 • 참여업체 다수다양
점 유 율 (2000년 기준)	• 일본(27.6%), 한국(27.2%), 미국(28.9%), 유럽(8.2%), 대만(8.1%)	• 미국(56.7%), 일본(28.8%), 유럽(11.2%), 대만(1.8%), 한국(1.5%)

된다. 또한 LOGIC/ASIC의 경우 LOGIC은 표준로직과 완전주문형(Full-Custom) IC, 기타 로직 등으로 구분할 수 있고, ASIC은 셀기반 IC(Cell-Based IC), PLD(Programmable Logic Device), 게이트어레이(Gate Array)로 구분되며, 아날로그 반도체도 범용 및 ASSP아날로그로 구분된다. 아이서플라이 2007년도 보고서에 따르면 세계 반도체 시장은 2006년도 기준 메모리가 24.8%, 비메모리가 75.2%로 나누어져 있다.

2006년 들어 이와 같은 기존의 생산제품 및 소자 위주의 반도체 분류(product/device based structure)에서 반도체 사용제품 위주(application-driven scheme)의 새로운 분류가 시도되고 있다. 즉 반도체를 범용(General Purpose)과 주문형(Application-Specific Devices) 반도체로 구분하고 범용반도체의 경우 메모리, 마이크로 컴퍼넌트, 로직, 범용 아날로그(General Purpose Analog), Opto, 디스크리트(Discrete), 센서(Sensors)로 분류하였다. 주문형 반도체는 데이터프로세싱, 커뮤니케이션, 가정용, 산업용, 자동차용, 군사/항공우주산업용으로 구분하였다. 또한 데이터프로세싱은 스토리지와 컴퓨트(Compute)로 커뮤니케이션은 유무선 커뮤니케이션으로 다시 구분되었다. 또한 주문형 반도체는 데이터프로세싱, 커뮤니케이션, 가정용, 산업용 등이 모두 ASIC이나 ASSP로 분류된다.

22) 한국 반도체 산업의 현황, 성균관대학교, 2001

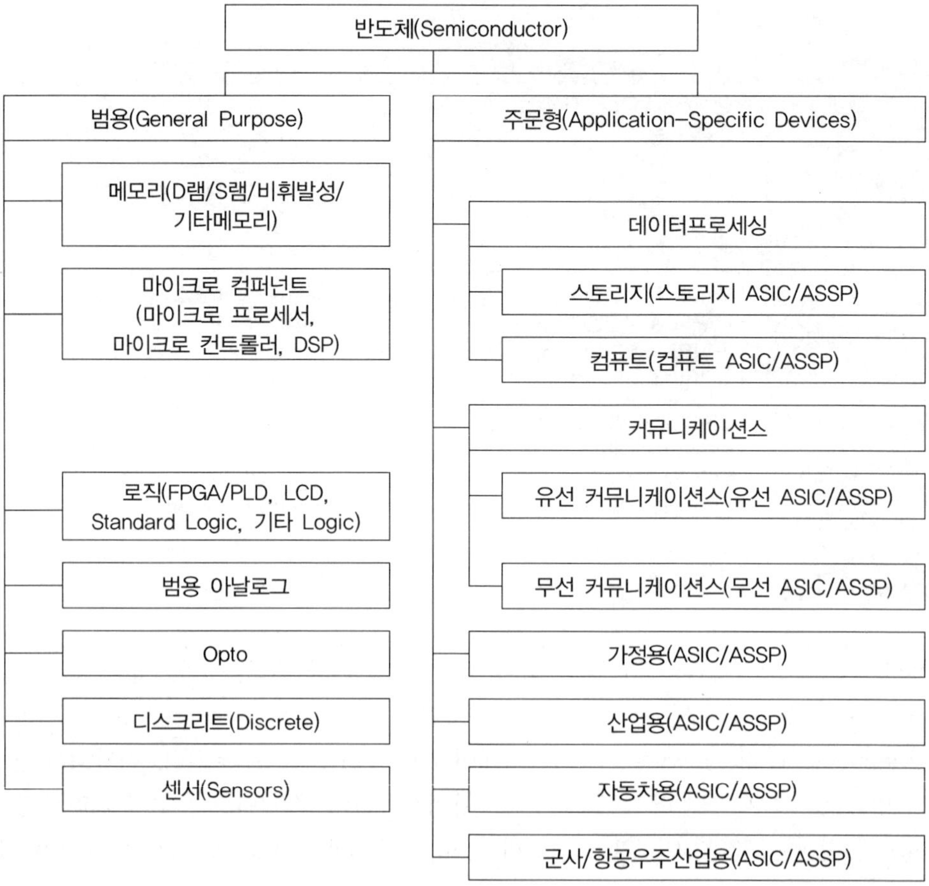

[그림 9] 반도체의 새로운 분류[23]

반도체는 제품수요 등 외부 시스템의 산업 환경에 크게 영향을 받은 산업으로서 최근에는 모바일, 인터넷 네트워크, 유비쿼터스 환경의 발전에 따라 반도체 제품도 급속한 변화의 요구에 직면해 있다. 즉, 반도체 소비 시장은 이러한 외부 시스템의 환경 변화에 따라 기존의 PC시장에서 이동통신 및 정보가전시장으로 이동하고 있으며, 이에 따라 반도체 제품도 메모리의 경우 D램에서 플래시메모리로 품목 전환이 급속히 이루어지고 있고, 시스템 IC는 반도체 집적도의 비약적인 발전에 힘입어 과거 하나의 인쇄회로기판(PCB) 위에 복수의 칩을 사용하여 실현한 시스템(System-On-Board)을 하나의 칩에 구현하는 SoC(System-On-Chip)가 반도체 주요 제품으로 자리 잡게 되었다.

23) 가트너 2003. 1월

2. 우리나라 반도체 산업의 메모리 분야 편중해소를 위한 첫걸음

우리나라의 반도체 산업은 1965년 "고미반도체"가 미국업체와 합작으로 트랜지스터를 조립생산하면서 시작되었는데, 1983년 64K DRAM 생산 당시 선진국과 약 5년의 기술격차를 가지고 있었으나, 2001년에는 4G DRAM을 세계 최초로 개발함으로써 메모리 분야에서는 세계 최고의 기술선진국으로 성장하였다. 그러나, 메모리와 비메모리의 생산구조는 세계 반도체업계의 평균과 비교 시 매우 불안정한 구조이고, 메모리 분야에 있어서도 대부분이 D램 등 범용메모리로 구성되어 있어 공급과잉, 신규수요 미창출에 따른 가격하락 등 외부변화에 영향을 크게 받는 취약한 생산구조를 갖고 있으며, 화합물반도체, ASIC, 시스템 IC 등 비메모리 반도체 설계기술 및 원천특허기술은 선진국 기술에 의존하고, 설계용 라이브러리, Chip Block, Core는 수입하여 완제품에 탑재하여 사용하는데 급급한 반면 원천기술개발, 개발인력 양성은 등한시 하는 등 투자 의지의 약화로 인해 비메모리반도체는 선진국에 비해 열세에 있는 실정이다.

[표 6] 반도체 산업의 생산구조[24)]

	메모리	비메모리
세계시장	20	80
미 국	10	90
일 본	23	77
한 국	85	15

특히, 시스템 IC 분야에서는 대만보다 낮은 수준으로 국내 반도체 수입의 85%가 마이크로 컴포넌트, Logic IC, 화합물 반도체 등 비메모리가 차지하고 있다. 또한 비메모리 부문 경쟁력 확보의 핵심요건인 창의적인 전문설계인력 등의 기초 인프라가 취약하며, 최근 150여 설계전문업체가 창업되었으나 아직은 산업조직이 취약하여 전자시스템의 수출증가율에 비례하여 수입이 증가하는 구조를 가지고 있다. 또한, 반도체 제조장비 및 재료의 국산화율도 '05년에 각각 25%, 60%로 대부분을 수입하고 있어 외화유출 및 무역역조의 한 요인이 되고 있다[25)]. 이렇듯 메모리에 편중된 생산구조는 반도체 경기 불황 시 관련산업의 채산성 악화가 심각해질 수 있고, 따라서 시장변동의 위험을 분산하는 동시에 정보·통신·방송 등의 통합화 진전에 따른 고성능, 고부가가치 제품시장을 선점할 수 있도록 메모리 중심의 생산구조에서 비메모리 분야로의 다각화가 필요하다.

이에, 메모리 분야에 치중되어 있는 우리나라 반도체 산업의 패러다임을 전환하기

---

24) 데이터퀘스트, 아이서플라이 등 각종자료 종합
25) 반도체 산업 자료, 산업자원부

위해서도 SoC 설계에 있어서 반도체 IP 유통의 활성화를 꾀하는 본 사업의 필요성이 절실하다.

Ⅳ 환경적 측면에서 필요성

1990년대 등장한 인터넷은 현재의 경제 패러다임을 바꾸고 있는데, 특히 인터넷을 통한 전자상거래의 발전은 21세기 디지털 경제의 핵심으로 부각되고 있다.

이러한 인터넷 전자상거래의 발전은 반도체산업 분야에 있어서도 큰 변화를 가져왔는데, 반도체 IP는 그 자체가 전자적 정보의 형태로 되어 있으며 반도체 IP 거래는 온라인을 통한 전자적 방식으로 이행되는 것이 반도체 IP의 거래에 가장 적합한 방식으로 이해되고 있고, 실제 이로 인해 반도체 IP 거래는 반도체 IP 구매자가 온라인상에서 자신이 원하는 반도체 IP를 검색하여 구매하는 방식으로 이루어지고 있다.

한편, 인터넷을 통한 전자상거래는 양 당사자가 직접 대면하여 거래를 하는 것이 아니고 모든 것을 온라인상으로 처리하기 때문에, 전자문서에 대한 법률관계, 전자서명, 대금결제 등에 있어 양 당사자간의 분쟁이 발생할 위험성이 매우 크며, 이에 많은 선진 외국은 정부 주도 또는 민관협력 하에 반도체 IP 거래소를 운영하여 반도체 IP 거래시장의 정착을 위한 제도적·기술적 인증 및 보호, 거래 시스템을 온라인상에서 마련함으로써 반도체 IP 거래에 있어서의 안정성을 꾀하고 반도체 IP의 거래활성화를 도모하고 있다.

Ⅴ 정책적·지역적 특성 측면에서의 필요성

반도체 IP 재사용을 통한 SoC 등이 경쟁력을 갖출 때 반도체 핵심부품 및 칩 등의 수입으로 인한 무역역조, 국제수지악화, 핵심첨단산업의 대외의존도 등을 개선할 수 있고, 국제지식재산경제 전쟁시대의 핵심 무기인 핵심지식재산(반도체 IP)의 확보 및 유통으로 반도체 IP의 선순환 사이클 구축이 가능하다.

특히, 자동차, 디지털 기구 및 기기, 통신기기 등 반도체 시스템 산업의 경쟁력확보에 큰 영향을 주는 반도체산업과 이의 핵심요소가 되는 SoC, 반도체 IP 등이 경쟁력 있게 확보되고 유통, 활용될 때, 이는 곧 국민경제의 활성화로 고용문제, 성장문제, 국민소득 3만 불 달성문제 등 여러 가지 국가현안과제의 해결에 기여할 수 있으며, 반도체 IP 창출, SoC 생산 등 반도체관련 기술의 개발 및 활용은 고급인력이 포진한 곳이면 전국 어디에서든 가능하고, 현재 국가적으로 추진 중인 지역혁신 클러스터와도 연결될 수 있으므로, 궁극적으로는 지역균형발전 및 서울·지방간의 양극화 해소에도 이바지할 수 있다.

제4절 반도체 IP의 시장현황 및 전망

I 반도체 IP의 시장현황

2008년 11월에 발간된 세계반도체무역통계기구(WSTS)는 세계 반도체 시장 성장률이 2008년 2.5% 성장하고, 2009년에는 -2.2%로 닷컴버블 이후 처음으로 마이너스 성장을 기록할 것이라고 전망하였다.

WSTS는 4분기부터 반도체 업황이 부정적으로 전환됨에 따라, '08년 성장률을 당초 3.2%에서 2.5%로 하향 수정 전망하였으며, '09년에는 경기 침체로 인해 PC, 디지털 가전, 휴대폰 등 전자제품의 수요부진이 본격화됨에 따라 성장률이 전년대비 무려 4.7%나 감소한 -2.2%로 전방되며, '10년에는 성장률이 6.5%로 반등할 것으로 기대하였다.

금융위기로 인한 경기 침체로 미국 반도체 시장이 가장 큰 타격을 받을 전망이며, '09년 성장률 둔화 정도를 지역별로 살펴보면, 미국이 -9.8%로 가장 큰 감소를 보일 것으로 예상되며, 유럽과 일본도 가각 -3.6%, -3.8%로 전망되나, 아시아는 1.1%로 상대적으로 충격이 덜할 전망이다.

반도체 유형별로는 메모리(-4.8%), 아날로그(-4.7%), 디스크리트(-4.0%), 마이크로 컴포넌트(-4.0%) 등이 감소폭이 클 것으로 예상되며, 상대적으로 센서(4.5%), 광반도체(4.7%) 등은 영향이 덜할 것으로 전망된다(〈그림 10〉 참조).

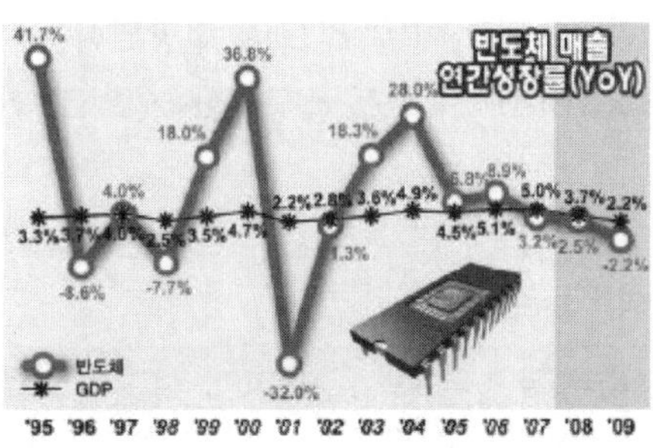

(가) WSTS 세계 반도체 시장 성장률 추이/전망

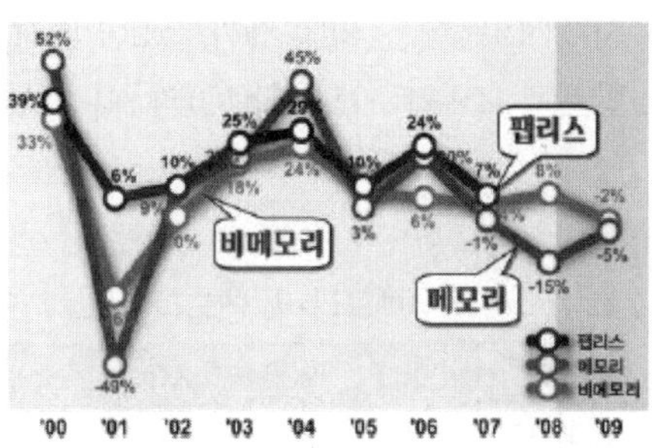

(나) 주요 반도체 업종별 성장률 추이/전망

[그림 10] WSTS 세계 반도체 시장 전망[26]

이와 같은 WSTS의 시장전망이 시사하는 것은 국내 반도체 산업의 체질이 개선되야 함을 요구한다. 우리나라가 강점을 가지고 있는 메모리 분야는 경기가 좋을 때는 실적이 가장 좋지만 반대로 경기가 나빠질 경우 가장 큰 타격을 받은 변동성이 가장

26) WSTS, November 18, 2008., ITTA, Weekly IT Brief 2008. 11.

높은 반도체 업종이다. 그러나, 상대적으로 비메모리, 특히 팹리스 업종의 경우 상대적으로 경기 침체로 인한 영향을 덜 받는 것으로 나타나, 앞으로 팹리스와 같은 비메모리 분야의 육성을 통해 국내 반도체 산업의 체질 개선을 추구할 필요성이 제기된다고 할 수 있다.

Gartner Dataquest에 따르면 메모리 반도체 시장은 2003년 334억9900만 달러(약 38조8500억 원), 2004년 480억2600만 달러, 2005년 497억5300만 달러, 2006년 608억4800만 달러 등으로 확대되다 2007년 590억4600만 달러로 5년 만에 성장세가 꺾였다.

반면 파죽지세로 확대된 비메모리 반도체 시장은 2006년 첫 2000억 달러 시대를 열었고 2010년에는 2569억 달러까지 커질 것으로 예상된다. 향후 전체 반도체 시장에서 IT-SoC가 차지하는 비중은 60% 이상으로 점차 증가할 것으로 전망되는 것이다. 이는 비메모리 반도체를 필요로 하는 고성능 디지털 기기들이 빠른 속도로 증가하고 있기 때문이다.

비메모리 반도체가 들어간 제품은 컴퓨터 중앙처리장치(CPU), 비디오, MP3플레이어, 디지털TV, 게임기, 디지털 카메라 등 디지털 기기의 핵심 SoC(System-on-Chip) 제품이 대표적이다.

실제 삼성전자와 하이닉스반도체가 전략 종목으로 선정한 CMOS 이미지센서(CIS) 시장 규모는 2007년 36억4400만 달러 수준에서 2008년 40억3800만 달러로 늘어나고, 2012년에는 50억 달러를 돌파할 것으로 예상된다.

전 세계 스마트카드 판매량과 디지털 TV 출하량도 2006년 31억 개, 7800만 대에서 2012년에는 3배 가까운 90억 개, 2억2600만 대로 늘어날 것으로 전망된다. 이에 탑재될 스마트카드 칩(IC)과 디지플레이 구동 칩(DDI) 시장도 급성장할 것으로 전자업계는 보고 있다.

[표 7] 세계 비메모리 및 메모리 반도체 시장규모 (단위 : 달러)[27]

연도	2003	2004	2005	2006	2007	2008	2009	2010	2011	2012
비메모리	1447억	1740억	1885억	2018억	2113억	2235억	2392억	2569억	2697억	2842억
메모리	335억	480억	498억	608억	590억	549억	655억	675억	569억	596억
합계	1782억	2220억	2383억	2626억	2703억	2784억	3047억	3244억	3266억	3438억

27) Gartner Dataquest, 2008. 10.

[표 8] 세계 SoC 시장규모 및 전망 (단위 : Billion$)[28)]

Billions of Dollars		2006	2007	2008	2009	2010	2011	CAGR ('06~'11)
Memory		60.8 22.2%	59.5 -2.1%	58.7 -1.3%	69.1 17.7%	70.5 2.0%	62.6 -11.2%	0.6%
IT-SOC	Microcomponent	46.5 -4.3%	48.2 3.7%	51.4 6.6%	54.3 5.6%	56.0 3.1%	59.0 5.4%	4.9%
	Logic IC	13.0 4.4%	13.2 1.5%	14.2 7.6%	14.8 4.2%	15.5 4.7%	16.6 7.1%	5.0%
	ASSP	63.2 11.4%	65.9 4.3%	72.3 97%	76.7 6.1%	80.2 4.6%	85.6 6.7%	6.3%
	ASIC	24.0 10.3%	25.1 4.6%	26.8 6.8%	27.5 2.6%	28.5 3.6%	30.5 7.0%	4.9%
	Analog IC	16.4 15.5%	17.1 4.3%	18.2 6.4%	19.6 6.4%	20.3 3.6%	21.5 5.9%	5.6%
	소계	163.1	169.5	182.9	192.9	200.5	213.2	5.5%
Discrete		16.4 7.3%	16.8 2.4%	17.7 5.4%	18.7 5.6%	19.3 3.2%	20.1 4.1%	4.2%
Optical		20.4 14.6%	22.1 8.3%	25.2 14.0%	27.8 10.3%	30.5 9.7%	33.0 8.2%	10.1%
Sensors		2.1 14.9%	2.4 14.3%	2.6 8.3%	2.9 11.5%	3.1 6.9%	3.3 6.5%	9.8%
Total Market		262.7 10.2%	270.3 2.9%	287.1 6.2%	311.4 8.5%	323.9 4.0%	332.2 2.6%	4.8%
IT-SoC 비중		62.1%	62.7%	63.7%	61.9%	61.9%	64.2%	N/A

이러한 IT-SoC 제품의 생산주체는 전통적으로 제품의 설계에서부터 공정까지 일괄생산체계를 갖춘 IDM(Integrated Device Manufacturing)이 주류를 이루었으나, 생산 전문의 Foundry 기업과 설계 전문의 Fabless 기업의 분업·협업체계의 성공으로 Qualcomm, Broadcom을 비롯한 Fabless 기업도 IT-SoC 제품생산의 주요한 Player로 급속한 성장추세에 있다.

더욱이 나노공정시대로 접어듦에 따라 생산시설의 대규모 설비투자가 요구되는 현실을 견디기 힘든 IDM들이 차세대 공정개발을 포기하고 생산은 Foundry와의 협력을 전제로 Fabless로 전환하는 기업들이 하나씩 늘어나고 있는 추세이다. Fabless의 생산규모는 전 세계적으로 1998년 98억불에서 2005년 385억불로 연평균 25%의 경이로운 성장을 지속해 왔으며, 2007년은 469억불에 이르고 있다.

SoC 시장은 향후에도 급속한 성장을 유지할 것이며, 이를 인식한 미국 및 일본 등 선진국들은 이미 초기에 SoC 시장에 진입하여 개별기업에서 자체 투자를 강화하고 있는 상황이다. 세계 TOP 20 SoC 기업 현황은 〈표 9〉와 같다.

28) Gartner Dataquest, 2008. 7.

[표 9] 세계 TOP 20 SoC 기업(2007)[29]

순위	회사명	국가	매출(M$)			증감율 (%)
			2005	2006	2007	
1	Qualcomm	미국	3,457	4,528	5,619	24.1%
2	Nvidia	미국	2,353	2,980	3,979	33.5%
3	Broadcom	미국	2,671	3,648	3,754	2.9%
4	Sandisk	미국	2,067	2,927	3,446	17.7%
5	Marvell	미국	1,631	2,198	2,830	28.8%
6	MediaTek	대만	1,444	1,628	2,445	50.2%
7	Xilinx	미국	1,645	1,872	1,810	-3.3%
8	LSI Logic	미국	1,244	1,222	1,769	44.8%
9	Altera	미국	1,124	1,286	1,264	-1.7%
10	Novatek	대만	807	965	1,099	13.5%
11	Himax	대만	540	745	918	23.2%
12	Cambridge Silicon(CSR)	유럽	487	705	849	20.4%
13	Avago	미국	0	858	820	-4.4%
14	Conexant	미국	813	987	761	-22.9%
15	Qlogic	미국	470	570	585	2.6%
16	Realtek	대만	330	382	478	25.1%
17	PMC-Sierra	캐나다	291	425	449	5.6%
18	VIA	대만	596	659	447	-32.2%
19	Zoran	미국	340	404	445	10.1%
20	MegaChips	일본	245	335	420	25.4%
기타			15,964	15,484	12,712	-17.9%
Total			38,519	44,808	46,899	4.7%

Ⅱ 세계 반도체 IP 시장 동향

1. 세계 반도체 IP 시장규모 및 성장률

전 세계 반도체 IP 시장은 2003년에 10억 달러를 돌파하였으며, 2007년은 약 19.3억 달러 수준으로 2006년 대비 8.4%의 성장률을 기록하였다(〈그림 11〉 참조). 2007년도 세계 SoC 시장이 전년대비 3.9% 정도 증가한 것을 감안하면, 반도체 IP 시장의 성장률이 상대적으로 매우 높은 것을 알 수 있다.

29) IC Insight 2008.

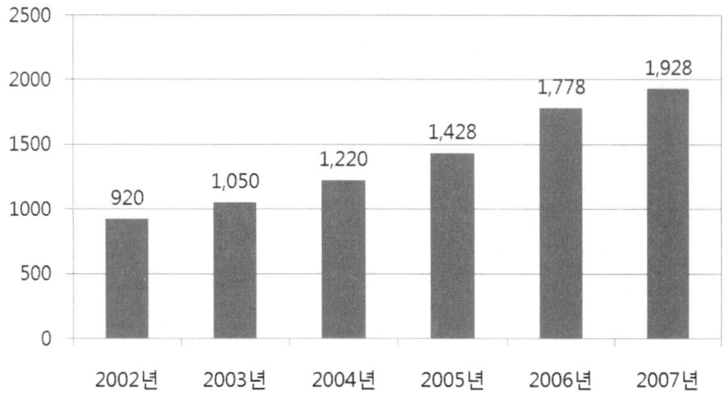

[그림 11] 세계 IP시장규모 (단위 : M$)30)

2. 세계 주요 반도체 IP 공급업체 매출액 및 성장률

전 세계 반도체 IP 시장은 상위 20개사가 80% 이상의 시장을 점유하고 있으며, 특히 메모리 반도체 IP를 주력 제품으로 갖는 업체들의 성장률이 매우 높게 나타났다. 이는 모바일 시장을 겨냥한 SoC 제품이 많이 생산된 것이 주된 원인으로 여겨진다(〈표 9〉 참조).

주요 반도체 IP 공급업체 중 전 세계 반도체 IP 시장의 24% 이상을 점유하고 있는 ARM사는 1990년 11월 애플사와 VLSI Technology사가 공동 투자하여 영국에 설립하였다. 12명의 개발자로 시작하여 2006년 현재 1,250명 이상의 개발자를 보유한 세계 최대 반도체 IP 설계 전문회사이다(〈그림 12〉 참조).

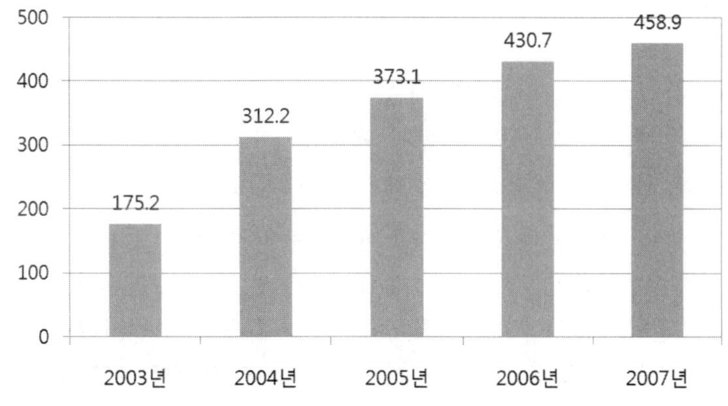

[그림 12] ARM사 매출 현황 (단위 : M$)31)

30) Gartner, 2008.
31) Gartner, 2008.

[표 10] 세계 주요 IP 공급사[32)]

순위	회사명	2006 (M$)	2007 (M$)	성장률 ('06~'07, %)	점유율 (2007, %)	주요제품
1	ARM	430.7	458.9	6.6	23.8	Processor
2	Rambus	195.3	179.9	-7.9	9.3	Memory
3	Nvidia	108.5	136.0	25.4	7.1	Image
4	MIPS Tech.	77.6	120.3	55.1	6.2	Processor
5	Synopsys	92.4	99.7	7.8	5.2	USB, PCI
6	IBM	75.6	89.6	18.5	4.6	Processor
7	Saifun	62.8	69.9	11.3	3.6	Memory
8	AMD	51.9	62.0	19.3	3.2	Processor
9	Mosaid Tech.	42.8	60.0	40.2	3.1	Memory
10	Silicon Image	44.6	50.8	13.9	2.6	HDMI
11	Imagination	38.8	50.2	29.4	2.6	3D Graphics
12	Virage Logic	57.1	49.1	-14.1	2.5	Logic, I/O
13	Faraday	33.3	37.4	12.1	1.9	Library
14	Ceva	32.5	33.2	2.2	1.7	DSP
15	ARC	24.8	28.9	16.5	1.5	Processor
16	On2 Tech	15.8	25.2	59.6	1.3	Video Codec
17	Wipro	15.8	21.7	37.6	1.1	SAP
18	Sonics	14.8	19.1	29.1	1.0	
19	Sarnoff	15.5	17.3	11.4	0.9	Processor
20	VeriSilicon	21.2	17.0	-19.9	0.9	DSP
Top 20		1,451.9	1,626.2	12.0	84.3	
Others		326.3	302.1	-7.4	15.7	
Total		1,778.2	1,928.3	8.4	100.0	

ARM사는 Microprocessor를 주 제품으로 매년 10% 이상의 성장률을 기록하며 전 세계 IP 시장을 주도하고 있으며, 전체 매출에서 라이선스 수입이 48%, 로열티 수입이 46% 정도를 차지하고 있다(〈그림 13〉 참조).

위의 벤더인 Rambus는 ARM의 반도체 IP 수익의 절반 미만을 생성하였다. 이 회사의 수익 대부분은 재사용가능 반도체 IP가 아닌, 특허 로열티에 기인하였다. 5위의 Synopsys는 평균에 비해 성장률이 낮았다. 그러나 물리적 인터페이스 시장에서의 견고한 지위가 수년간 반도체 IP 수익의 저하 이후 다시 성장세로 복귀하도록 도왔다. 6위인 IBM은 2006년 209%의 높은 성장률을 기록한 이후 2007년에도 10%대의 높은 성장률을 나타내고 있다.

32) Gartner, 2008. 5.

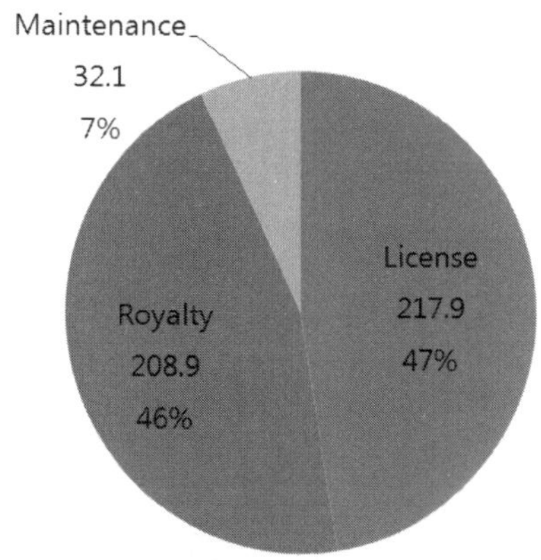

[그림 13] ARM사의 비즈니스 모델별 매출 현황[33)]

상위 10위 안에는 Rambus, Saifun 및 Mosaid 등 현재 특허관련 수익에 크게 의존하는 세 개 회사를 포함하고 있다. 이들은 특허를 위주로 반도체 IP 및 디자인 서비스를 제공하고 있으며, 2007년도 시장의 16% 정도를 차지하였다.

3. 수익별 시장현황

반도체 IP 수익은 기술 라이선싱 수익과 설계 반도체 IP 수익으로 분류되는데 기술 라이선싱 수익이 2007년 822백만 달러로 전체 반도체 IP 수익의 29%를 차지하였다. Nvidia, Rambus, IBM 등 상위 3개사가 전체 기술 라이선싱 시장의 65%를 점유하고 있다(〈표 11〉 참조).

[표 11] 전 세계 Technology Licensing Revenue (단위 : 백만 달러)[34)]

	Company	2006	2007	Growth	2007 Share
1	Nvidia	108.5	136.0	25%	24.7%
2	Rambus	156.8	133.0	–15%	24.2%
3	IBM	75.6	89.6	19%	16.3%
4	Saifun	62.8	69.9	11%	12.7%
5	MOSAID Technologies	38.5	60.0	56%	10.9%
6	AMD	47.0	56.6	20%	10.3%
7	Silicon Image	11.8	4.9	–58%	0.9%
8	Transmeta	10.0	0.1	–99%	0.0%
Total		510.9	550.1	8%	100.0%

33) Gartner, 2008. 6.
34) Gartner, 2008.

Design IP는 2007년 1,378.2백만 달러로 전체 IP 수익의 71%를 차지하였다. 수익 유형별로는 라이선스 수익이 821.9백만 달러로 전체 수익의 43%를 차지하였다. 그 다음은 로열티로 인한 수익이 24%, 서비스와 유지보수로 인한 수익은 4%를 차지하였다(〈그림 14〉 참조).

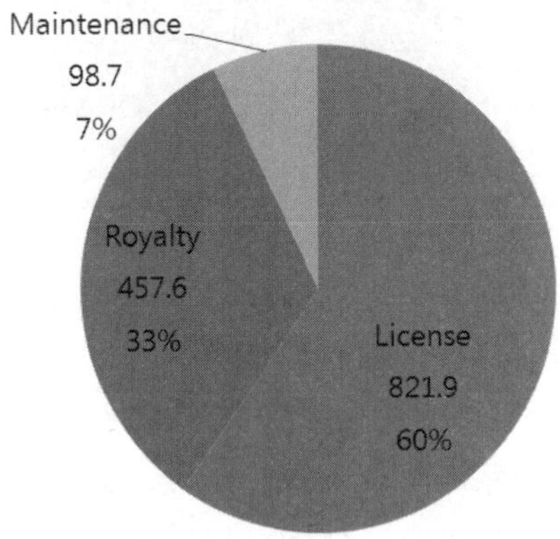

[그림 14] 수익 종류별 세계 IP 시장(단위 : M$)[35)]

성장률로 보면 라이선스 수익이 7% 성장하였지만, 이 성장의 대부분은 ARM과 MIPS Technologies 등에 의한 것이다. 라이선스 수익은 일부 반도체 벤더가 복잡한 반도체 IP 설계를 내부 직원을 이용하는 것을 선호함에 따라 그 성장이 억제되었다. 로열티가 높은 부품을 사용하는 설계 생산이 증가함에 따라 로열티로 인한 수익이 또다시 급상승하여 13% 성장하였다. 서비스와 유지보수 수익은 2% 감소하였다(〈표 12〉 참조).

Gartner에 따르면, 반도체 IP 시장은 향후 5년간 반도체 IP 시장이 반도체 전체 시장보다 빠르게 성장할 것으로 예측하고 있으며, 반도체 시장의 성장 사이클에 따라 2006년과 2007년의 반도체 IP 로열티 수익의 증가세는 둔화되겠지만, 장기적으로 볼 때에는 반도체 IP 수요가 보다 차별화된 제품으로 이동함에 따라, 로열티에 의한 수익이 라이선스에 의한 수익보다 빠르게 성장할 것으로 전망하고 있다.

35) Gartner, 2008.

[표 12] 수익종류별 세계 반도체 IP 수익 현황 (단위 : 백만 달러)[36)]

	2005	2006	2007	Growth	2007 Share
Technology Licensing	272.2	510.9	550.1	8%	29%
Design IP	1,155.9	1,267.3	1,378.2	9%	71%
License Revenue	757.1	765.2	821.9	7%	43%
Royalty Revenue	279.8	405.5	457.6	13%	24%
Service and Maintenance	119.0	96.6	98.7	2%	4%
Total	1,428.1	1,778.2	1,928.3	8%	100%

ARM은 27%의 점유율로 라이선스 시장을 주도하고 있다. ARM, MIPS Technologies, Synopsys, Faraday Technology, Imagination 등의 강한 성장세는 전체 IP 라이선스의 수익 비율이 증가하도록 도운 것으로 판단되며, 상위 10위권 내에서 나머지 회사들 또한 대다수가 큰 폭의 성장세를 나타냈다(<표 13> 참조).

[표 13] 세계 반도체 IP 라이선스 수익 (단위 : 백만 달러)[37)]

Rank	Company	2006	2007	Growth	2007 Share
1	ARM	202.4	217.9	8%	27%
2	Synopsys	80.6	89.4	11%	11%
3	MIPS Technologies	32.5	70.3	116%	9%
4	Virage Logic	41.2	36.7	-115	4%
5	Imagination Technologies	22.1	28.7	30%	3%
6	Rambus	26.4	25.6	-3%	3%
7	Faraday Technology	21.0	23.7	12%	3%
8	On2 Technologies	13.7	22.4	63%	3%
9	Silicon Image	19.0	20.9	10%	3%
10	Ceva	22.2	19.5	-12%	2%
11	Wipro Technologies	11.0	19.2	74%	2%
12	Zoran	13.7	15.2	11%	2%
13	QualCore Logic	11.5	15.2	32%	2%
14	ARC International	14.7	15.0	2%	2%
15	Mentor Graphics	13.4	12.2	-8%	1%
16	VeriSilicon	15.0	11.8	-21%	1%
17	Sarnoff	10.0	11.1	11%	1%
18	Sonics	3.3	8.2	145%	1%
19	Tensilica	11.2	7.5	-33%	1%
20	Snowbush Micro	3.2	7.4	134%	1%
	Others	177.1	144.1	-19%	18%
	Total	765.2	821.9	7%	100%

36) Gartner, 2008.
37) Gartner, 2008.

로열티에 따른 수익은 13% 성장하여, 반도체 IP 시장의 평균을 추월하였다. 상위 두 벤더 ARM과 MIPS Technologies는 합쳐서 56%의 시장을 석권하였다(〈표 14〉 참조). 그러나 다른 회사들도 프로세서 반도체 IP 및 특허 등의 전통적인 분야와 물리적 인터페이스 및 그래픽 프로세싱 등의 새로운 분야에서 로열티 흐름을 신속하게 발전시키고 있다. 또한, 반도체 IP 수요가 보다 차별화된 제품으로 이동함에 따라, 로열티 수익이 반도체 IP 산업 전체의 평균 이상으로 꾸준히 성장할 것으로 예상된다.

[표 14] 세계 반도체 IP 로열티 수익 (단위 : 백만 달러)[38]

Rank	Company	2006	2007	Growth	2007 Share
1	ARM	199.2	208.9	5%	46%
2	MIPS Technologies	42.1	46.5	11%	10%
5	Silicon Image	12.4	23.0	85%	5%
20	Rambus	12.2	23.0	85%	5%
4	Imagination Technologies	14.1	18.7	33%	4%
3	Virage Logic	15.9	12.3	−22%	3%
7	Synopsys	7.4	10.0	35%	2%
9	ARC International	6.3	9.7	54%	2%
13	Sonics	9.9	9.6	−3%	2%
8	Ceva	6.3	9.1	44%	2%
17	MoSys	5.8	9.1	56%	2%
19	Fuetrek	5.8	8.6	48%	2%
6	Faraday Technology	8.5	7.7	−9%	2%
10	Ubiquitous	5.4	7.5	39%	2%
12	SafeNet	5.1	7.4	45%	2%
18	Thine Electronics	6.2	7.0	13%	2%
11	Sarnoff	5.5	6.2	12%	1%
14	Inventure	2.8	5.2	86%	1%
15	Techno Mathematical	6.9	4.6	−33%	1%
16	Tensilica	2.0	4.1	110%	1%
	Others	25.8	21.0	−19%	5%
	Total	405.5	457.6	13%	100%

4. 지역별 시장현황

지역별로 보면, 미국이 전체 반도체 IP 시장의 43%를 차지하고 있으며, 뒤이어 아시아/태평양 시장이 22%, 일본이 19%, EMEA의 연합이 16%를 차지하여 여전히 미국이 반도체 IP의 가장 큰 소비자이다(〈그림 15〉 참조). 유럽 반도체 IP 소비의 기본

38) Gartner, 2008.

추세는 미국과 비슷하지만, 유럽의 반도체 IP 시장에서 활동하던 몇몇의 전자기기 제조회사와 반도체 벤더가 내부 개발에 집중하기 위해 그들의 라이선싱 사업을 그만 두었다.

지역별 성장률에 있어서는 아시아/태평양 시장은 여전히 유럽이나 미국보다 빨리 성장하였다. 아시아/태평양의 반도체 IP 수익은 전년대비 10% 성장하였다. 일본과 EMEA 연합시장의 반도체 IP 수익도 각각 11%, 14% 성장하였는데, 미국 반도체 IP의 수익 성장은 6%로 정체되는 현상을 보이고 있다.

아시아/태평양은 시장의 성장세를 계속 촉진시켜, 이 지역의 수익이 10% 증가하였다. 이러한 높은 성장세는 부분적으로 이 지역에서 licensee로부터의 마이크로 프로세서 및 특허 로열티 상승에 따른 것으로 설명된다. 아시아/태평양에는 다수의 신생 기업들도 있으며, 또한 틈새시장을 노려 완전한 SoC를 공급하려는 성공적인 Fabless 벤더도 있다.

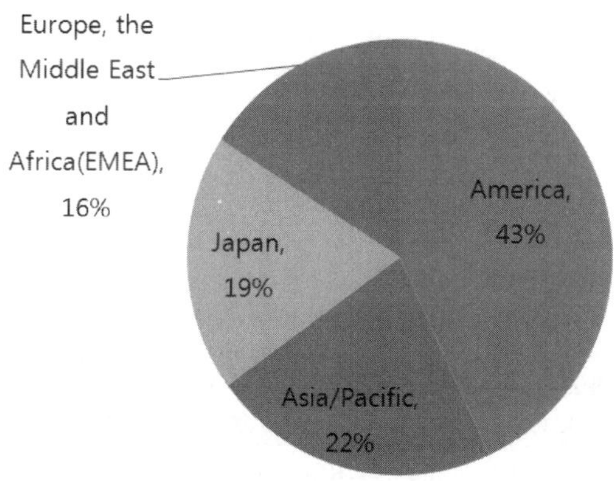

[그림 15] 지역별 세계 반도체 IP 수익 현황[39)]

[표 15] 지역별 세계 반도체 IP 수익 현황 (단위 : 백만 달러)[40)]

Region	2005	2006	2007	Growth	Share
Technology Licensing	272.2	510.9	550.1	8%	29%
Design IP	1,155.9	1,267.3	1,378.2	9%	71%
Americas	522.0	557.6	588.4	6%	43%
Asia/Pacific	290.9	279.4	306.6	10%	22%
Japan	190.0	241.4	268.0	11%	19%
Europe, the Middle East and Africa(EMEA)	153.0	188.8	215.2	14%	16%
Total	1,482.0	1,778.2	1,928.3	8%	100%

39) Gartner, 2008.
40) Gartner, 2008.

5. 기능별 시장현황

〈표 16〉에서는 2007년도 분야별 반도체 IP 시장의 성장률을 나타냈는데, ARM과 같은 microprocessor 분야가 약 5억 달러 수준으로 전체 시장의 약 26% 정도를 차지하고 있으며, 또한 매년 20%의 성장률을 보이고 있다.

또한, 아날로그 및 혼성신호(mixed signal) IP 분야는 점유율 면에서는 전체시장의 9%로 아직 시장규모는 작으나 매년 30% 정도의 성장률을 보이고 있다. 이는 순수 디지털이나 아날로그 SoC보다는 혼성신호를 포함한 SoC가 크게 성장하고 있는 것을 알 수 있다.

디지털 컨트롤러 IP 및 물리층(physical layer: PHY) IP 제품을 포함하는 유선 인터페이스는 시장의 7%를 차지하였다. PHY IP로부터의 수익은 강하게 성장하였으나, 디지털 컨트롤러 분야의 감퇴를 만회할 정도는 아니었다. 유선 인터페이스를 위한 디지털 컨트롤러는 제3자로부터 아웃소싱하기에 이상적인 후보다. 이는 검증이 상대적으로 용이하며, 통상적으로 디자인 기능에 필수적임에도 불구하고, 이들이 산업 전반적인(industrywide) 표준에 기초한다는 사실은 이들이 최종 제품을 차별화하지 않는 경향이 있음을 의미한다. 디지털 컨트롤러의 가격은 치열한 경쟁 속에 급격히 하락하였는데, 표준에 기초한 그 특성은 인터페이스의 디지털 부분을 디자인함에 있어 장애물이 적음을 의미하기 때문이다.

[표 16] 기능별 IP 시장 규모 및 성장률 (단위 : 백만 달러)[41)]

IP Product	2006	2007	Growth	2007 Share
Total IP Industry	1,7482.2	1,896.8	9%	100%
Design IP	1,237.3	1,346.7	9%	71%
Microprocessors	447.5	497.3	11%	26%
Digital Signal Processors	44.9	42.9	-5%	2%
Analog & Mixed Signal	125.4	167.6	34%	9%
PHY	131.5	137.3	4%	7%
Memory Cells/Blocks	130.1	127.1	-2%	7%
Physical Libraries	69.3	65.7	-5%	3%
Fixed-Function Signal Processing	134.2	157.2	17%	8%
Interface Controller	73.5	77.1	5%	4%
Block Libraries	39.6	35.1	-11%	2%
Infrastructure IP	30.6	32.8	7%	2%
Controllers and Peripherals	10.8	6.6	-38%	0.3%
Miscellaneous IP Blocks	30.0	31.6	5%	0.7%
Technology Licensing	510.9	550.1	8%	29%

41) Gartner, 2008.

Fixed-Function Signal Processing은 2007년도에도 크게 성장하였으나, 여전히 그 규모가 작아 총 반도체 IP 수익의 8%만을 차지하였다. 그러나 유선 인터페이스 항목의 일부로 집계된 PHY IP를 더한다면, Analog and mixed signal IP에 대한 총 시장은 25% 증가하여 전체의 10%를 차지하는 것을 보게 된다. 복잡한(complex) SoC에 아날로그 및 혼합 신호 기능을 더욱 통합시키려는 강한 경향이 있으며, 이 항목의 성장세는 높은 수준의 customization을 요구하는 라이선싱 사업을 신설하기 위한 벤더의 능력에 의해서만 제한된다.

아직은 작지만, Chip Infrastructure에 대한 시장은 2007년도에 7% 성장하였다. 보다 복잡한 SoC 디자인에 새로운 접근법이 요구될 것임에 따라 칩 인프라 IP는 그 중요도가 증가할 가능성이 크다.

또한, 아날로그 및 혼성신호(mixed signal) IP 분야는 점유율 면에서는 전체시장의 9%로 아직 시장규모는 작으나, 2007년에는 34% 정도의 성장률을 보이고 있다. 이는 순수 디지털이나 아날로그 SoC보다는 혼성신호를 포함한 SoC가 크게 성장하고 있다는 것을 알 수 있다.

6. 향후 세계 반도체 IP 시장추세

2008년 Gartner 보고서에 따르면 칩 제작사들이 최근 급격하게 진전되고 있는 관련 장비 및 기술의 융·복합에 대응하기 위해서는 'Reusable Intellectual Property'를 확보하는 것이 매우 중요하며, Simple IP 보다는 대개 소규모 IP 블록들이 결합한 형태를 띠는 'Complex IP 솔루션'이 주종을 이룰 것으로 예상하고 있다.

동 보고서에서는 무어의 법칙이 적용된다고 가정할 때 〈표 17〉과 같이 세계 반도체 IP 수익이 2011년까지 평균 11%의 고성장을 이룰 것으로 전망하고 있다. 이에 따르면 반도체 IP 전체 수익이 2006년 22억 달러에서 2011년도에는 48억 달러까지 성장할 것으로 예상하고 있다.

칩 설계회사들이 재사용이 가능한 반도체 IP를 사용하는 이유와 이점으로는 첫째, 설계에 들어가는 지출을 다수의 고객이 함께 부담함으로써 발생되는 비용의 절감 효과, 둘째, 설계 시간의 단축, 셋째, 설계 담당 직원들이 보다 독창적이고 복잡한 작업에 몰두할 수 있는 여건 조성, 넷째, 설계가 취소되거나 시장성이 없는 것으로 판명될 경우에 대비한 리스크 분산 효과 등을 들고 있다. 이러한 이유 때문에 Chip 설계회사는 비즈니스 파트너로서 신뢰할 수 있고 사업에 적합한 반도체 IP 공급회사에 의존하고 있으며, 이러한 경향은 앞으로 더욱더 강화될 것으로 보고 있다.

[표 17] 세계 반도체 IP 시장 전망 (단위 : 백만 달러)42)

구분	2006	2007	2008	2009	2010	2011	CAGR 2006~2011
Total Market	2,220	2,824	3,213	3,613	4,022	4,443	11%
Royalties	368	458	515	578	644	710	11%
Royalties' share of total	16.5%	16.2%	16.0%	16.0%	16.0%	16.0%	

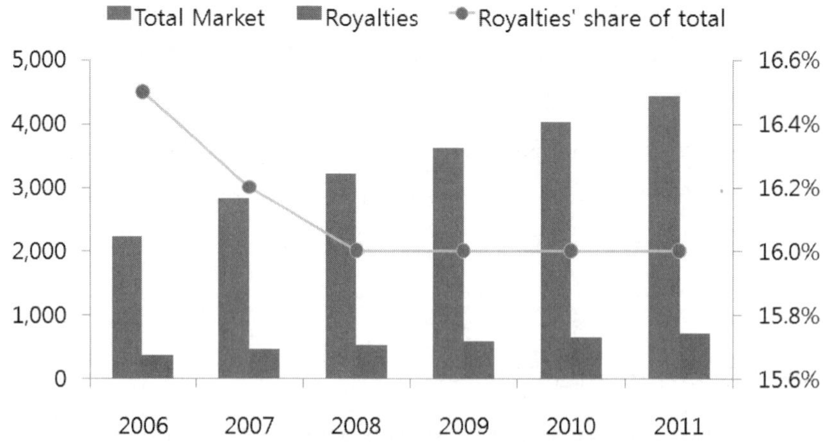

[그림 16] 세계 반도체 IP 시장 전망 (단위 : 백만 달러)43)

한편 2008년 Gartner 보고서에서는 이러한 시장의 확대가 반도체 IP 공급사로부터 아웃소싱을 하는 데 소요되는 거래비용(transaction cost)의 증감 여부에 따라 영향을 받을 수 있다고 지적하고 있다. 이러한 거래비용에는 적합한 반도체 IP 공급사를 찾는 데 소요되는 탐색비용, 계약을 위한 협상비용, 반도체 IP를 검증하기 위한 비용 등이 포함된다.

최근 관련 거래비용이 점차 줄어드는 추세에 있는 바, 업계의 표준화 노력이 효과를 거두고 있고 시장에서도 반도체 IP 공급자와 수요자 간의 보조를 맞추기 위한 노력이 진행되고 있기 때문이라고 진단하고 있으며, 이러한 거래비용을 줄이기 위한 노력이 제3의 주체를 통하여 보다 가속화될 필요가 있다고 주장하고 있다.

앞으로 반도체 IP 시장은 소규모 IP 블록들을 결합한 형태를 띠는 'Complex IP 솔루션'이 주종을 이룰 것이며, 이는 반도체 IP 시장의 변화를 가져올 것으로 예상된다. 이는 반도체 IP 로열티 수입이 전체 반도체 IP 수입에서 차지하는 비중이 2005년 31%에서 2010년 42%로 증가할 것으로 예상되는 중요한 근거가 된다. 반도체 IP

42) Gartner Dataquest, 2008.
43) Gartner Dataquest.

제작이 보다 복잡하게 됨에 따라 반도체 IP 공급회사들의 사업모델은 보다 집중화된 고객을 대상으로 높은 수준의 customizing을 하는 방향으로 발전할 것이며, 이에 따라 사업상의 리스크가 커지기 때문에 소규모 반도체 IP 공급사보다는 팹리스 업체들이 주축을 이룰 것으로 예상된다.

Ⅲ 국내 반도체 IP 시장동향 및 전망

1. 국내 SoC 산업동향[44)]

한국의 반도체 생산은 세계 3위로 307억불(시장점유 11.2%) 규모이며 생산비중의 절대적인 제품은 DRAM, NAND Flash와 같은 메모리 반도체가 차지하고 있다. 2007년 기준 메모리 생산량은 254억불로 세계시장의 43.1%를 점유해 부동의 1위로 세계 최고 기술 보유국임을 입증하고 있다, 반면 SoC(시스템 IC) 분야는 53억불(2.4%)에 불과하여 반도체 선진국(미국, 일본, 유럽)은 물론이고 신흥강국인 대만, 중국에 비해서도 열세이다.

[표 18] 한국의 반도체 및 SoC 생산비중[45)]

구 분 (진출시기)	미 국 ('70년)	일 본 ('75년)	대 만 ('80년)	한 국 ('90년)	전체시장
시스템 반도체	90.8%	78.2%	61.2%	14.0%	75.2%
메모리 반도체	9.2%	21.8%	38.8%	86.0%	24.8%
계	100%	100%	100%	100%	100%

제품별로는 DRAM, SRAM, NAND Flash 등 메모리 3개 제품에서 한국이 1위를 차지하고 있으며, SoC 분야에서는 LDI 부문에서 1위를 차지하고 있다. 이는 대량생산체계를 갖추어야 하는 제품이라는 특징과 함께 현재 한국에서는 IDM이 산업을 주도하는 것을 볼 수 있다.

과감한 투자를 기반으로 하는 반도체 산업의 특성으로 인해, 전통적으로 한국의 반도체 산업을 이끄는 주체는 메모리 위주의 대기업이 담당하여 왔다. 그러나 최근에는 기존의 메모리 반도체 업체들이 비메모리 반도체에도 눈길을 돌리고 있다. 우선 시장 규모가 크다. 비메모리 반도체는 개별반도체인 디스크리트(descrete)까지 포함하면 전체 반도체 시장의 78%를 차지한다. 디스크리트는 전체 반도체의 6%를 차지한다. 비메모리 반도체는 D램 가격 등락이 심한 메모리 반도체와는 달리 가격 변화가 적은 편이고 부가가치가 높은 편이다.

---

44) 국내 SoC 산업동향의 통계는 IT-SoC협회 회원사 51개 SoC 기업들에 대한 설문조사결과에 근거한 것임

45) KSIA, Gartner 2008.

그러나 지금까지 한국 기업들이 비메모리 반도체를 육성하지 않았던 것은 그만한 이유가 있었다. 메모리 반도체는 소품종 대량생산, 비메모리 반도체는 다품종 소량 생산이기 때문이다. 비메모리 반도체의 종류는 무려 2만여 가지나 된다. 더욱이 비메모리 반도체는 고도의 설계 기술을 필요로 한다. 1980년대 반도체 산업에 뛰어든 한국은 규모의 경제를 통해 고용을 늘리는 것이 필요했기 때문에 메모리 분야를 선택했다.

모바일 솔루션	디스플레이 드라이버 IC GSM/CDMA 솔루션 모바일 컴퓨팅 RF 이미지 센서 스마트 카드	
홈&미디어 솔루션	디지털 TV/STB 광학 디스크 LCD모니터/T	
ASIC (주문형 반도체)	IP기반 ASIC	

[그림 17] 비메모리를 사용하는 제품들46)

비메모리반도체는 전체 반도체 시장의 78%를 차지하고 있으며, 인텔 · 퀄컴 등이 장악한 세계시장에 삼성전자 · 하이닉스가 도전하고 있는 것이다.

우리나라 SoC 산업은 1997년 IMF, 1998년 LG/현대 반도체 분야 합병, 2000년 벤처붐 등을 주요한 계기로 형성되었다고 할 수 있다. 당시 반도체 대기업에서 종사했던 인력들이 뛰쳐나와 팹리스 벤처기업들을 설립하였고 몇몇 기업들은 IPO에 성공하였다. 2000년대 초 IPO에 성공한 팹리스 회사들은 주로 통신, CPU 분야에 종사하는 반도체 IP 중심의 회사였다. 그러나 이 회사들은 지속적인 성장 · 발전을 이루지 못하여 주목을 받지 못하고 있다.

최근 들어 두각을 나타내고 있는 SoC 기업들은 모바일 멀티미디어, 디스플레이 IC 분야에 종사하는 기업들로, 높은 성장률을 기록하고 있다. 즉, 1990년대 말 벤처 육성책의 계기로 인해 양적인 면에서 Fabless가 급성장하고, 2000년대 중반부터는 질적으로 성장한 중견규모의 기업들이 다수 등장함에 따라 SoC 산업의 또 다른 생산 주체로서 급격히 부각되기에 이르렀다.

46) 위클리조선 특집기사, 2008.4.

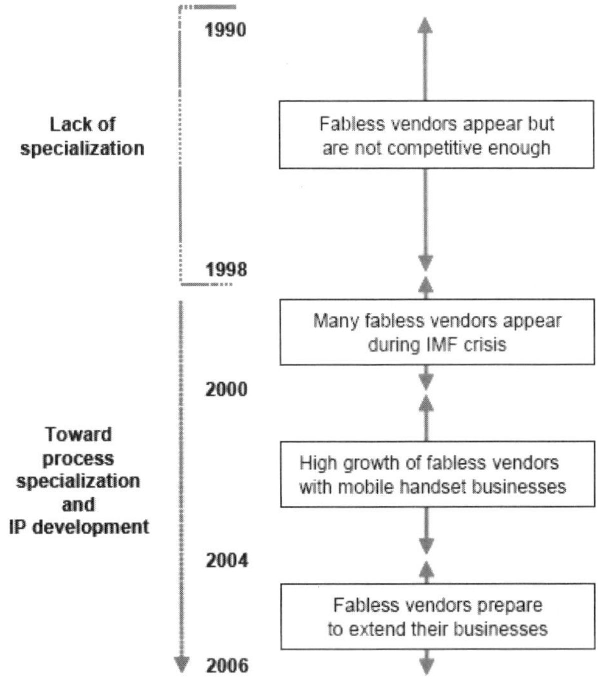

[그림 18] 국내 SoC 산업발전47)

반도체 협회에 등록된 주요 기업들을 정리하면 다음과 같다.

[표 19] 주요 SoC 기업 현황48)

기업명	설립년도	주요제품	Product Category
코아로직	1998	Camera application processors and multimedia application platforms	Mobile multimedia processor
엠텍비전	1999	Camera application processors and multimedia application platforms	Mobile multimedia processor
피델릭스	1997	PSRAM	Memory
이엠엘에스아이	2000	Memory for mobile application	Memory
텔레칩스	1999	MP3, audio-visual encoding, DMB and caller ID chips	Mobile multimedia processor
씨엔에스테크놀로지	1993	Broadband convergence network (BcN) and DMB chips and solutions	Mobile multimedia processor
다윈텍	1997	Display driver ICs	Display driver ICs
티엘아이	1998	Timing controllers	Timing controller
토마토엘에스아이	1999	LCD driver ICs	Display driver ICs

47) Gartner Dataquest, 2006. 9.
48) Gartner Dataquest, 2006. 9.

2007년 우리나라가 수입한 SoC 규모는 213억달러 가량이다. 지난해 메모리 반도체 수출액과 맞먹는다. 우리나라가 휴대폰, LCD TV, 자동차 등 시스템 제품 수출에 막강한 경쟁력을 가지고 있다고 하지만, 이 시스템들을 뜯어보면 그 안에 들어가 있는 핵심 두뇌 SoC는 대부분이 외산이다. '부품 소재가 경쟁력이며, 이 산업을 키워야 한다'는 구호가 나온지 벌써 10년이 훨씬 넘었지만, 여전히 공허한 메아리라는 지적은 이같은 이유 때문이다.

세계 SoC 시장에선 인텔, 퀄컴, 브로드컴 등을 앞세운 미국이 전체의 60%를 차지하는 강국으로 군림하고 있고, 이어 일본(20.5%), 유럽연합(10.9%), 대만(5.1%) 순으로 강세를 보이고 있다. 한국은 대만의 절반에도 미치지 못하고 있다.

2007년 국내 팹리스 SoC 매출 1위를 기록한 엠텍비젼(매출 1.7억달러)은 세계 팹리스 시스템반도체 기업 순위로는 37위에 머물러 있고, 세계 1위 팹리스 기업인 미국 퀄컴(매출 56억달러)에 비해 33분의 1 수준의 매출에 머물러 있다는 것이 우리 시스템반도체 산업의 현주소를 극명하게 보여준다. 삼성전자를 제외하고 국내 시스템반도체 전문기업 가운데 연간 매출 100억원을 넘는 곳이 모두 합해 10개 안팎이다.

겉 껍데기(시스템)만 화려하고, 속 알맹이(SoC)가 없다는 자조 섞인 목소리도 모두 이 때문이다. 시스템의 경쟁력은 시스템을 원활히 구동하게 해주는 SoC에 달려 있다. 시스템을 수출해 먹고 사는 우리나라가 왜 SoC를 육성해야 하는지 그 이유는 명백하다. 지금껏 우리는 반도체 신화라는 책의 4분의 1도 채 쓰지 못했다. 이제 나머지 페이지는 SoC신화로 채워야 한다.

〈그림 19〉는 2002년부터 2007년까지 6년간 SoC 업체의 생산량 및 성장률을 나타낸 그래프이다. 한국의 SoC 매출은 집계가 시작된 2002년에 3.2억불을 기록한 이후 2006년까지 지속적인 성장을 기록하였으나 2007년은 12.7억불로 2006년 대비 -12.8%의 마이너스 성장을 기록하였다. 모바일 폰 부품을 중심으로 경이로운 성장을 거듭하던 한국의 Fabless는 새로운 성장 동력의 부재, 시장의 성숙, 시스템업체의 단가압력에 따른 채산성 악화, Foundry 등 여관산업의 경쟁력 저하 등 복합적인 요인을 안고 최근 2~3년간 매출의 정체를 기록한 이후, 2007년 마이너스 성장을 기록한 상황이다. 세계적으로 Fabless의 성장이 기존의 급격한 성장세에서 둔화되기는 하였으나 여전히 강한 성장을 보이고 있는 상황이며, 특히 성장을 계속하고 있는 미국, 대만 등 SoC 강국에 비해 격차가 계속 벌어지는 것은 다소 우려스러운 결과라 할 수 있다.

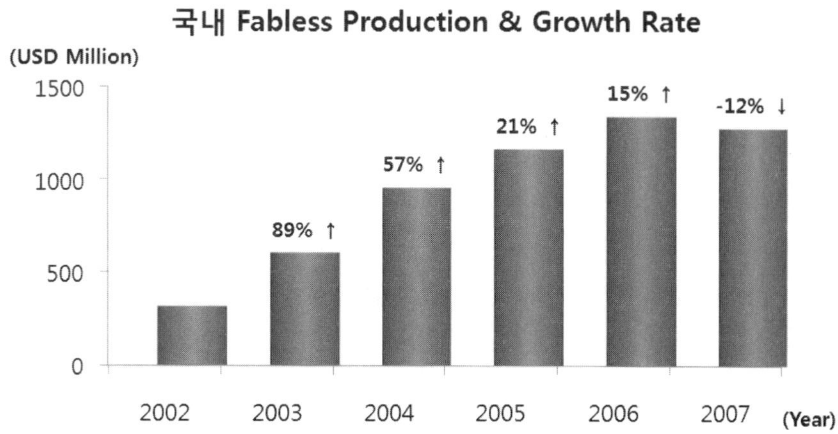

[그림 19] 팹리스기업 평균 매출액 및 순이익 추이 (단위 : 백만 원)[49)]

〈표 20〉에서는 2007년 상위 10개 업체들의 매출이 전체 매출의 59%를 점유하며 이들 업체가 국내 SoC 산업을 주도하고 있음을 보여 준다. 하지만 상위 10개 업체들의 매출 비중은 전년에 비해 약간 줄었다. 반대로 10위 이하 업체의 매출 비중은 2006년에 비해 7%가 증가, 전체 매출의 34%를 차지하여 중하위 업체들도 꾸준히 성장하고 있음을 알 수 있다.

[표 20] 국내 팹리스 업계 상위 10개 기업 매출액 비율 추이(단위:백만원,%)[50)]

순위	업체명	2005년	2006년	2007년	증감(07/06)
1	엠텍비젼	178,812	118,558	169,198	42.7
2	코아로직	162,336	190,203	119,023	-37.4
3	텔레칩스	65,000	62,001	84,100	35.6
4	실리콘화일	13,006	23,784	68,782	189.2
5	피델릭스	33,603	71,215	63,229	-11.2
6	실리콘웍스	15,000	33,600	61,925	84.3
7	다윈텍	45,286	48,524	58,000	19.5
8	티엘아이	28,792	44,796	57,052	27.4
9	씨엔에스테크놀로지	24,866	49,510	42,991	-13.2
10	다믈멀티미디어	22,642	28,510	29,178	2.7
Others		658,359	793,078	522,459	-34.0
Fabless Total		1,247,702	1,463,681	1,275,937	-12.8

49) IT-SoC협회, 2007.
50) KSIA, 2008.

〈표 20〉에서 보면 국내 SoC 기업 중 상위 10대 기업의 매출액 순위에서 코아로직은 국내 SoC 기업 최초로 연매출 2억 달러를 달성하여 글로벌기업으로 성장하기 위한 발판을 마련하였다. 2007년 실리콘화일은 180% 이상의 매우 높은 성장률을 기록하며 10위권 내에 진입하였고 실리콘웍스도 800% 이상의 높은 성장률을 보였다.

한국 SoC 기업들의 매출이 성장함에 따라 평균 종업원 수도 매년 증가하고 있다. 2004년 28명에서 2005년 40명, 2006년 55명으로 늘어났다. 그러나 평균 종업원 수가 30명 이하인 업체는 41%, 50명 이하인 업체는 66%에 달하고 있다. 여전히 소규모 업체들이 대다수를 차지하고 있는 것이다.

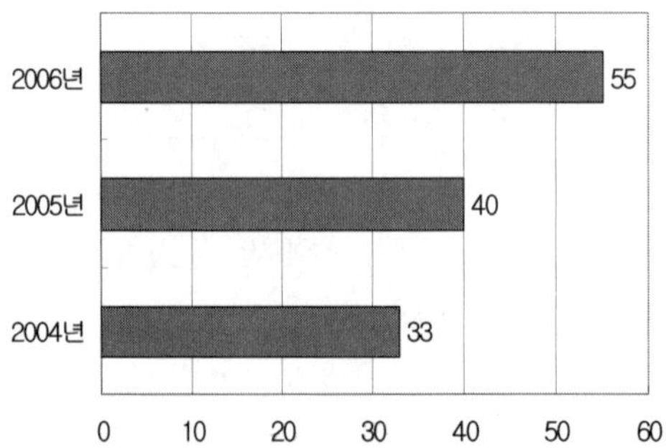

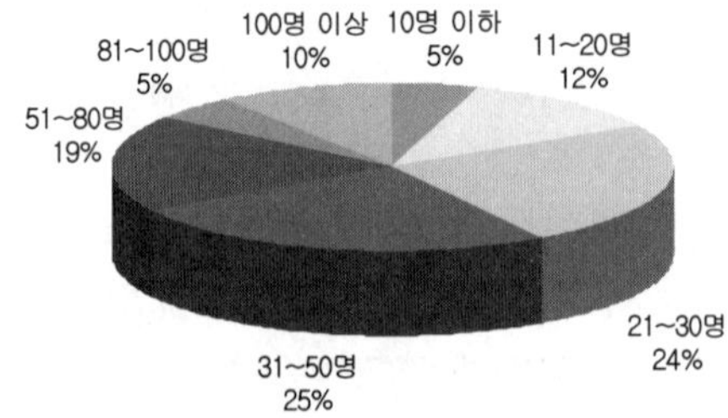

[그림 20] SoC 기업 종업원 수 증가 추이 및 종업원 수별 팹리스기업 분포51)

반도체 IP를 확보하는 경로를 조사한 결과 51%가 '자체 개발'을 통해 연구개발에 필요한 반도체 IP를 확보한다고 응답하였다. 그리고 31%가 '파운드리 반도체 IP를 사용'한다고 응답한 반면, '반도체 IP Provider를 통한구매'는 17%로 IP거래 실적이 많지 않은 것으로 나타났다. '대학, 연구소의 반도체 IP 사용'은 7%로 아직 저조한 상황이다. 이는 한국의 SoC 기업들은 외부의 자원을 적극 활용하여 규모가 큰 SoC를 개발하기보다는 특정한 고객을 상대로 하여 틈새제품을 개발하는 데 치중하고 있다는 것을 드러낸다.

51) IT-SoC협회, 2007.

[그림 21] 반도체 관련 산업 종업원 고용비중52)

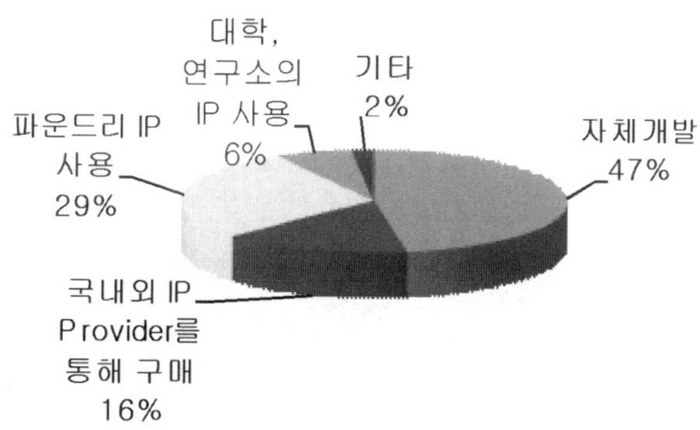

[그림 22] 국내 SoC 기업들의 주요 IP 확보방법53)

기술 분야별 반도체 IP의 활용 현황을 살펴보면 Analog & RF(31%)가 가장 많이 활용되고 있으며, 다음은 Digital Signal(19%)과 Processor & MicroController(16%) 등의 순이었다. 향후 연구개발에 주로 활용할 반도체 IP에 대해서는 Analog & RF(28%), Processor & Micro Controller(14%), Digital Signal(12%) 등을 가장 많이 활용할 계획이라고 밝혀 현재 사용 중인 반도체 IP(Analog & RF(31%), Digital Signal(19%))와 큰 차이가 없다.

52) 한국반도체산업협회, 2008.
53) IT-SoC협회, 2007.

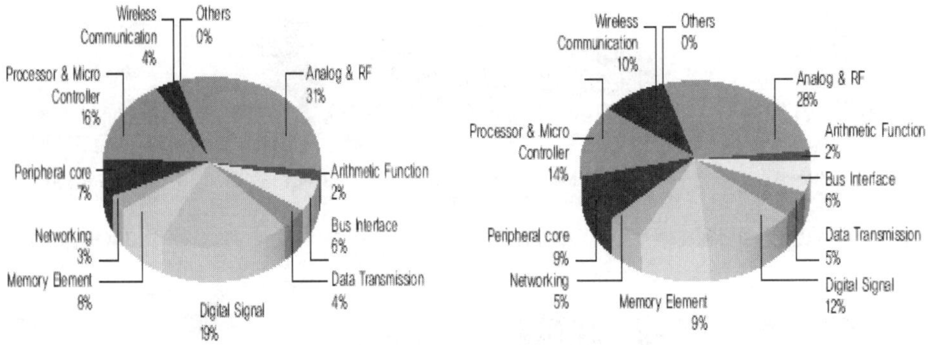

[그림 23] 국내 SoC 기업들이 현재 활용하고 있는 IP 분야와 활용할 IP 분야[54)]

SoC 업체의 사업 추진 시 애로사항으로 인력확보(27%), 마케팅(24%), 자금조달(24%)이 큰 비중을 차지하였다. 2005년에 자금조달(35%)이 1순위를 차지했던 것에 비해 2006년에는 인력확보(27%)가 1순위를 차지하였고 마케팅(24%) 및 연구개발(17%)의 비중이 크게 증가하였다. 이는 국내 SoC 기업들이 초기 벤처기업 단계를 벗어나 다양한 경영활동이 필요한 단계에 이르렀음을 드러내는 것으로 볼 수 있다.

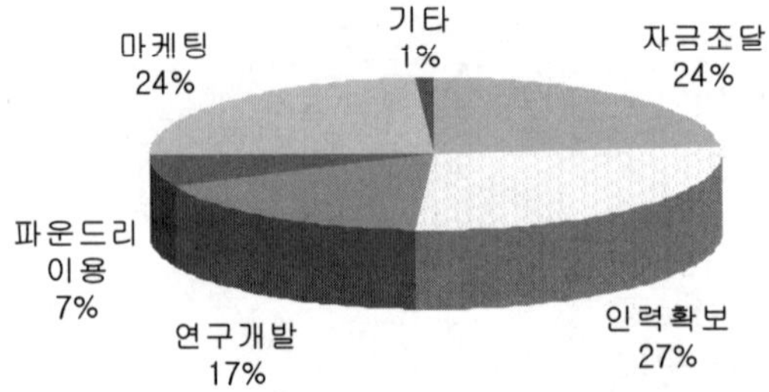

[그림 24] 국내 SoC 기업들의 사업추진 시 애로사항 및 비교[55)]

시스템-부품업체간의 협력에 대해 '잘 되는 편'(31%), '보통'(56%), '잘 안됨'(9%) 등으로 응답하였다. 양자 간의 협력이 잘 안 되는 이유로는 '시스템업체의 외국기업 선호'(59%), '부품업체의 신뢰성 부족'(32%) 등이 언급되었다. 이는 한국 SoC 기업들이 지리적인 근접성과 커뮤니케이션의 원활성에 근거하여 한국 시스템업체와 원활한 협력을 형성하고 있지만 규모와 신뢰성을 갖춘 세계적인 반도체기업들과 경쟁하는 수준에 이르지는 못하고 있다는 것을 드러낸다.

54) IT-SoC협회, 2007.
55) IT-SoC협회, 2007.

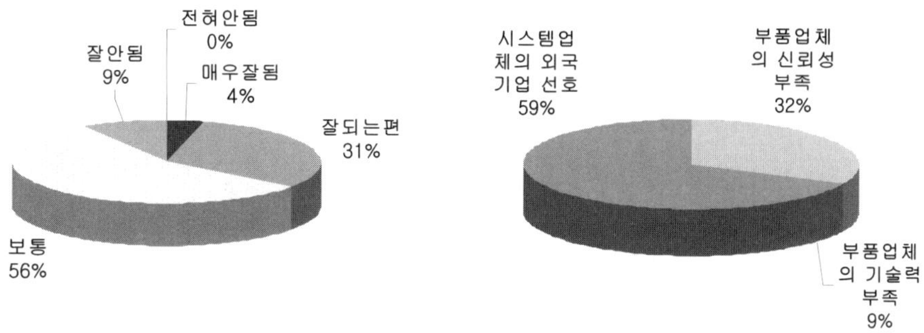

[그림 25] 시스템 - 부품업체 간 협력에 대한 응답 및 잘 되지 않는 이유[56)]

한국 SoC 기업들이 급속하게 성장해왔지만 여전히 많은 한계를 안고 있다. 우선 한국의 대표적인 SoC 기업들도 퀄컴, 브로드컴, 미디어텍 등의 대표적인 SoC 기업들에 비하면 아주 작은 규모이다. 여전히 대부분의 SoC 기업들이 특정한 시스템업체에 몇 가지 제품을 공급하고 있다. 이에 따라, 특정 시스템업체 경영조건과 특정 제품의 시장 환경의 변화에 따라 기업의 운명이 결정될 수도 있는 근본적인 한계를 안고 있다.[57)]

2. 국내 SoC/IP 시장동향

가. 국내 SoC/IP 개발 현황

한국전자통신연구원(ETRI)에서 2006년도 국내 팹리스 업체의 SoC 개발 현황을 국내 파운드리의 디자인하우스 9개사와 국외 파운드리의 국내 디자인하우스 3개사를 대상으로 조사한 결과에 따르면 총 176종으로 조사되었다.

파운드리별로 살펴보면, 국내 파운드리를 이용하여 개발한 SoC는 122종으로 전체의 약 70%를 차지하였으며, 매그나칩반도체가 64종으로 가장 많이 차지하였고, 삼성전자가 46종으로 그 뒤를 이었다(<그림 26> 참조). 또한, 국외 파운드리를 이용하여 개발한 SoC는 54종으로 전체의 약 30%를 차지하였으며 중국의 SMIC가 30종으로 가장 많고 대만의 TSMC가 21종으로 국내 팹리스 업체가 많이 사용하였다. 이 외에도 UMC, chartered와 같은 해외 파운드리를 사용하여 개발한 제품을 고려하면 해외 파운드리의 점유율이 약간 높아질 것으로 추정된다.

---

56) IT-SoC협회, 2007.

57) IT-SoC산업협회 간행물(2007)에서는 한국 SoC 기업들이 향후 한 단계 도약하기 위한 대안으로서 제품 포트폴리오의 구축, M&A 등을 통한 규모의 확대, 고객군의 다양화를 위한 노력 등이 필요하다고 지적하고 있다.

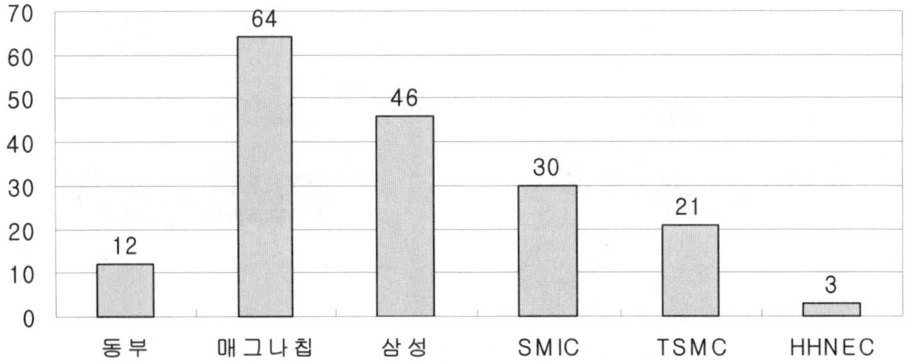

[그림 26] 파운드리별 국내 SoC 개발 현황 (단위 : 건)[58]

공정기술별로 살펴보면, 〈그림 27〉에서와 같이 62종으로 35%를 차지한 0.18μm 공정기술을 가장 많이 사용하였다. 이어서 0.13μm 공정과 0.35μm 공정이 각각 49종(28%), 19종(11%)을 차지하였다. 2006년도 국내 SoC 개발제품은 0.13μm와 0.18μm 공정이 63%로 주된 공정으로 부상되었으며, 90nm 이하의 공정은 2007년부터 본격적으로 개발될 것으로 예측된다.

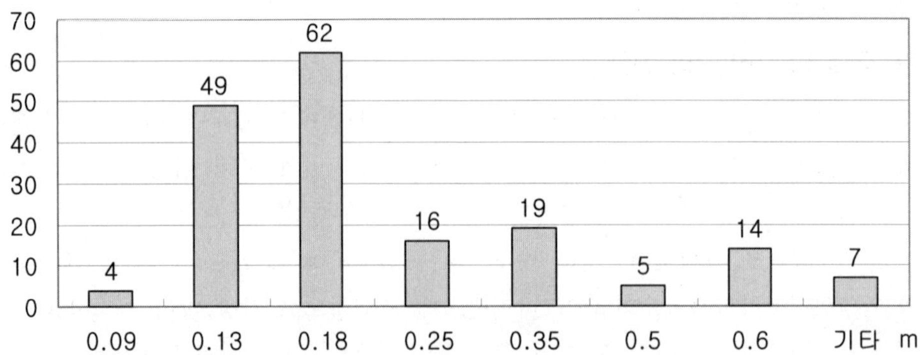

[그림 27] 공정별 국내 SoC 개발 현황 (단위 : 건)[59]

58) ETRI.

59) ETRI.

2006년도 국내에서 개발된 SoC의 집적도를 살펴보면, 〈그림 28〉에서와 같이 100만 게이트에서 500만 게이트 사이의 제품이 67개로 40%를 차지하였다. 또한, 1,000만 게이트 이상의 SoC 제품도 9개(5%)를 차지하여 국내 SoC 제품이 점차 대형화 되어가고 있으며, 이는 마이크로 프로세서, 메모리, 각종 기능블록 등의 시스템을 하나의 칩에 집적하여 개발하는 제품이 점차 시장에서 증가하고 있음을 알 수 있다.

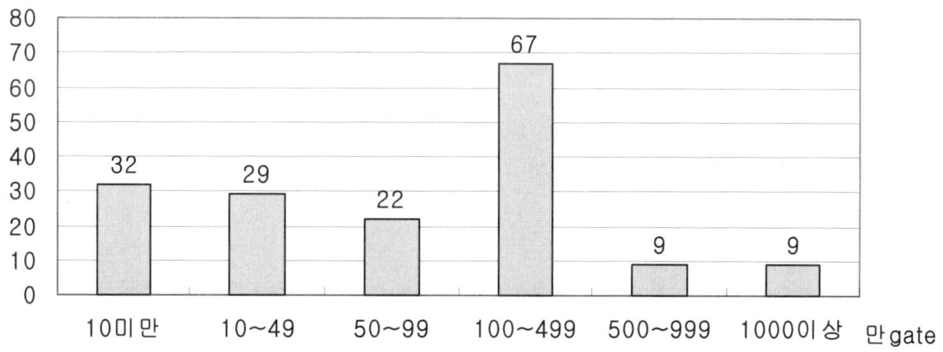

[그림 28] 집적도별 국내 SoC 개발 현황[60)]

2006년도 개발된 SoC 중 반도체 IP가 사용된 SoC는 113종으로 전체 64%를 기록하였다. 국내 파운드리를 이용한 SoC 중 반도체 IP를 사용한 SoC는 74종으로 58%를 나타냈으며, 국외 파운드리를 이용한 SoC의 80%가 반도체 IP를 사용한 것으로 조사되어 높은 반도체 IP 사용을 보였다(〈그림 29〉 참조). SoC 개발을 위해 사용된 총 반도체 IP 수는 229건으로 개발 SoC 당 평균 2건이 사용되었다.

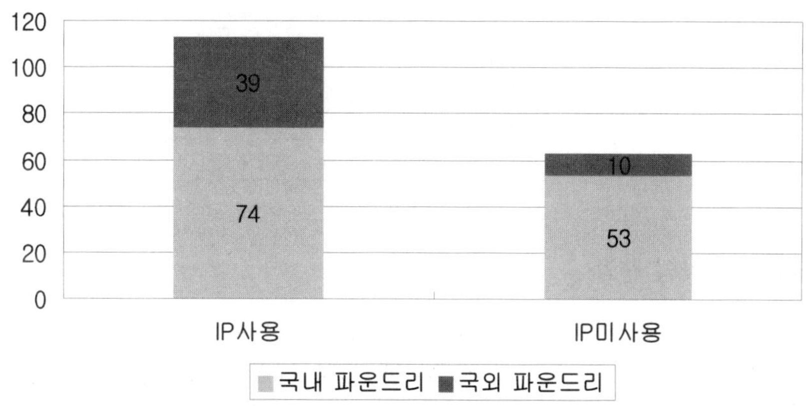

[그림 29] IP 사용 현황 (단위 : 건)[61)]

60) ETRI.
61) ETRI.

2006년도 국내 SoC 개발을 위해 사용된 반도체 IP를 종류별로 살펴보면, 〈표 21〉에서와 같이 ADC, PLL 등 아날로그 IP가 52%, 프로세서 코어 계열이 19%를 차지하였다. 프로세서 코어 43건 중 ARM 계열의 IP가 총 39건으로 전체 17%를 차지한 것으로 나타났으며, 이는 국내 대부분의 업체가 프로세서 분야에서는 ARM을 사용하고 있는 것을 알 수 있다.

한편 가장 많이 사용된 아날로그 IP의 경우, 특정 파운드리와 공정에 종속되어 있는 하드 IP의 형태로 활용하기 때문에 아날로그 IP의 시장 활성화를 위해서는 파운드리의 협조가 절대적이다. 또한, 점차 대형화되어 가는 SoC를 고려하면 아날로그 IP는 필수적으로 필요하며 이러한 반도체 IP를 구축하지 못한 파운드리는 시장에서 경쟁력을 상실할 것이다.

[표 21] 분야별 IP 사용 실적[62)]

구분		활용실적(건)	점유율(%)
프로세스 코어	ARM	39	17
	MCU외	4	2
	소계	43	19
고속 인터페이스 IP	USB	29	13
	PCI외	7	3
	소계	36	16
아날로그 IP	ADC	25	11
	DAC	29	13
	PLL	38	16
	LVDS외 기타	28	12
	소계	120	52
메모리	SRAM외	30	13
	소계	30	13
합계		229	100

나. 국내 SoC 시장 전망

한국의 SoC 산업은 급속한 발전을 해왔다. 한국 SoC 기업들의 총 매출은 2003년 6,500억 원에서 2006년 1.5조원으로 두 배 이상 늘었다. 연평균 성장률은 32%가 넘는다. 이런 성장에 근거하여 이제 한국의 SoC 기업들은 몇몇 분야에서는 세계 최고 수준에 이르렀다고 자부하고 있다.

62) ETRI.

이런 급속한 성장의 원인으로는 우선 휴대폰, 디스플레이 등 한국 세트산업의 성장을 들 수 있다. 세트산업의 성장이 거기에 필요한 부품을 공급하는 SoC 기업들의 성장을 견인한 것이다. 또한 메모리반도체를 통해 축적된 한국의 반도체기술이 SoC 기업을 통해 다양한 분야로 파급되고 있는 것으로 볼 수 있다.

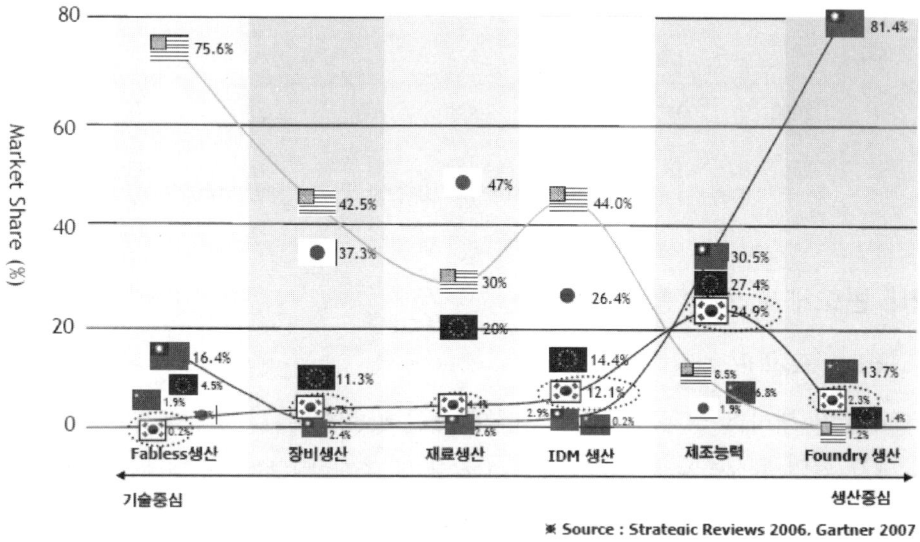

[그림 30] 반도체산업 분야에 있어 국가별 시장점유율 비교

가트너 그룹이 발표한 국내 반도체 시장에서 로직 IC(ASIC/ASSP 포함), 마이크로 컴포넌트, 아날로그 IC 시장을 추정해 IT-SoC 시장규모를 산출해 본 결과 2003년 85억 달러에서 연평균 13.0%의 성장률을 보이면서 2008년 157억 달러에 이를 것으로 전망되었다.

[표 22] IT-SoC 시장 규모 및 전망 (단위 : 백만 달러, %)63)

구분	2003	2004	2005	2006	2007	2008	CAGR ('03~'08)
ASIC/ASSP	5,986	7,280	7,716	8,195	9,124	10,423	11.7%
General Logic IC	990	1,464	1,547	1,617	1,838	2,193	17.2%
Microcomponent	771	1,001	1,065	1,177	1,427	1,685	16.9%
Analog IC	794	958	1,007	1,109	1,229	1,447	12.8%
합계	8,541	10,703	11,335	12,098	13,618	15,748	13.0%

63) Gartner Dataquest, 2004. 12

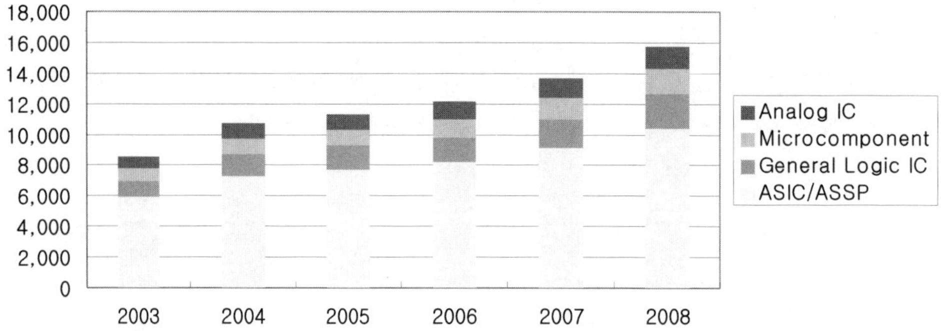

[그림 31] 국내 IT-SoC 시장규모 및 전망 (단위 : 백만 달러)[64)]

3. 국내 반도체 IP 시장 향후전망

가. 국내 반도체 IP 시장 현황

대부분의 팹리스 업체들은 대기업들의 주문에 의해 특정 제품에 적용할 SoC 제작, 예를 들어 휴대폰용 반도체, LCD 구동칩 등 일부 애플리케이션에 주력하고 있으며, 반도체 IP로 공개하는 것에 대해서 적극적인 자세를 취하고 있지 않다. 이는 여러 가지 원인이 있으나 크게 세 가지 점을 지적할 수 있을 것이다.

첫째, 팹리스 업체들의 대부분이 대기업에 크게 의존하고 있으며, 자체적으로 반도체 IP 거래를 목적으로 제품을 개발하기에는 매출액 규모, 영업 및 마케팅 역량 면에서 아직까지는 부족한 점이 많다는 것이다.

둘째, 반도체 IP 거래를 통한 수익성을 충분히 담보하지 못하는 시장 환경에서 SoC 개발에 주력하는 것이 기업 입장에서도 더 합리적이며, 반도체 IP 유통을 위한 등록, 검증 과정에서 기업비밀이 유출될 우려가 있어 득보다 실이 더 많다는 것이다.

셋째, 반도체 IP를 사용하는 경우 국내 반도체 IP 보다는 파운드리 검증을 마친 해외 반도체 IP를 사용하고 있다는 점이다. 국내에서는 업체가 상용화 혹은 거래를 전제로 하고 재활용할 수 있도록 만든 검증 반도체 IP가 적다보니, 데이터베이스에 등록된 반도체 IP는 대학에서 개발한 상용화되지 않은 반도체 IP가 대부분이고, 업계에서 필요로 하는 반도체 IP와 학계에서 연구목적으로 개발한 반도체 IP는 목표와 타깃이 다르기 때문에 실질적으로 업계에 도움이 되지 않는 경우가 많다.

64) Gartner Dataquest, 2004. 12.

이러한 점들은 앞으로 국가사회적인 유비쿼터스 생활환경 구현 추세에 따른 디지털 컨버전스 가속화에 따라 반도체 IP의 사용 필요성이 증가되면서 점차 개선되겠으나, 현재까지는 정부의 지원 하에 많은 반도체 IP가 데이터베이스로 구축되었음에도 불구하고, 실제 거래 건수는 미미한 실정이다.

나. 국내 반도체 IP 시장 전망

국내 반도체 IP 시장규모는 국내 반도체 IP 시장이 빈약하여 따로 통계된 시장조사 결과가 없는 것으로 보인다. 따라서 본 연구에서는 2004년부터 2006년까지 세계 반도체 IP 시장이 IT-SoC 시장에서 차지하는 평균비율(1.00%)을 근거로 추정하였다(〈표 23〉, 〈그림 32〉 참조).

[표 23] 국내 반도체 IP 시장규모 및 전망 (단위 : 백만 달러)65)

구분	2003	2004	2005	2006	2007	2008	2009 (추정)
IT-SoC 시장규모	8,541	10,703	11,335	12,098	13,618	15,748	16,850
IP 시장규모	85	107	113	121	136	157	170

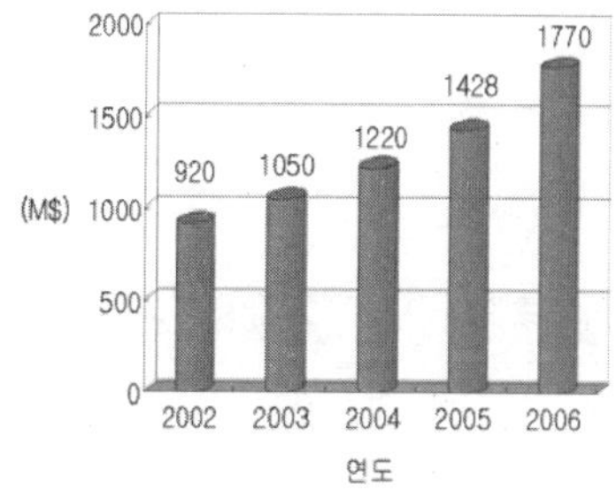

세계 IP 시장 규모 (Gartner, 2007. 5)

2006년도 분야별 IP 시장 성장률 (Gartner, 2007. 5)
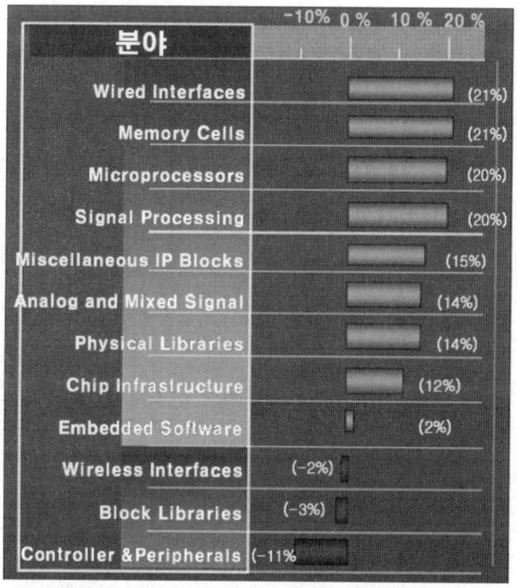

[그림 32] 세계 IP 산업현황66)

65) IT-SoC 시장규모 - Gartner Dataquest, 2004. 12
66) 세계 IP 산업현황 - Gartner Dataquest, 2007, KETI종합

그 결과 국내 반도체 IP 시장규모는 2004년도 107백만 달러에서 2005년도 113백만 달러, 2006년도 121백만 달러, 2007년 136백만 달러, 2008년에는 157백만 달러, 2009년도에는 170백만 달러에 달할 것으로 예측된다.

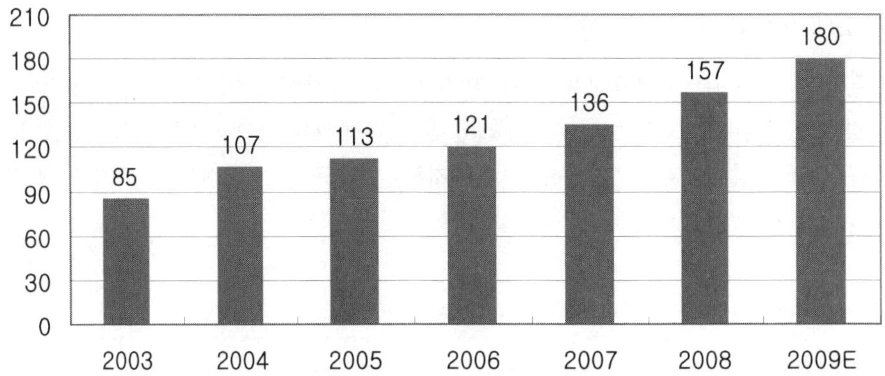

[그림 33] 국내 반도체 IP 시장 전망 (단위 : 백만 달러)

다. 국내 IP 산업 육성 지원현황

지식경제부에서는 한국전자통신연구원 SoC 산업진흥센터를 통하여 상용 IP 공동 활용 지원, 맞춤형 IP 비용 지원, 국내 파운드리 하드 IP 구축 지원 등 IP 지원 프로그램을 운영하고 있다. 2001년부터 2008년 11월 현재까지 총 118개사에 405건의 과제를 지원하였다.

[표 24] 반도체 IP 기술지원 실적(2001년~2008년)[67)]

구분	2001	2002	2003	2004	2005	2006	2007	2008	합계
지원 과제 건수	40	47	58	63	70	54	48	25	405
지원 업체 수(사)	7	9	14	8	23	18	23	16	118

상용 IP 공동 활용 지원은 시급성과 파급효과가 큰 상용 IP를 도입하여 국내 중소 SoC 설계전문업체(팹리스)의 공동 활용을 지원하는 사업이며, 맞춤형 IP 비용 지원은 개별 팹리스 업체가 SoC 개발에 필요한 IP의 도입 혹은 사용 비용의 50% 범위 내에서 지원하는 사업이다. 또한, 센터에서는 경쟁력 있는 국산 IP를 발굴하여 국내 파운드리에 구축 지원함으로써 국내 팹리스 업체의 국내 파운드리 이용환경 개선 및 국산 IP 개발 활성화에 기여하고자 국내 파운드리 하드 IP 구축을 지원하고 있다.

67) ETRI.

지식경제부는 '2008년 시스템반도체산업 발전전략'을 발표하고, 오는 2015년까지 정부와 민간 공동으로 약 2조원을 투입해 국내 SoC 산업 매출규모를 최대 330억달러, 세계 시장 점유율 9.5%로 키우겠다는 비전을 제시했다. 이를 위해 지경부는 미래성장성이 높은 휴대폰·가전·자동차 등 6대 전략 시스템 분야를 선정하고, 관련 분야 시스템 제조사와 팹리스 반도체 기업이 공동으로 전략 시스템반도체를 개발하는 프로젝트를 비롯해 판교 시스템반도체 클러스터 조성, 700억원 규모의 팹리스 클러스터 펀드 조성, 전문인력 양성 등 4대 전략과 13대 세부 추진과제를 마련, 내년부터 본격 사업에 착수키로 했다. 또 삼성전자와 하이닉스 등 메모리 반도체 기업들도 최근 시스템반도체 사업을 적극 육성하는 전략을 수립, 비메모리 사업확장에 나서고 있다. 삼성전자는 이미 디스플레이구동칩(DDI), 내비게이션 애플리케이션프로세서 등 4개 분야에서 최근 세계 1위를 차지했고, 광학스토리지용IC 등 4개 제품군에서도 세계 1위를 달성하겠다는 의지를 드러냈다. 하이닉스는 국내 팹리스 기업과 제휴를 통해 CIS 등 비메모리 사업을 강화하고 있다.

또한, 지식경제부는 반도체 IP 기반 SoC 설계 및 유통시스템 개발 사업의 일환으로 전자부품연구원(KETI)내 IP/SoC 지원센터를 설립 운영하고 있으며, IP/SoC 지원센터는 2003년 9월부터 2007년 8월까지 총 4년간 산업자원부로부터 연간 10억 원 규모의 지원을 받아 국내 반도체 IP 유통기반 구축 및 파운드리 활성화 지원을 목적으로 활동하고 있다. 또한, 이 사업의 일환으로 국책사업인 시스템 IC2010 연구과제물들의 IP DB 등록을 의무화하고 있으며, 2006년 7월까지 총 88종 중 57종의 IP를 등록 완료하였다.

마지막으로 특허청의 경우, IP 유통기반조성 사업의 1단계 수행기관으로 SIPAC을 선정하여 국내 IP DB 구축 및 유통을 목적으로 2001년부터 2005년까지 5년간 총 48억 원을 지원하였다. SIPAC에서는 5년간 1,800여 건의 IP DB를 구축하였으며, IP 평가/검증 시스템을 구축하여 운영하였다. 2006년도 이후, 특허청에서는 2단계 사업 수행기관으로 KIPEX를 선정하여 국내 IP 활성화를 위해 지속적인 지원을 하고 있다.

Ⅳ 소결

2008년 전 세계 IP 시장은 2조원 규모이며, 1위 기업인 ARM의 경우 매출이 약 4,500억원에 이른다. 국내 Fabless 업체의 2002~2007년 연평균 성장률은 41%를 기록하고 있으며, 전체 매출도 2억 달러에서 16억 달러로 8배 상승 하였다. 동 기간 국내 종합반도체회사가 23.2% 성장한 것에 비하면 높은 성장률을 기록하며, 높은 성장세를 지속하고 있다. 이러한 시장 발달의 전 과정에 걸쳐, 반도체 IP 재사용은 기본적인 기능의 블록에서 더욱 복잡한 반도체 IP 제품 쪽으로 이동하고 있다. 이에 따라 SoC에 필요한 모든 기능 블록을 자체 개발하는 것은 시간적, 경제적으로 한계가 있어 필요한 기능 블럭을 외부로부터 조달하는 반도체 IP 유통시장은 더욱 더 커질 것으로 전망된다.

그러나 국내의 반도체 IP 거래 확산 및 유통 활성화 목표 달성을 위해서는 다음과 같은 몇 가지 문제점이 존재하는 것으로 판단된다.

첫째, 아직까지 시장형성이 미약하다는 점이다. 앞으로 국내 반도체 IP 시장은 급격하게 성장할 것으로 예상되나, 시장현실은 그러한 기대에 미치지 못하는 부분이 많으며 이는 앞서 지적한 바와 같이 여러 가지 원인이 있지만 지식거래에 대하여 산업계, 학계, 연구소 등의 협동성이 취약한 점에도 기인하는 바가 크다고 판단된다.

둘째, 2008년도 현재 국내에서는 세계 IP 시장에 진출할 수 있는 반도체 IP가 절대적으로 부족하다는 점이다. 그 원인은 아직 국내 SoC 산업이 영세함을 극복하지 못했으며, 국내 SoC 개발자들은 제품으로서의 반도체 IP에 대한 마인드가 부족한 것이 그 이유일 것이다.

셋째, 반도체 IP 수요기업과 공급기업 간의 원활한 반도체 IP 거래가 이루어지는데 있어 시장적 요인 이외에도 기술적, 상업적, 법적, 시스템 검증 및 위험관리 차원에서 장애가 존재한다는 점이다.

마지막으로, 반도체 IP를 공급할 수 있는 기업, 즉 팹리스 업체들의 규모나 경영여건이 현재로서는 반도체 IP보다는 SoC 제작에 치중할 수 밖에 없는 상황이라는 점이다. 팹리스 업체들의 주요한 설립계기를 보면 1997년 IMF, 1998년 LG/현대 반도체 분야 합병, 2000년 벤처붐 등으로 주로 대기업에 종사하던 전문 인력들에 의하여 만들어진 벤처기업으로부터 출발하여 10년이 채 되지 않은 현 단계에서 대기업의 주문에 의존할 수밖에 없는 우리나라의 경영환경 하에서 매출액 규모나 인력 면에서 자체적인 로드맵을 가지고 반도체 IP 거래를 목적으로 제품을 개발하는 것은 매우 어려운 실정이라는 점이다.

따라서 아직 영세함을 벗어나지 못하는 국내 업체들에게는 반도체 IP 시장은 초기 자본과 기술이 많이 필요하며, 위험부담이 너무 큰 시장이기 때문에 세계 SoC 선진국들처럼 정부는 반도체 IP 공급자와 반도체 IP 사용자간 장애물을 제거하고, 효율적인 유통 환경을 조성할 수 있도록 전폭적인 지원이 필수적이다.

반도체 IP의 확대 및 거래 활성화는 이미 검증되어 있는 반도체 IP를 반도체 설계에 활용함으로써 복잡한 기능의 칩을 단기간에 개발하는 것이 가능하다. 개별회사가 칩 개발에 필요한 모든 기능을 자체적으로 개발하기 보다는 핵심부분만 자체개발하고 그 외의 기능은 라이센스하여 확보하는 것이 프로젝트 실패위험을 낮추고 개발비용과 기간을 줄일 수 있는 것이다. 휴대폰에 많이 사용되는 ARM사의 RISC IP의 경우 2007년에 생산된 전세계 휴대폰의 75%에 사용되고 있다.

반도체 IP의 거래 활성화를 위해서 우수한 반도체 IP의 개발이 우선적으로 이루어져야 한다. 국내 팹리스 업체들이 필요로 하는 우수한 반도체 IP의 개발이 선행되고 국내업체들도 개발된 반도체 IP를 보다 적극적으로 구입하여 제품개발에 활용하는 선순환이 이루어져야 하겠다. 또한, 팹리스 업체는 반도체 IP를 개발하여 파운드리 업체에 판매함으로써 팹리스 업체는 반도체 IP 판매에 따른 수익을 얻고, 파운드리 업체는 이를 통해 부족한 반도체 IP를 확보할 수도 있을 것이다.

한편 팹리스 업체와 수요처 간에 긴밀한 협력관계도 이루어져야 할 것이다. 팹리스 업체의 성공적인 제품기획 및 판로 확보를 위해서는 수요자인 시스템 업체와의 밀접한 정보공유 등 긴밀한 유대관계가 필요하다.

이를 위해서 정부는 선진국과 경쟁하여 국내기업들이 반도체 및 시스템 시장을 확보할 수 있도록 반도체 IP 창출, 등록, 인증, 거래, 표준화 등에 관한 Roadmap을 시장 성숙단계에 맞추어 개발할 필요가 있다.

chapter

2 반도체 IP의 보호에 관한 국제규범

제1절 序

반도체 IP란 "반도체 집적회로의 설계 시 독립적인 기능을 가지고 재이용이 가능한 기능블록(반도체설계모듈)"을 말하는데, 이와 같은 반도체 설계모듈을 특히 반도체 업계에서 반도체 IP라 칭하는 이유는 "지적노력의 산물"이라는 점을 강조하기 위함이다.

즉, SoC 등 반도체 집적회로의 설계 시 사용되는 설계모듈인 반도체 IP는 고도의 부가가치를 가진 "인간의 지적활동에 의한 산물"이다. 따라서, 이러한 부가가치를 가진 지적재산인 반도체 IP에 대한 충분한 보호가 이루어져야 하나, 반도체 IP의 보호를 이해당사자들의 자율적인 합의(사적계약)에 위임하는 경우에는 합의 당사자 이외의 제3자가 반도체 IP를 무단복제하거나 무단으로 이용하는 경우에는 별다른 대책이 없다는 문제가 발생한다.

따라서, 사적인 합의나 계약이 존재하지 않거나 계약이 효력이 미치지 않는 제3자와의 사이에서 어떻게 반도체 IP가 보호받을 수 있는가하는 문제가 제기되는데, 이는 결국 "사회전체의 합의"라 할 수 있는 법률에 의하여 해결할 수 있고, 이에 각국별로 반도체 IP에 대한 보호법률이 각자 형식을 달리하여 제정되어 시행되고 있는 실정이다.

본 장에서는 이와 같은 인식을 바탕으로 하여 먼저 반도체 IP의 보호에 관한 국제적 동향을 살펴보기로 한다.

제2절 워싱턴 조약

I 序

반도체칩의 보호를 위한 국제적인 분위기가 고조됨에 따라 1985년 세계지적소유권기구(WIPO) 주관으로 반도체칩 보호를 위한 국제조약의 채택을 위한 미국, 영국, 독일, 호주 및 일본 등 5개국 전문가가 참석한 가운데 제네바에서 개최되었으며 이후 1988년 11월까지 네 차례에 걸쳐 전문가 회의가 개최되었다. 88년의 전문가 회의에서 강제실시와 분쟁해결조항 등 중요사항에 대한 대체적인 합의가 이루어져 WIPO는 1989년, 미국 Washington D.C.에서 "집적회로의 지적소유권에 관한 조약"(Treaty on Intellectual Property in Respect of Integrated Circuits : 워싱턴 조약)을 채택하여 반도체집적회로를 지적소유권의 하나로 인정하고 보호하고자 하였다. 그러나 당시 이 분야에 대해 가장 선진적인 입법조치를 하고 있었던 미국 일본의 동 조약 채택 거부로 조약은 발효되지 못하였다.[68] 워싱턴 조약의 내용을 살펴보면 다음과 같다.

II 보호대상

당사국은 자국 내에서 배치설계에 관한 지적소유권 보호를 확보할 의무를 지게 되는데(제3조(1)), 지적 노력의 결과에 의한 독창적인 배치설계를 보호하되 통상적인 소자와 배선의 조합이 전체로서 독창적인 경우, 이를 보호하여야 한다(제3조(2)). 당사국이 이러한 조약상의 의무를 이행함에 있어 동 조약은 그 법적 형식으로 특별법, 저작권법, 특허법, 실용신안법, 의장법, 부정경쟁방지법 중 어떠한 것을 취하여도 무방하다(제4조).

---

68) 표결결과는 찬성 49개국, 반대 2개국(미국, 일본), 기권 5개국(캐나다, 스위스, 스웨덴, 리히텐슈타인, 바티칸)이었다. 미국과 일본이 조약에 반대한 이유는 크게 4가지이다(특허청, "집적회로 보호조약 채택을 위한 외교회의 참석 결과 보고(1989.6)").
첫째, 강제실시권의 허용 기준문제로, 회의에 참석한 다수의 국가들이 "긴요한 국가적 목적"을 한 강제실시권 허용에 동의하였으나, 미국과 일본은 본 조항이 남용될 우려가 있으며, 그러한 경우 권리자의 권리보호가 크게 약화될 수 있다는 점에서 반대하였다.
둘째, 선의의 취득자의 보호 규정에 관하여 미국과 일본은 워싱턴 조약이 정당한 보상규정을 삭제하여 이를 국내법에 위임함으로써 각국이 보상의무를 면제할 우려가 있고 이 경우 권리자에게 부당한 손해가 가해지고, 선의의 취득자의 범위가 확대될 우려가 있다고 주장하였다.
셋째, 보호기간에 관한 문제로 워싱턴 조약에서 보호개시 시기에 관한 규정을 삭제한 결과 회원국에 따라 실질적인 보호기간이 단축될 우려가 있었다.
넷째, 분쟁해결절차와 관련하여, 워싱턴 조약은 이행강제 규정을 두고 있지 않으므로 위반시 제재수단이 없이 분쟁해결의 실익이 없을 것으로 판단된다고 주장하였다.

Ⅲ 그 외 주요내용

1. 보호범위

(1) 권리보유자의 승인을 요하는 행위

보호되는 배치설계[전체 혹은 독창성이 인정되는 부분]의 복제행위, 보호되는 배치설계나 당해 배치설계에 따라서 마이크로칩을 제조하는 행위, 보호되는 배치설계 또는 그러한 배치설계에 따라 제조한 마이크로칩을 산업제품에 내장된 상태로서나, 단독적으로나 관계없이 상업적 목적으로 수입, 판매 혹은 기타 배포하는 행위는 권리자의 승인을 요한다(제6조(1)).

(2) 권리자의 승인이 없어도 할 수 있는 행위

개인적 또는 비상업적 이용을 목적으로 혹은 평가, 분석, 교육의 목적으로 배치설계를 복제 또는 반도체칩에 결합하는 행위와 보호되는 배치설계의 평가분석에 의하여 새로운 독창적인 배치설계를 하였을 때 그 배치설계를 업으로 실시한 행위는 권리자의 승인을 요하지 않는다(제6조(2)).

(3) 강제실시권의 설정 및 독점금지 조치

당사국은 그 행정부 또는 사업부를 통하여 일정한 경우에 강제실시권의 설정 등과 같이 권리보유자의 승인없이 배치설계를 이용할 수 있게 하는 조치를 취할 수 있다. 즉, 당사국은 그 국내법을 통하여 그 행정부나 사법부에게, 제3자가 통상적인 상관습에 따른 노력을 하였음에도 불구하고 권리보유자의 승인을 얻지 못한 경우에 강제실시권의 설정이 국가목적의 확보에 필요하다고 판단되는 경우에 한하여 당해 당사자국의 영토 내에서의 실시와 정당한 보상금의 지급을 조건으로 당해 제3자에게 강제적 실시권을 인정할 수 있다(제6조(3)).

또한 당사국은 권리보유자의 권리남용을 방지하고 자유경쟁을 확보하기 위해서 국내법에 따라 행정부 또는 사법부에 의한 공식절차를 거쳐서 권리남용 및 부정경쟁의 방지를 위한 강제실시권이나 기타의 필요한 조치를 취할 수 있다. 공정이용과 역공정의 예외는 당사국 모두가 국내법에서 인정하여야 할 강행규정이지만, 강제실시권과 독점금지조치에 관한 규정을 국내법에 둘 것인지의 여부는 당사국의 재량에 맡겨져 있다.

다만 강제실시권 설정이나 반독점금지를 위한 권리 제한 등의 조치는 사법적 판단의 대상이 되며, 권리자에게 부과된 이같은 조치들의 정당성이 소멸된 경우에는 그러한 조치들은 취소된다.

(4) 선의의 침해에 대한 조치

불법적으로 복제된 배치설계에 따라 제조된 집적회로를 취득한 자가 그 취득 당시에 당해 집적회로가 불법적으로 복제된 배치설계에 따라 제조된 것이라는 사실을 몰랐거나, 알지 못한 정당한 사유가 있었던 경우에 당사국은 당해 선의취득자의 재판매, 수입 기타의 배포 행위를 권리침해로 보지 아니할 수 있다. 이러한 선의취득자에 관한 조약규정도 강행규정이 아니라 당사국의 재량에 맡겨진 임의규정이다(제6조(4)).

(5) 권리소진

권리자에 의해서 또는 그의 동의를 받아 시장에 유통된 배치설계 또는 그 배치설계를 결합한 마이크로칩의 수입, 판매, 배포행위는 권리자의 허가를 따로 받을 필요없이 적법하다(제6조(5)).

2. 내국민대우

당사국은 자국의 국민, 거주자 또는 배치설계의 창작이나 반도체칩을 생산하는 법인 등에게 내국민 대우를 하여야 한다. 다만 대리인 임명, 송달 영수인 지정 또는 소송절차에서의 외국인 취급 등에 관하여는 내국민 대우를 아니할 수 있다(제5조).

3. 상업적 이용 및 등록

전세계 어디에서든지 상업적으로 이용한 적이 없는 경우, 또는 등록출원이 되어있지 않는 경우에도 배치설계를 보호할 것인지 여부는 각국의 자유이다. 당사국은 배치설계의 도면 또는 그 사본의 제출을 요구할 수 있고 당해 집적회로가 이미 상업적으로 이용된 경우에는 당해 집적회로의 전자회로기능에 관한 정보와 함께 당해 집적회로의 견품을 제출하도록 요구할 수 있고 등록신청인은 자신의 배치설계의 동일성을 확인할 수 있는 부분을 제출하는 것을 전제로 하여 집적회로 제조방법에 관한 부분은 제외시킬 수 있다.

4. 권리보호기간

동 조약은 최단보호기간을 8년으로 규정하고 있기 때문에 당사국은 배치설계에 대하여 8년 이상의 법적 보호를 해주어야 한다. 상업적 이용 및 등록을 보호의 전제조건으로 할 것인지의 여부가 당사국의 재량에 달려있기 때문에 당사국마다 보호기간의 기산일이 다를 수 있겠지만 그 보호기간은 8년 이상이어야 한다.

5. 분쟁해결

당사국은 다른 당사국의 법률이나 관례가 동 조약의 규정과 일치하지 않는다고 인정하면, 그러한 당사국에 대하여 협의를 요청할 수 있다. 협의가 결렬되면 분쟁당사자들은 알선·조정·중재 등과 같이 우호적인 방법으로 분쟁을 해결할 것을 합의할 수 있다. 협의가 결렬 후 위와 같은 방법에 의하지 않거나 이러한 절차를 거쳤어도 분쟁이 해결되지 않으면 동 당사국 일방의 요청에 의하여 총회는 소위원회를 소집하여 그 문제를 심의케 할 수 있고 당해 보고서와 동 조약에 대한 총회자체의 해석에 입각하여 분쟁해결 권고안을 제시한다.

제3절 WTO/TRIPs 협정

I 序

국제무역을 주도하고 있는 미국, EC 등 선진국들은 공정한 자유무역을 주장하면서 무역상대국에 대하여 무역장벽의 제거를 요구하며, GATT를 중심으로 1986년 9월부터 세계무역자유화와 신장을 위한 UR 협상을 개시하여 1993년 12월 최종타결을 보게 되었다. UR 협상이 타결된 이후 GATT 체제는 1995년 1월 1일부터 WTO(세계무역기구) 체제로 바뀌어 출범하게 되었는데, WTO/TRIPs(서계무역기구지적재산권협정)도 WTO 설립협정의 부속협정으로 되어 있다.

WTO/TRIPs에서는 전문, 7장, 73조문으로 구성되어 있고, 제2장에서 각종 지적재산권의 보호기준을 규정하고 있으며, 반도체칩의 보호는 제2장 제6절(제35조~제38조)에서 규정하고 있다.[69] 즉, 회원국에게 집적회로에 관한 지적재산권 조약에 따라 집적회로의 배치설계를 보호할 의무를 부여하고 있다.

II 보호대상

먼저 첫 번째 단계로, 반도체 배치설계 그 자체를 보호한다. 집적회로의 배치설계(layout-design; EC측에서는 topography라 칭함)라는 것은 앞으로 언급된 대로 일

69) TRIPs 협정에서의 실질적인 규정은 제35조~제38조만 규정되어 있으며, 대부분의 규정은 워싱턴 조약을 적용한다고 규정하고 있다. 구체적으로 TRIPs 협정 제35조에서는 "회원국은 워싱턴 조약 제2조에서 제7조까지(제6조 제3항은 제외), 제12조 및 제16조 제3항의 규정에 따라 집적회로의 배치설계(이 협정에서는 "배치설계"라 함)에 대한 보호를 부여하고 또한 다음의 규정을 준수할 것을 합의한다."라고 규정하고 있다. 즉, WTO/TRIPs 협정은 "조약 Plus 방식"의 규정체제를 취하고 있다.

정한 크기의 반도체 위에 회로를 어떻게 배열하는가에 관한 설계도면을 말한다. 집적회로를 지적재산권의 대상으로 인정하여 보호해야 된다고 할 때의 진정한 의미의 보호대상은 이러한 배치설계만을 의미하는 것이 원칙이다. 이러한 의미에서 산업재산권(Industrial Property) 보다는 저작권(Copyright)적 성격이 강하다. 일부에서는 이러한 것을 산업저작권(Industrial Copyright)이라고도 한다.

두 번째 단계로 집적회로 배치설계가 반도체칩에 내장된 집적회로칩을 보호대상으로 하고 있다. 집적회로의 배치설계만이 독자적으로 유통되는 경우가 많으면 그에 관한 보호로 충분할 것이지만, 실제로는 집적회로의 배치설계 자체가 유통되는 경우는 거의 없으며, 반도체칩에 그 배치설계가 구현된 제품의 형태로 유통되는 경우가 대부분일 것이므로 I집적회로칩을 보호대상으로 하지 않으면 실질적인 보호가 불가능하기 때문이다.

세 번째 단계로 집적회로 칩이 내장된 전자제품 등의 최종제품(final product 혹은 down stream product라 한다)을 그 보호대상으로 한다. 배치설계와 집적회로 칩을 보호대상으로 하는 데에는 참가국간의 이견이 거의 없었으나, 최종제품까지 보호할 것인가에 관해서는 참가국간의 의견대립이 많았다. 그 이유는 i) 집적회로칩과 집적회로 칩이 내장된 최종제품간의 가격차이가 많이 나고, ii) TRIPs 제3부의 시행절차(Enforcement)가 적용되는 경우 반도체 배치설계권의 침해를 이유로 최종제품의 유통, 수출이 정지되는 상황이 발생될 수 있기 때문이었다.[70)]

70) 미국・일본 등 반도체분야의 선진국들은 최종제품까지 보호하지 않는 경우 보호의 실익이 없다는 이유로 최종제품까지 포함해야 한다고 주장했고, 최대의 관심국가인 우리나라는 이에 반대하였다. 우리나라의 주장논리는 다음과 같았었다.

i) 반도체칩과 최종제품의 가격차이가 너무 크다.

ii) 반도체칩을 구매하여 최종제품에 조립하는 최종제품 제조자는 구입한 반도체칩이 타인의 반도체 배치설계권을 침해한 것인지 알기 어려우므로, 만약 최종제품이 반도체 배치설계권 침해로 유통을 정지당하면 최종제품 제조자에게 너무 큰 손해를 줄 우려가 있다.

그러나 협상결과 보호범위에 최종제품을 포함시키고, 그 대신 침해한 반도체칩이 제거된(일부 전자제품의 경우 손쉽게 반도체칩을 제거할 수 있다) 최종제품은 보호범위에 포함되지 않고, 제37조에서의 선의의 최종제품 제조자 보호를 강화하는 방향으로 규정하게 되었다. 물론 이러한 중재안에도 맹점이 있었다. 첫째, 컴퓨터와 같은 것은 침해한 반도체칩을 손쉽게 제거할 수 있으나 그렇지 못한 최종제품도 있다는 점, 그리고 제37조와 관련하여 최종제품 제조자가 반도체 배치설계권자로부터 침해에 관한 통고를 받은 후 정규제품인 반도체칩을 사용하기 위해서 생산조립라인을 바꾸려고 하였으나 해당 정규 반도체칩을 원 권리자가 고가로 판매하려는 경우 문제가 발생할 수 있다.

이러한 문제점을 반영하여 1991년 12월 마지막 협상시 우리나라는 제36조 하단에 "위의 규정에도 불구하고 반도체칩이 내장된 최종제품 제조・유통자가 반도체 배치설계권을 침해하지 않는 반도체칩을 구매하는데 어려움이 있는 경우 권리자에게 반도체칩에 대해 산업관행에 기초한 로얄티를 지불하고 침해한 반도체칩을 계속 사용할 수 있다." 라는 내용을 추가하자고 주장하였다. 그러나, 이 제안은 미국・일본의 i) assembly line을 변경하는데 시간이 얼마 소요되지 않고, ii) 최종제품이 수출단계에서 통관 정지되면 공탁금을 예치하고 우선 통과할 수 있는 길이 열려 있다는 반박에 의해 채택되지 않았다. 결국 이러한 과정을 통해, WTO/TRIPs에서는 최종제품까지 보호범위에 포함되게 되었다.

Ⅲ 그 외 주요내용

1. 보호범위(제36조)

회원국은 보호되는 배치설계 또는 보호되는 배치설계가 포함된 집적회로 또는 불법적으로 복제된 배치설계를 계속 포함하는 집적회로를 내장한 제품을 상업적 목적을 위해서 수입, 판매 또는 달리 유통시키는 행위가 권리자의 승인없이 행하여지는 경우 이를 불법적인 것으로 간주하여야 한다

2. 권리자의 승인을 요구하지 않는 행위(제37조)

(1) 선의 취득시의 이용

불법적으로 복제된 배치설계를 포함하는 집적회로 또는 이러한 집적회로를 포함하는 제품과 관련하여 상기 제36조에 규정된 행위를 수행하거나 지시하는 자가 집적회로 또는 그러한 집적회로를 포함하는 제품을 취득할 때 불법적으로 복제된 배치설계를 포함하였음을 알지 못하였거나 알 수 있는 합리적인 사유가 없을 경우, 회원국은 동 행위의 수행을 불법으로 보지 않아야 한다.

회원국은 이러한 자가 배치설계가 불법적으로 복제된 것이라는 사실에 대해 충분한 통고를 받은 후에도 동인이 재고품 및 통보시점 이전에 주문된 것에 대하여 동 행위를 수행할 수 있도록 할 수 있으나, 이 경우 배치설계와 관한 자유로운 협상에 따른 사용허가 하에서 지불하여야 할 합리적인 사용료에 상응하는 금액이 권리자에게 지불되도록 하여야 한다.

여기서 문제가 하나 발생한다. 즉, 최종제품 제조자는 반도체칩을 하나하나씩 주문해서 사용하는 것이 아니라 대량으로 주문해서 비축한 뒤 사용하는 것이 보통이다. 따라서 침해한 반도체칩을 이미 재고로 비축해 두었거나 주문해둔 최종제품 제조자에게 문제가 발생하는 것이다. 이러한 반도체칩을 사용하는 최종제품 제조자의 행위가 불법이 된다면 막대한 손해가 발생하게 된다. 이러한 우려를 반영하여 두 번째 문장에서는 권리자의 통지 이전에 비축한 재고품이나 미리 주문해둔 반도체칩을 사용하는 행위 자체는 허용하되, Royalty를 부담하는 것으로 규정하고 있다. 이 규정이 제정될 당시 논의된 사항은 i) 재고품이나 미리 주문해둔 물품을 사용하는 행위에 대해서는 royalty를 부담하지 않아도 되도록 할 것인가, ii) 만일 royalty를 부담시킨다면, 그 수준은 어떻게 할 것인가에 관한 것이었다.

먼저, royalty의 부담의무에 대해서 최종제품 제조자는 침해인 줄 모르고 반도체칩을 구매한 것이기 때문에 royalty 부담의무가 없다는 이유로 우리나라는 부담의무를 부과해서는 안된다는 주장을 했다. 최종제품 제조자에게 royalty 부담의무가 있다

면, 권리자는 반도체칩 제조자와 최종제품 제조자에게 동시에 royalty를 청구하게 되는 결과를 초래할 가능성이 있다는 논리에 의해서였다. 따라서, 반도체칩 제조자에게 먼저 royalty를 청구하도록 하자는 주장을 싱가포르와 함께 하기도 하였다. 그러나, 반도체에 관련된 침해소송에 있어 어느 쪽으로 청구하든지 반도체칩 제조자와 최종제품 제조자가 동시에 참가하게 되므로 의미가 없다는 이유로 이 주장은 채택되지 않았다.

다음으로 royalty의 부담의무를 인정한다면, 그 royalty의 수준은 어느 정도로 할 것인가에 관한 논의가 있었다. 이 논의가 중요성을 갖는 이유는 침해사실 통지이후 royalty 협상을 하는 최종제품 제조자는 약자의 입장에 설 수 밖에 없다는 가정 때문이었다. 권리자가 과도한 royalty를 청구하는 것을 막기 위해 여러 논의를 거쳐 합의된 것이 현재의 규정 즉, 아무 강박상황이 없는 자유로운 상황 아래서 라이센스 협상을 할 경우(freely negotiated license) 합의하여 지급될 수 있는 수준의 royalty라고 명시하고 있는 것이다.

(2) 강제실시권

또한 회원국의 법률이 정부 또는 정부의 승인을 받은 제3자에 의한 사용을 포함하여 권리자의 승인 없이 배치설계의 다른 사용을 허용하는 경우에는 특허의 강제실시에 관한 규정인 제31조를 준용하여 다음과 같이 행하여야 한다.

(i) 이러한 사용의 승인은 개별적인 사안의 내용에 따라 고려된다.

(ii) 이러한 사용은 동 사용에 앞서 사용 예정자가 합리적인 상업적 조건 하에 권리자로부터 승인을 얻기 위한 노력을 하고, 이러한 노력이 합리적인 기간 내에 성공하지 아니하는 경우에 한하여 허용될 수 있다. 이러한 요건은 국가비상사태, 극도의 긴급상황 또는 공공의 비상업적 사용의 경우에 회원국에 의하여 면제될 수 있다. 그럼에도 불구하고 국가비상사태 또는 그 밖의 극도의 긴급상황의 경우 권리자는 합리적으로 가능한 빠른 시간 내에 통보를 받는다. 공공의 비상업적 사용의 경우, 정부 또는 계약자가 유효한 배치설계가 정부에 의해 또는 정부를 위해서 사용되거나 사용될 것이라는 사실을 배치설계의 검색 없이 알거나 알 만한 입증할 수 있는 근거가 있는 경우 권리자는 신속한 통보를 받는다.

(iii) 이러한 사용의 범위 및 기간은 동 사용이 승인된 목적에 한정되며, 반도체 기술의 경우에는 공공의 비상업적인 사용, 또는 사법 혹은 행정절차의 결과 반경쟁적이라고 판정된 관행을 교정하는 것에 한정된다.

(iv) 이러한 사용은 비배타적이어야 한다.

(v) 이러한 사용은 양도될 수 없으나, 동 사용을 향유하고 있는 기업 또는 영업권의 일부분과 함께 양도하는 경우에는 예외로 한다.

(vi) 이러한 사용은 주로 동 사용을 승인하는 회원국의 국내 시장에 대한 공급을 위해서만 승인된다.

(vii) 이러한 사용의 승인은 그렇게 사용 승인을 받은 자의 정당한 이익의 적절한 보호를 조건으로, 사용을 허용하게 한 상황이 종료하고 재발할 것 같지 아니한 경우에는 종료될 수 있다. 권한 있는 당국은 이유 있는 신청에 따라 이러한 상황의 계속적인 존재 여부를 심사할 권한을 가진다.

(viii) 권리자는 각 사안의 상황에 따라 승인의 경제적 가치를 고려하여 적절한 보상을 지급받는다.

(ix) 이러한 사용의 승인에 관한 모든 결정의 법적 유효성은 사법심사 또는 회원국 내의 별개의 상위 당국에 의한 독립적 심사 대상이 된다.

(x) 이러한 사용에 대하여 제공된 보상에 관한 어떠한 결정도 사법심사 또는 회원국 내의 별개의 상위 당국에 의한 독립적 심사 대상이 된다.

(xi) 회원국은 이러한 사용이 사법 또는 행정 절차의 결과 반경쟁적인 것으로 판정된 관행을 교정하기 위해서 허용되는 경우에는 상기 (ii)호 및 (vi)호에 규정된 조건을 적용할 의무가 없다. 이러한 경우 보상액을 결정하는데 반경쟁적 관행의 교정 필요성이 고려될 수 있다. 권한 있는 당국은 이러한 승인 사유가 재발할 가능성이 있을 경우에는 이러한 사용 승인의 종료를 거부할 권한을 가진다.

3. 보호기간(제38조)

보호요건으로서 등록을 요구하는 회원국의 경우, 회원국은 배치설계의 보호기간을 등록출원일로부터 또는 세계의 어느 지역에서 발행하였는지에 관계없이 최초의 상업적 이용일로부터 10년이 경과하기 전에는 종료하지 아니하도록 하여야 한다.

보호요건으로서 등록을 요구하지 아니하는 회원국의 경우에는 배치설계는 세계 어느 지역에서 발생하였는지에 관계없이 최초의 상업적 이용일로부터 10년 이상 보호되도록 하여야 한다. 다만, 회원국은 보호가 배치설계 창작 후 15년이 경과하면 실효된다고 규정할 수 있다.

4. 회원국의 일반적 의무

(i) 회원국은 침해 방지를 위한 신속한 구제 및 추가 침해를 억제하는 구제를 포함하여, 이 협정에서 다루고 있는 지적재산권 침해행위에 대한 효과적인 대

응 조치가 허용되도록 하기 위하여 그 절차가 당해 국가의 법률에 따라 이용 가능하도록 보장하여야 한다.

(ii) 지적재산권의 시행 절차는 공정하고 공평해야 한다. 이 절차는 불필요하게 복잡하거나, 비용이 많이 들거나 불합리하게 시간을 제한 또는 부당하게 지연하여서는 아니 된다.

(iii) 어떤 사안의 본안에 대한 결정은 가급적 서면으로 하며, 그 결정의 이유를 달아야 한다. 동 결정은 부당한 지연 없이 최소한 소송당사자에게 제공되어야 한다. 사안의 본안에 관한 결정은 당사자가 자신의 입장을 진술할 기회가 주어졌던 증거만을 기초로 하여야 한다.

(iv) 소송당사자는 최종적인 행정 결정 및 사안의 중요성에 관한 회원국의 법률상 사법관할권 규정에 따라 최소한 사안의 본안에 대한 최초의 사법적 결정의 법적 측면에 대해서 사법당국에 의한 검토 기회를 가져야 한다. 그러나 형사 사건에 있어서 석방에 대한 심사 기회를 부여할 의무는 없다.

5. 민사 및 행정 절차의 구제

(1) 공정하고 공평한 절차

회원국은 권리자에게 이 협정에서 다루어지는 지적재산권의 시행에 관한 민사 사법 절차가 이용 가능하도록 하여야 한다. 피고는 적시에 청구 이유를 포함한 충분히 상세한 내용을 서면으로 통보받을 권리를 가져야 한다. 당사자는 독립된 변호인에 의해 대리될 수 있으며, 절차는 당사자의 의무적인 출석에 관해 지나치게 과중한 요구를 부과하지 않아야 한다. 이러한 절차의 당사자는 자신의 주장을 소명하고 관련되는 모든 증거를 제출할 정당한 권리를 가져야 한다. 동 절차는 현행 헌법상의 요건과 상충되지 아니하는 한 비밀정보를 확인하고 보호하는 수단을 제공하여야 한다.

(2) 증거

사법당국은 일방 당사자가 자신의 주장을 입장하기에 충분한, 합리적으로 취득 가능한 증거를 제시하고 상대방의 관할 하에 있는 자신의 주장을 입증할 수 있는 관련 증거를 명시하는 경우, 적절하다면 비밀정보 보호를 보장하는 조건 하에 상대방 당사자에게 그 증거 자료의 제출을 명령할 수 있는 권한을 가져야 한다.

소송의 일방당사자가 자발적으로 그리고 정당한 이유 없이 필요한 정보에의 접근을 거절하거나 또는 달리 합리적 기간 내에 필요한 정보를 제공하지 않거나, 또는 시행조치에 관한 절차를 심각히 방해하는 경우 회원국은 당사자에게 주장 또는 증거에 대해 진술할 기회가 주어지는 것을 조건으로, 정보접근 거부로 부정적인 영향을 받는 당사자에 의해 제출된 이의 또는 주장을 포함하여 동 사법당국에 제출된 정보에 기초하여 사법당국이 긍정적이거나 부정적인 예비 및 최종 판정을 내릴 수 있는 권한을 사법당국에게 부여할 수 있다.

(3) 금지명령

회원국의 사법당국은 일방당사자에게 침해의 중지, 특히 지적재산권을 침해한 수입 상품이 통관 직후 자신의 관할 하에 있는 상거래에 유입되는 것을 금지하도록 명령하는 권한을 가질 수 있다. 회원국은 이러한 대상 품목 취급이 지적재산권의 침해를 수반할 수 있음을 알기 이전 또는 동 사실을 알 만한 합리적인 근거가 있기 이전에 특정인에 의해 취득 또는 주문된 보호받는 대상 품목에 대하여는 이러한 권한을 부여할 의무가 없다.

(4) 손해배상

회원국의 사법당국은 알면서 또는 알 만한 합리적인 근거를 가지고 침해행위를 한 침해자에 의한 지적재산권 침해행위로 권리자가 입은 피해를 보상할 수 있는 적절한 손해배상을 침해자가 권리자에게 행하도록 명령하는 권한을 가질 수 있다.

회원국의 사법당국은 침해자에게 적절한 변호사 비용을 포함한 경비를 권리자에게 지불할 것을 명령할 수 있다. 적절한 경우, 회원국은 침해자가 알면서 또는 알 만한 합리적 근거를 가지고 침해행위를 하지 않은 경우에도 사법당국이 이득의 반환 및/또는 기 산정된 손해배상의 지불을 명령하도록 승인할 수 있다.

(5) 기타 구제

침해에 대한 효과적인 억제를 위하여 회원국의 사법당국은 침해하고 있는 것으로 판명된 상품을 아무런 보상 없이 권리자에게 피해가 가지 아니하는 방법으로 상거래 밖에서 처분하거나, 또는 현행 헌법상 요건에 위반되지 아니하는 경우 폐기할 것을 명령할 수 있는 권한을 가질 수 있다. 또한, 사법당국은 주로 침해 상품을 제조하기 위하여 사용된 재료나 기구를, 아무런 보상 없이 더 이상의 침해의 위험을 최소화하는 방법으로 상거래 밖에서 처분하도록 명령할 권한을 가질 수 있다. 이러한 요구를 심사할 때는 침해의 심각성과 명령된 구제 및 제3자의 이익 사이의 비례성에 대한 필요가 고려되어야 한다.

(6) 피고에 대한 배상

회원국의 사법당국은 조치가 취하여지도록 요청하고 시행 절차를 남용한 당사자가 이러한 남용으로 인해 부당하게 제약을 당한 당사자에게 피해에 대한 적절한 보상을 제공하도록 명령하는 권한을 가질 수 있다. 사법당국은 신청인이 적절한 변호사 비용을 포함할 수 있는 경비를 피고인에게 지불할 것을 명령하는 권한을 가질 수 있다.

[표 25] 워싱턴 조약과 WTO/TRIPs의 비교

	워싱턴 조약	WTO/TRIPs	비고
보호대상	창작성 있는 배치설계 및 동 배치설계가 장착된 집적회로을 보호	배치설계, 집적회로 뿐만 아니라 보호받는 배치설계가 장착된 집적회로가 내장된 제품도 보호	WTO/TRIPs가 보호대상이 넓음
보호기간	8년	10년	개발도상국에서는 3~7년의 보호기간을, 선진국에서는 10년의 보호기간을 주장함
강제실시권	국가목적을 위해 필요한 경우 자유경쟁보장 및 권리남용 방지 등의 경우에 강제실시권 허여	공공의 비상업적 사용 또는 사업혹은 행정절차의 결과 반경쟁적이라고 판정된 관행을 교정하기 위한 경우에만 강제실시권 허여	워싱턴 조약은 강제실시권의 발동 근거를 포괄적으로 규정하여 미국, 일본 등 선진국의 반대에 부딪힘
분쟁해결	패널절차 및 패널보고서의 채택이 있었으나 대다수의 개발도상국으로 구성된 총회의 성격상 채택이 힘들다	1994년 GATT 분쟁해결양해를 채택하여 분쟁해결제도의 법적인 구속력과 신뢰성을 제고하여 상소제도를 채택하여 실질적인 분쟁해결이 가능하도록 함	-

제4절 EC의 반도체 제품의 법적 보호에 관한 지침

I 序

반도체칩 제품을 EU 차원에서 보호하고자 하는 입장에서 1986년 EC위원회가 "반도체 제품의 토포크래피(Topography)의 법적 보호에 관한 유럽공동체 지침안"을 제출하면서 가시화되었다. EC 위원회의 지침은 각 회원국들의 준수를 규정하고 있으며, 회원국 간의 협의, 유럽의회, 경제사회이사회의 간여를 통해 1986년 12월 11일 확정·공포되었다. 동 지침은 회원국은 1987년 11월 7일까지 국내법화 하도록 규정하고 있다.

따라서 각국은 국내법화 함으로써 반도체칩에 대하여 국내 및 미국에서의 법적 보호를 받을 수 있게 되었다.[71] 본 지침은 회원국의 입법 시에 고려되어야 할 최소한을 규정하고 이를 입법화하는 회원국에게 상당한 재량권을 남겨두었다. 독일의 경우

71) EC가 서둘러 지침을 발표하고 EC 각국이 국내법을 정비한 이유는 미국 반도체칩법이 상호주의를 채택하면서 외국인 창작자의 권리에 대한 잠정적 보호시한을 1987년 11월 7일까지로 하고 있어 만약 EC 회원국이 그 때까지 국내 입법을 못마친 경우에는 최대의 시장인 미국에서 보호받을 수 없었기 때문이다. 그러나, 영국을 비롯한 EC의 여러나라들은 배치설계가 기존 저작권법상의 도형저작물(Drawings)이나 사진저작물에 해당하여 보호될 수 있다고 주장하면서 미국의 상호주의의 장벽을 뚫었다(송상정, 집적회로에 관한 지적소유권조약관찰, 정보사회연구 제1권 1호(1989) 49면 참조).

EC 지침과 미국의 반도체칩 보호법을 참고로 등록을 보호요건으로 하는 독자적인 법률을 제정하였고, 영국도 관련 법률(Design Right(Semiconductor topographies) Regulations)을 제정, 반도체 제품의 토포그래피를 보호하고 있다.

Ⅱ 보호대상

보호의 대상은 반도체 제품의 토포그래피이다. 토포그래피는 "어떤 반식으로 고정 또는 기호화되어 있다 할지라도 반도체 제품을 구성하는 층들의 3차원적인 패턴을 나타내고 각 이미지는 일정한 제조 단계에서의 반도체 제품 표면의 패턴 또는 그 패턴의 일부를 나타내는 관련된 이미지"라고 정의되고 있으며, 이러한 정의는 미국 반도체보호법상의 마스크워크의 정의와 거의 차이가 없다.

Ⅲ 그 외 주요내용

1. 보호요건

(1) 고정(Fixation)

미국의 반도체칩 보호법에서와 같은 고정요건은 존재하지 아니한다. 따라서, 반도체 집적회로 제품상에 구현되지 않은 순수한 설계 자료의 형태에 대해서도 보호가 가능하다.

(2) 독창성(orginality)

반도체 제품의 토포그래피가 보호의 객체가 되기 위해서는 창작자의 독자적인 지적 노력의 산물이어야 하고 업계에서 흔한 것이 아니어야 한다(not commonplace in the industry). 또한 토포그래피의 일부가 업계에서 흔한 것이라 할지라도 전체적인 관점에서 흔하지 않은 것으로 판단될 경우에는 법적인 보호를 받을 수 있다. 즉, 지적노력의 결과로서 단순한 재생이 아니며 흔한 통상적인 것이 아니면 독창성을 구비하였다고 보며, 다만 흔한 통상적인 것이라도 전체적인 독창성이 있으면 보호의 요건을 충족한 것으로 본다.

(3) 등록

EC 지침은 등록은 원칙적으로 불필요하지만 상업적 이용을 개시한 날로부터 2년 이내에 등록신청서를 제출하지 않으면 보호에서 배제된다는 규정을 회원국의 재량에 따라 규정할 수 있도록 하고 있다. 아울러 등록을 하지 않은 경우 상업적 이용개시일이 등록신청일보다 선행하는 경우 그에 대한 진술서 뿐만 아니라 토포그래피나 그 결합물을 확인, 예증할 자료를 공공기관에 기탁할 것을 요구할 수 있고, 기탁된 자료가 사업비밀인 경우에는 일반에게 공개되지 않을 것임을 보증하여야 한다. 회원국은 보호를 받고 있는 토포그래피에 대한 권리양도의 등록을 할 수 있으며, 제4조 제1항과 제3항에 따른 등록 및 기탁에 관련하여 관리비용을 초과하지 않는 수수료를 부과할 수 있다.

2. 권리의 발생 및 존속기간

토포그래피에 관한 권리는 등록이 권리의 발생요건인 경우에는 최초로 상업적으로 이용한 날, 등록신청서를 정식으로 제출한 날 또는 상업적으로 이용한 때, 처음으로 고정 또는 기호화된 날에 발생한다. 그리고 상업적 이용개시년도의 말일로부터 10년간 존속한다.

등록이 권리보호의 요건으로 규정되어 있는 경우에는 상업적 이용개시일과 등록신청서 제출일 중에 선행하는 날에 발생하며, 상업적 이용개시년도의 말일과 등록신청서 제출년도의 말일 중 선행하는 날로부터 10년간 존속한다. 고정 또는 기호화된 날로부터 15년 동안 상업적 이용이 개시되지 않을 경우에는 더 이상의 보호를 받지 못하며, 등록이 보호요건으로 규정되어 있는 경우에는 그 기간 동안에 등록신청서를 제출하지 않으면 보호를 받을 수 없다.

3. 권리의 귀속주체

(1) 토포그래피의 창작자

법적 보호를 받을 수 있는 권리는 원칙적으로 창작자에게 있다.

(2) 직무상 창작

회원국은 재량에 의해 직무상의 창작에 대해 창작자의 직무상 창작은 근로계약에 반대의 약정이 없는 한 창작자의 사용자에게 속한다. 근로계약 이외의 계약에 의해 창작된 토포그래피의 대한 권리는 계약상 반대의 약정이 없는 한 창작위탁자에게 속한다는 규정을 둘 수 있으며, 이러한 규정이 있는 경우에는 이에 귀속된다.

(3) 외국인 창작

권리의 보유자는 회원국의 국적을 갖거나 회원국 내에 거소를 둔 자연인이 원칙이다. 회원국이 직무상 창작에 대한 규정을 둔 경우에는 회원국 내에 실질적인 공업적 또는 상업적 시설을 두고 있는 회사 기타의 법인도 권리를 가질 수 있다. 또한 직무상 창작에 대한 규정을 두지 않은 경우에도 이러한 법인이 전 세계에서 최초의 회원국 내에서 상업적 이용을 개시하고 EC 전역에서의 독점적인 상업적 이용권을 적법하게 부여받은 경우에는 권리를 향유할 수 있다. 이상과 같은 권리의 승계인도 권리를 보유할 수 있다.

아울러 일정한 기간 내에 위원회가 조치를 취하지 않는 한 각 회원국은 토포그래피의 법적 보호를 위하여 제3국과 협약 또는 약정 및 다변적 협약을 교섭 체결할 수 있으며, 동 지침의 규정에 의한 권리를 향유하지 못하는 자들에게 권리부여의 목적으로 제3국과 교섭을 개시할 수 있으며, 권리보호나 권리보호의 실행을 위해 비회원국과 협약이나 약정을 체결하고자 하는 경우 위원회에 통지하여야 하며, 위원회는 각 회원국에게 통지하여야 한다.

4. 권리의 내용과 행사

(1) 권리내용

토포그래피의 창작자는 토포그래피의 제조, 토포그래피나 그것을 사용하여 제조한 반도체칩 제품의 상업적 이용이나 수입에 대한 권한을 가지며 그것을 허용하거나 금지할 수 있는 권한을 가진다. 상업적 이용이란 판매, 임대, 리스 또는 다른 상업적 배포방법이나 그러한 목적을 위한 청약을 의미한다.

(2) 권리의 양도와 이용허락

일정한 기간의 경과만으로 한 강제허락(compulsory license)을 금지하는 규정 이외에는 아무런 규정을 두고 있지 않다.

5. 권리침해로 보지 않는 경우

(1) 리버스 엔지니어링

지침 제2조(2)에 의하여 보호되는 반도체 제품의 토포그래피에 구현된 개념, 공정, 시스템이나 기술 또는 토포그래피 그 자체를 분석, 평가 또는 교육시키는 것을 목적으로 하는 제조는 침해가 아니다, 라고 규정하고 있으며, 나아가 타인의 토포그래피의 해석, 평가에 기초하여 창작된 토포그래피도 독창성이 있고 업계에서 흔한 것이 아닌 한 보호의 대상으로 삼고 있다.

(2) 최초의 매매

토포그래피나 반도체 제품이 판매의 권한 있는 자에 의하여 회원국 내의 시장에 배포된 이후에 그것을 상업적으로 이용하거나 수입하는 것은 침해가 아니다.

(3) 선의의 침해

반도체 제품의 취득 시에 그 제품이 본 지침에 따라 회원국이 부여한 독점적인 권리에 의해 보호되고 있다는 사실을 몰랐거나 그렇게 믿을만한 정당한 사유가 없었던 자는 그 제품의 상업적 이용을 방해받지 않는다. 그러나 보호 사실을 알았거나 알아야 할 이유가 생긴 후에 행하여진 행위에 대하여 회원국은 자국법에 따라 권리자의 청구가 있으면 법원이 충분한 보상금의 지급을 요구할 수 있도록 하여야 한다. 아울러 이러한 규정은 선의의 취득자와 승계인에게도 적용된다.

(4) 비상업적 목적을 위한 사적 복제

EC 지침은 회원국이 비상업적인 사적복제를 허용할 수 있다고 규정하고 있다.

6. 권리침해에 대한 구제

EC 지침은 권리침해에 대해 규정을 하지 않고 있다.

chapter

3 외국의 보호 현황

제1절 미국의 반도체칩보호법

I 序

반도체칩을 보호하기 위한 논의는 반도체 기술이 가장 발달해 있던 미국에서 시작되었다. 인텔사는 1976년 11월 3일 자사가 개발한 마이크로 컴퓨터(모델 8755)에 내장된 칩 및 광학 레티클에 대한 불법복제를 막기 위해 동 레티클표를 저작권법상의 "과학 또는 기술적 성격의 도면"으로 보호받기 위해 저작권청장에게 보호를 위한 등록신청을 하였다. 그러나 저작권청(Copyright Office)은 동 제품이 미국 저작권법상 보호가 부여되지 않는 산업제품(useful article)이라는 점을 이유로 이의 등록기탁 및 저작권 보호를 거절하였다. 반도체칩과 마스크워크가 산업상 특허를 받기 위해 필요한 신규성(novelty) 및 비자명성(Non-obviousness)을 충족시키지 못함에 따라 특허법적인 보호의 대상에서도 제외되게 되어 수천시간의 연구와 수백만 달러의 비용을 들여 개발한 반도체칩 및 마스크워크가 보호할 법이 없어 "법적인 비보호의 회색지대(the gray area of non-protection of microchips)"에 놓이게 되었다. 이 문제의 심각성 및 의회의 관계자들에게 꾸준히 제기되어 의회에서 입법의 필요성이 비등하게 되자 의회는 반도체칩의 불법복제를 방지함으로써 공익을 촉진하고 개발자의 개발 및 투자 동기를 부여함으로써 컴퓨터 산업의 급속한 발달을 장려하고 지원하기 위해 이에 관한 입법을 서두르게 되었다.[72] 그 결과 1979년 초 마스크워크(mask work)를 저작권법의 확장에 의해 보호할 것인가 특별법에 의해 보호할 것인가에 대한 격론을 거듭한 끝에 저작권법 말미에 제9장으로 "1984년 반도체칩보호법(Semiconductor Chip Protection Act of 1984)"으로 발효하였다.

72) 반도체집적회로의 배치설계권(특허청, 반도체배치설계진흥실, 2000) 3면 참조.

동 법의 특징은 반도체칩을 보호객체로 하고 있으며, 독창성을 등록요건으로 하고 있다는 점에서 저작권법과 유사하다. 동 법은 반도체업계의 관행으로 되어 있는 리버스 엔지니어링(reverse engineering)을 침해의 범주에서 제외하고 있다. 또한, 형사처벌을 규정하지 않는 대신에 ITC의 수입규제조치가 규정되어 있다.[73]

Ⅱ 보호대상

1. 대상

보호대상은 반도체 제품에 고정된 마스크워크이다. 마스크워크란 "일련의 관련되는 도안으로서 고정하거나 코드화된 것을 막론하고, ① 반도체칩 제품의 다층구조에 존재하거나 그로부터 추출된, 금속재료, 절연재료 또는 반도체 재료로 이루어진 미리 결정된 3차원적 패턴을 가지거나 표시되고, ② 하나의 형상과 또 다른 형상과의 일련의 관계에 있어서 각 형상이 반도체칩 제품의 한 형태의 표면적 형상을 가지는 것"을 말한다. 즉, 마스크워크란 반도체칩의 각 층을 나타내는 3차원적인 표면의 패턴을 가진 일련의 형상이며 형식은 유형물에 고정되어 있거나 코드화되어 있는 것이다.

다만, 보호대상은 마스크워크와 관련된 어떠한 아이디어나 개념에는 미치지 않는다. 저작권에 의해 아이디어가 보호되지 않는 것처럼, 마스크워크에 있어 기술, 설명, 도해, 구현 형식의 여하를 묻지 않고 아이디어, 절차, 공정, 방식, 조작방법, 개념, 원리 또는 발견은 보호되지 않는다.

2. 반도체칩과의 구별

반도체칩으로 더 잘 알려진 집적회로는 많은 소비자 제품, 의료제품, 상업제품, 공업제품, 기계류 등에 사용되고 있으며, 법에서는 "어떤 제품의 최종형태나 중간형태로서, ① 둘 이상의 금속재료, 절연재료 또는 반도체재료를 가지고, 적층 기타 방법에 의해 쌓거나 또는 식각 기타 방법에 의해 제거한 것으로서 ② 전자회로의 기능을 수행하려고 의도된 것"이라고 정의하고 있다.

Ⅲ 기타 주요내용

1. 보호요건

반도체칩 제품이 동법의 보호를 받기 위해서는 "마스크워크는 반도체칩에 고정되

---

73) 이는 미국이 자국산업을 보호하고자 하는 일환이라 할 수 있다.

어 독창성이 있고, 등록 또는 상업적 이용이 있어야 한다"라고 규정함으로써, 보호요건으로서 고정(fixation), 독창성, 등록 또는 상업적 이용을 요구하고 있다.

「고정」이 되었다는 것은 "순간적 기간 이상의 기간 동안 마스크워크가 반도체 제품으로부터 지각 또는 복제하는 것이 충분히 가능할 정도로 영구적 또는 안정적으로 그 제품에 구현된 것"[74]을 말한다. 따라서, 반도체칩에 구현하여 제품에 구현하기 전까지는 동법상의 보호대상이 아니며, 이러한 정보는 데이터베이스에 저장될 수도 있다.

「독창성」이 충족되기 위해서는 다른 제품으로부터 복제가 아닌, 창작자의 독자적인 창조가 인정되어야 한다. 이는 특허법상의 신규성과 진보성의 요건과 유사하지만 미국 저작권청은 마스크워크에 대한 등록증명서를 발급하기 전에 종래의 기술을 심사하지 않는다. 즉 독창성의 판단은 침해소송이 제기된 경우의 판단문제이며, 그 판단은 마스크워크 전체에 대한 판단이다. 따라서, 독창성의 요건은 기존 마스크워크의 사소한 변형에 대하여 효력을 배제하기 위한 것이며, 마스크워크가 등록되면 독창성 요건은 충족된 것으로 추정된다. 하지만 그 추정의 효력은 특허법에서처럼 강력하지는 않다.

「상업적 이용」이라 함은 마스크워크가 구현된 반도체칩 제품을 상업적 목적으로 배포하는 것을 의미한다.

2. 등록(접수) 기관

배치설계권의 등록기관은 미국 저작권청이며, 반도체칩 제품이 반도체칩보호법 등의 보호를 받기 위해서는 마스크워크는 반도체칩에 고정되어 독창성이 있고, 등록 또는 상업적 이용이 있어야 한다.

3. 배치설계권의 효력

마스크워크의 소유자는 ① 광학적, 전자적 기타 방법에 의한 당해 마스크워크의 재생, ② 당해 마스크워크를 구현하고 있는 반도체칩 제품의 수입 또는 반포, ③ ① 및 ②의 행위를 스스로 발의에 의해 또는 정당한 이유에 의해 타인에 하도록 하는 것에 대하여 배타적 권리를 가진다.

또한 마스크워크의 배타적 권리의 소유자는 소유자 또는 소유자가 정당하게 인정한 대리인에 의해 서명된 증거를 가지고 그들의 권리 모두를 이전하거나 또는 그들의 권리 모두 또는 일부를 허락하는 것이 가능하다. 권리는 법률에 근거하여 이전 또는 허락하거나 유언에 의해 유증하는 것이 가능하며, 유언상속에 관한 법률의 적용에 대해서는 동산으로 보는 것이 가능하게 된다.

---

74) 반도체칩보호법 901(a)(1).

4. 배치설계권 효력의 예외

(1) 리버스 엔지니어링

법은 마스크워크에 구체화된 개념, 기술과 마스크워크에 사용되는 회로, 논리흐름, 소자의 구성에서 단지 교육, 분석, 평가할 목적으로 실행되는 마스크워크의 리버스엔지니어링(역공정)은 허용한다. 따라서, 합법적인 리버스엔지니어링을 수행하는 사람은 배포될 예정인 창작적인 마스크워크에 그 결과를 반영할 수 있다.

(2) 최초 매매(first sale)

타인의 마스크워크가 구현된 반도체칩 제품을 무단으로 복제하는 경우 침해행위를 구성하게 되지만 마스크워크 소유자의 권한에 근거하여 제조된 반도체칩 제품을 취득한 자는 그 마스크워크 소유자의 허락이 없어도 반도체칩 제품을 수입, 배포 기타 처분 또는 사용할 수 있다. 이는 지식재산권법 전반에 걸쳐 일반적으로 인정되고 있는 "권리 소진의 원칙"을 규정한 것이라 볼 수 있다. 그러나 마스크워크에 대한 복제는 금지되므로 마스크워크 소유자의 복제권은 영향을 받지 않는다.

(3) 선의의 침해

① 선의의 매수 다음의 배포 또는 수입

침해된 반도체칩 제품의 선의의 매수자는 그 반도체칩 제품에 구현된 마스크워크에 대한 보호를 인식하기 전에 발생한 수입이나 배포행위에 대하여 책임을 지지 아니한다. 이는 침해된 반도체칩 제품의 배포나 수입행위에 한해 허용되며, 복제행위에 대해서는 허용되지 아니한다.

② 선의의 매수 다음의 악의의 배포 또는 수입

선의의 구입자가 반도체칩 제품에 구현된 마스크워크에 관한 보호를 인지한 후에 수입 또는 반포하는 침해 반도체칩 제품 1개마다에 대한 합리적인 로열티에 대해서만 책임(제한적 책임)을 지는 것으로 한다.

③ 선의의 매수자로부터 매수한 자의 책임면제

선의의 매수자가 일정 수의 침해된 반도체 제품에 대하여 선의의 침해항변을 주장할 수 있는 경우에는 그 제품의 매수인도 동일한 항변을 주장할 수 있다. 보호인식의 결여는 최초의 매수자에게만 요구되며, 이는 선의의 매수자의 배포, 수입권을 보장하기 위한 것이다. 여기서 「보호인식(notice of protection)」이란 보호되고 있음을 알았거나 그렇게 믿는 것에 대한 합리적인 이유가 있음을 의미한다.[75]

---

75) 예를 들어, 마스크워크 소유자가 "OOOMOO"과 같은 마스크워크 표시를 반도체칩 제품에 부착할 수 있고 그것은 보호의 인식에 대한 일응의 증거에 해당한다고 규정하고 있으며, 마스크워크의 소유자가 표시를 부착시키지 않은 경우 매수자의 악의의 입증책임을 마스크워크의 소유자에게 부담시키고 있다.

5. 배치설계권의 존속기간

마스크워크에 대한 보호는 등록된 날과 그 마스크워크가 세계의 어느 장소에서나 최초로 상업적으로 이용된 날 중 선행하는 날에 개시되며, 보호기간은 10년으로 보호의 존속기간이 만료하는 역년의 최종일까지 존속한다. 다만 세계의 어느 장소를 불문하고 최초의 상업적으로 이용된 날부터 2년 이내에 마스크워크의 등록신청을 하지 않으면 권리는 종료한다.

6. 권리침해에 대한 구제

(1) 손해배상

침해의 책임이 인정되는 경우 발생된 실제의 손해액과 침해행위로 인한 침해자의 이익 중 실제의 손해액의 상정에 참작되지 않는 부분에 대하여 배상을 받을 수 있다. 저작권법에서와 동일하게 최종판결이 선고되기 전에는 언제라도 원고는 실제의 손해액과 피고의 이익 대신에 법정손해액의 배상을 청구할 수 있으며, 법정손해액의 최고한도는 25만 달러이다.

(2) 침해소송(injunctive relief)

침해소송에서 법원은 마스크워크에 대한 배타적 권리의 침해를 방지하거나 제한하기 위하여 적당하다고 인정되는 조건을 부과하여 일시적 금지명령, 예비적 금지명령, 영속적 금지명령 등을 발할 수 있다. 그 외에 침해물품을 압수, 폐기할 수 있고, 법원은 재량에 따라 승소당사자에게 상당한 변호사의 보수를 포함한 소송비용 전액을 구상 받을 수 있는 권리를 부여할 수 있다.

판 례 Brooktree Corp. v. Advanced Micro Devices, Inc.(1992)

【사건의 개요】

Brooktree Corp.(이하 "Brooktree"라 함)는 자사가 개발한 반도체칩 Bt451 및 Bt458에 대하여 각각 MW2873 및 MW3838으로 명명된 마스크워크를 등록하였다. 이 칩들은 영상처리용 칩으로서 비디오 디스플레이 장치에 사용되고 있었다. Brooktree 칩의 핵심 구성은 10개의 트랜지스터로 이루어진 코아셀로서, 해당칩에는 6천개 이상의 코아셀이 포함되어 있어 칩 면적의 약 80%를 차지하고 있었다.

Brooktree는 Advanced Micro Devices(이하 "AMD"라 함)가 자사의 코아셀을 복제하여 마스크워크권을 침해하였다고 소송을 제기하였다. 이에 대해 AMD는 등록된 마스크워크의 유효성 여부에 대해서는 다투지 아니하였고, 자사의 칩이 등록된 마스크워크권을 침해하지 않았다는 주장을 하였다. AMD는 코아쎌을 제외한 부분은 복제되지 않았으므로 AMD의 칩이 Brooktree의 마스크워크와 실질적으로 유사하지 않다고 주장하였다. 즉, AMD는 반도체칩 보호법에 의해 침해가 성립하기 위해서는 반도체칩 전체가 복제되어야 하는데, 본 사건의 경우 칩 전체가 복제된 것이 아니므로 침해가 성립하지 않는다고 주장한 것이다. 또한, AMD는 자사의 칩이 Brooktree칩에 대한 합법적인 역공학의 결과로 만들어진 것이므로 반도체칩 보호법에 의한 침해가 성립할 수 없다고 주장하였다. AMD는 역공학의 증거로 3백만 달러 이상을 투입하여 2년 반에 걸쳐 수행한 Brooktree칩에 대한 연구에 의해 발생한 문서기록(paper trail)을 제시하였다.

AMD의 역공학 항변에 대해 Brooktrees는 AMD가 역공학의 상당 기간을 Brooktree 칩을 잘못 분석함으로써 허비하였고 잘못된 점이 발견된 후에는 더 이상의 실험을 하지 않고 코아쎌과 실질적으로 동일한 칩을 빠른 시간내에 생산하였다는 점을 강조하였다. 즉, 역공학 대부분의 기간동안 Brooktree의 코아쎌 구조가 8개의 트랜지스터로 구성되어 있다고 잘못 판단하여 동일한 칩을 만드는데 실패했다는 것이다. 따라서, AMD가 제시한 문서기록은 역공학을 통해 새로운 칩을 만들려는 노력에 의해 발생한 것이 아니라 잘못된 역공학에 의해서 발생한 것이므로 역공학에 대한 증거가 될 수 없다는 것이다.

【사건의 쟁점】

이상과 같이 본 사건의 쟁점은, 첫째 반도체칩 보호법에 의해 침해가 성립하기 위해서 칩 전체가 복제되어야 하는가, 둘째 AMD의 칩이 반도체칩 보호법에서 허용하는 역공학에 의한 결과물인가로 정리될 수 있다.

【판결내용】

첫 번째 쟁점에 대해 법원은 반도체칩 보호법 입법과정의 기록을 주목하여 마스크워크의 침해여부를 결정하는 것에는 실질적 유사성 여부를 결정하여야 하며, 실질적 유사성을 판단하는데 있어서 칩 전체에서 몇 퍼센트가 복제되어야 실질적 유사성이 구성되는지에 대한 정확한 기준이 없고, 일부분만이 복제되었다고 할지라도 복제된 부분이 마스크워크의 중요한 부분이라면 실질적 유사성이 성립되어 침해가 인정된다고 판단하였다. 따라서, 반도체칩 보호법에 의해 침해가 성립되기 위해서는 반도체칩 전체가 복제되어야 한다는 AMD의 주장은 지지받지 못하였다.

두 번째 쟁점에 대하여 법원은, AMD의 칩이 역공학의 결과물이 아니라 Brooktree의 코아쎌을 복제한 것이라는 하급법원의 판결을 지지하였다. 법원은 AMD의 칩과 Brooktree칩의 코아쎌 구조를 비교하여 AMD가 Brooktree칩의 트랜지스터 구조를 사용하여 자사의 칩을 구성하였다고 판단한 지방법원의 배심원 판결을 지지하였다.37) AMD의 문서기록은 잘못된 연구의 결과로 발생한 것이며, 연구의 오류가 발견된 이후에는 Brooktree칩의 구조에 상응하는 새로운 구조를 개발하지 않고 해당 칩을 그대로 복제하였다고 판단하였다. 더욱이 문서기록이 개별적인 노력의 증거라고는 할 수 있으나, 창작성의 결정적인 증거라고는 할 수 없다고 하였다. 창작이냐 복제냐의 문제는 법적 판단의 대상이 아니라 저작권 사건의 경우와 같이 배심원이 사실에 근거해서 판단할 문제라고 결정하였다.

결론적으로 법원은 AMD가 Brooktree의 등록된 마스크워크를 침해하였다는 지방법원의 판결을 지지하였다. 그러나 AMD사의 고의침해(willful infringment)주장 부분은 기각되었다.

【시사점】

본 판례는 반도체칩 보호법에 대한 최초의 사법적 적용 사례라는 점에서 큰 의미를 지닌다고 할 수 있다. 본 사건에서 법원은, 칩 전체가 복제되지 아니하고 그 일부만이 복제되었을 경우에도 침해가 성립할 수 있다고 판시하였는데 이는 반도체칩 보호법을 제정한 의회의 입법의도를 충분히 고려한 결과라고 할 수 있다. 본 사건을 통해서 반도체칩 보호법에 의한 침해의 판단 시에 저작권법의 원리인 실질적 유사성이 사용된다고 하는 것이 확인되었다. 또한, 침해에 대한 역공학의 항변에 있어서, 문서기록이 역공학을 증명하는 결정적인 증거 복제되었을 경우에 점을 명확히 하였다. 문서기록이 역공학의 투입된 자원을 파악하는데 도움은 되나, 문서기록이 존재한다는 것만으로 해당 칩이 창작성이 있는 새로운 칩이라고는 할 수 없다는 것이다.

하지만, 본 사건을 통해 반도체칩 보호법에 의한 침해와 관련된 모든 문제들이 해결된 것은 아니다. 앞서 살펴본 바와 같이 저작권 관련 사건에서도 실질적 유사성을 판단하는 객관적인 기준이 정해진 것이 아니다. 또한, 합법적인 역공학에 의한 창작성 있는 칩과 불법적인 복제에 의한 칩을 구분하는 구체적인 기준이 제시되지 않았다. 결국, 실질적 유사성 여부와 합법적인 역공학 여부는 사실관계에 근거하여 배심원에 의해 개별적으로 판단될 수밖에 없는 것이다. 이에 따라 반도체칩 보호법에 의한 침해의 판단은 어느 정도 불확실성을 내포하고 있다고 할 수 있다.

판 례 Altera Corp. v. Clear Logic, Inc.

【사건의 개요】

Altera Corp.(이하 "Altera")는 PLD(Programmable Logic Device)를 생산하는 반도체 회사이다. PLD는 반복적으로 프로그램할 수 있는 반도체칩으로서, 최종적인 칩을 만들기 전에 반도체 설계를 검증하는 수단으로 많이 사용된다. PLD를 사용하여 반도체 설계를 검증 및 시험하고 그 결과를 이용하여 설계 데이터를 수정하는 작업을 하게 된다.

Clear Logic Inc.(이하 "Clear Logic")은 ASIC(Application Specific Integrated Circuit)을 생산하는 기업이다. ASIC은 특정한 목적을 위해 제작되는 칩으로서 PLD와는 달리 반복적으로 프로그램될 수 없다. 그 반면 전력소모량이 적고, 크기가 작으며 일정 수 이상을 구입하면 가격이 저렴하다. 일반적으로 반도체를 설계할 경우 PLD를 이용한 시험 및 검증을 통하여 설계를 수정한 후 ASIC 등 최종적인 칩으로 생산하게 되는 것이며, 이러한 작업에는 보통 수개월이 소요된다. Clear Logic은 PLD를 ASIC으로 변환하는 작업을 주 사업모델로 하고 있었다.

Altera의 PLD 사용시 생성되는 "비트스트림"이라는 데이터를 이용하여 ASIC을 제작해 주는 것이다. Clear Logic은 레이저 공정을 사용하여 Altera의 칩과 호환이 있는 ASIC을 제작하였는데 그 기간이 몇 주 정도면 충분하였다. Clear Logic의 사업에 의해 손해를 보게 된 Altera정을 Clear Logic이 자사의 등록된 마스크워크를 침해하였다고 지방법원에 소송을 제기하였다. 이에 대해 Clear Logic은 침해를 부정하였고 또한 역공학의 항변을 하였다. 지방법원의 배심원 판결에서 배심원들은 Altera의 주장을 지지하여 반도체칩 보호법에 의한 침해를 인정하였다. 이러한 지방법원의 판결에 대해 Clear Logic은 9th Circuit에 항소하였다.

【사건의 쟁점】

마스크워크가 등록된 Altera의 칩과 Clear Logic의 침해소송 대상 칩은 블록단위의 구성에서 유사성을 가지고 있었다. 즉, 하나의 기능을 수행하는 기능블록 단위에서 두 칩은 유사성을 보여서, 여러 트랜지스터로 구성된 각각의 기능블록과 그 기능블록들을 연결하는 선의 배열이 유사하였다. 그러나 각각의 기능블록을 구성하는 트랜지스터들의 구성은 유사성을 가지지 않았다. Altera의 PLD는 전기방식에 의한 것인 반면, Clear Logic의 칩은 레이저 방식을 사용하는 것이므로 그 세부 트랜지스터의 배열 등이 동일 할 수는 없었던 것이다. 이러한 사실을 바탕으로 Altera와 Clear Logic은 각각 다음과 같은 주장을 하였다.

Clear Logic은, 반도체칩 보호법은 기능블록 레벨의 2차원적 구조를 보호하는 것이 아니라 트랜지스터 레벨의 3차원의 마스크워크를 보호하는 것이라고 주장하였다. 2차원적 구조는 3차원의 마스크워크에 대한 아이디어에 해당할 뿐이지 3차원적 표현이 아니므로, 아이디어를 보호하지 않는 반도체칩 보호법에 의한 보호의 대상이 아니라는 것이다. 구체적인 트랜지스터 레벨에서의 배열을 살펴보면 Altera의 칩과 Clear Logic의 칩은 서로 상이하므로 침해가 성립할 수 없다고 주장하였다.

이에 반하여 Altera는 그룹화된 트랜지스터(기능블럭)와 그 연결선에 대한 배열은 반도체칩 보호법에 의한 보호대상이며, 따라서, Altera 칩 중 중요한(material) 부분과 실제적 유사성을 가지는 Clear Logic의 칩은 마스크워크권을 침해한 것이라고 주장하였다. 이 이외에도 역공학의 항변, 소프트웨어 사용 제한에 대한 쟁점, 저작권 남용 등의 쟁점이 있으나, 이들은 그 시사점이 미약하거나 반도체칩 보호법과 무관한 것이므로 여기서는 검토하지 아니한다.

【판결내용】

9th Circuit은 Brooktree 사건을 인용하며 전체 칩 중 일부분만 복제되었다고 할지라도 침해가 성립할 수 있으며, 사실에 기초해서 배심원이 침해인지 아닌지를 결정하여야 한다고 판단하였다. 재판부는 Altera의 주장을 지지하여 트랜지스터로 구성된 기능블럭의 구성이 단순히 개념적인 것이라고만 할 수는 없으며, Altera 칩의 기능블럭에 대한 구성이 Clear Logic의 칩에도 존재한다고 판단하였다. 재판부는 기능블럭의 구성이 마스크워크의 물리적 구성의 한 부분이라고 판단한 지방법원의 판결을 지지하며, 논문이나 책의 일부분과는 달리 이러한 기능블럭이 칩상에서 특정 기능이 수행되는 장소를 결정하는 것일 뿐만 아니라 각 부분의 상호 동작을 기술하는 것이라고 판단하였다. 재판부는 Brooktree 사건에서와 같이 복제된 부분이 중요한 부분인가의 여부와 마스크워크간에 실질적 유사성이 존재하는가의 여부는 배심원이 판단할 사항이라고 결정하였다.

【시사점】

본 사건의 판결은 Brooktree 사건에 대한 판결과 같은 맥락이라고 할 수 있다. 앞서 살펴본 바와 같이 칩 전체가 복제되지 아니하고 그 일부만이 복제되었을 경우에도 침해가 성립할 수 있다고 Brooktree 사건에서 결정되었는바, 본 사건도 그 결정과 같은 맥락이라고 할 수 있다. 다만, 본 사건의 경우는 트랜지스터 레벨의 배치는 상이하고 기능블럭 레벨의 구성이 동일하다는 점이 Brooktree 사건과 상이한 것이나, 칩 전체가 아닌 일부분만 복제되었다는 사실은 동일하다고 할 것이다.

Altera의 주장과 같이 트랜지스터 그룹 또는 기능블럭의 배치와 그 연결관계를 결정하는 것에 노력과 비용이 필요한 것이라면 그것이 반도체칩 보호법에 의해 보호되는 것이 타당하다고 할 것이다. 본 판례는 그러한 것을 재확인해 준 것이라고 할 수 있다.

다만, 침해의 여부가 배심원에 의해 결정되는 것이므로 지방법원에서의 배심원에 대한 지침(jury instruction)이 잘못되었다는 것이 배심원 판단에 일부 영향을 미쳤을 가능성을 배제할 수는 없다. 지방법원에서 배심원에게 준 지침의 내용 중 역공학에 대한 내용은 항소법원에서 판단한 바와 같이 잘못된 것이다. 즉, 지방법원 재판부는 Clear Logic이 Altera의 칩에 대하여 수행한 역공학이 적법하기 위해서는, 역공학하는 과정에서 보호되지 않는 부분인 개념 또는 기술만이 복제되어야 하며 보호대상인 표현은 복제되어서는 안된다고 하였으나, 이는 잘못된 것으로 반도체칩 보호법에서는 역공학하는 과정의 복제에 대해서는 보호대상인지 여부와 무관하게 모두 복제할 수 있다. 항소법원은 이에 대하여 잘못된 배심원 지침이 "prejudical error"가 아니므로 판결에 영향을 미치지 못한다고 판단하였다.

그러나 배심원들이 법률 또는 기술에 대한 전문가가 아닌 통상의 합리적인 사고를 가진 사람이라고 할 때 상기와 같은 잘못된 지침이 Clear Logic에게 불리한 작용을 하였을 가능성도 배제할 수 없다. 이와 같은 문제가 발생하는 것은 관련 판례가 다수 축적되어 있지 않은 것에서 그 한 원인을 찾을 수 있다고 생각된다.

제2절 영국의 반도체칩 보호

I 보호대상

(a) i) 반도체 제품의 층 또는 ii) 반도체 제품의 제조 중에 있거나 제조를 목적으로 하는 물질의 층 중에서 고정되거나 고정될 예정인 도안

(b) 서로 관계를 가지는 반도체 제품의 층 안이나 위에 고정되었거나 고정하고자 하는 도안의 배열, 중 하나의 의미를 가지는 설계를 보호대상으로 하고 있다.

II 기타 주요내용

1. 배치설계권의 발생

영국은 반도체 배치설계권의 보호와 관련하여, 창작에 의해 권리 발생을 인정하며 등록을 필요로 하지 않는다.

법에서는 '반도체 제품이란 전자적 기능의 수행을 위한 목적을 가지고, 둘 이상의 층으로 구성되어 있으며, 적어도 그 중의 하나는 반도체 물질로 구성되어 있고, 또

그 중의 하나 이상은 그 기능이나 다른 기능과 관련되어 고정된 도안을 의미한다'라고 규정하고 있다.

2. 배치설계권의 효력

배치설계권의 권리자는 고용이나 커미션의 구매에 의해 창조되지 않은 디자인에 대한 최초의 소유자이어야 하며, 설계권의 소유자는 (a) 그 설계로 물품을 만들 수 있고, (b) 물품을 만들도록 할 목적으로 설계를 기록한 설계문서를 작성할 수 있는 배타적인 권리를 가진다.

3. 배치설계권 효력의 예외

i) 비상업적인 목적으로 이루어지는 개인적인 설계의 복제

ii) 배치설계에 포함되어 있는 개념, 절차, 시스템, 기술을 분석, 평가, 교육을 위한 설계의 복제의 경우에는 배치설계권의 효력이 미치지 않는다.

4. 배치설계권의 권리자

설계자는 위탁을 받았거나 고용 중에 창작된 경우를 제외하고 설계에 대한 최초의 설계권을 가진다. 또한, 설계가 위탁을 받아 창작되었을 때, 설계를 위탁한 사람은 문서에 의한 합의에 의하여 최초의 설계권자가 되고, 다만 이러한 경우가 아니라면 설계가 고용 중에 피고용자에 의하여 창작되었을 때, 그의 고용주는 문서에 의한 합의에 따라 최초의 설계권자가 된다.

5. 배치설계권의 존속기간

배치설계권의 창작자는 배치설계나 배치설계로 만들어질 물품이 설계권의 소유자 라이센스를 가지고 세계의 어느 곳에서 매매나 임대를 위하여 처음 활용할 수 있었던 연도의 역법에 의한 말부터 10년 동안 권리를 가진다. 또한, 배치설계가 설계 문서에 처음 기록되었을 때나 처음 물품으로 만들어지기 이전에, 만일 배치설계나 배치설계로 만들어질 물품의 어느 것도 활용할 수 없었다면 창작으로부터 15년까지 존속한다.

6. 권리침해에 대한 구제

권리침해에 대한 구제방법은 일단 디자인권에 대한 구제방법과 동일하며, 반도체 배치설계권에 대한 특별한 규정은 없다. 다만 반도체 배치설계권과 관련하여 침해여부를 판단함에 있어서는, 침해가 인정된 경우에는 전체로서 배치설계의 관계가 반도

체 배치설계에 대한 설계권의 침해가 인정되는 것은, 배치설계의 실질적인 부분과의 관계에서 배치설계의 설계권의 침해를 판단한다. 또한, 비상업목적으로 개인적으로 디자인한 것, 디자인에 대한 분석·개발·교육 등의 목적으로 디자인한 것 등에는 배치설계권의 권리가 미치지 않는다.

7. 비밀보호 신청제도

반도체 토포그래피는 판매 또는 임대, 판매 또는 임대를 위해 제공되거나 발표된 경우를 제외하고 비밀로 할 수 있다. 또한 무기, 군수품, 전쟁물자의 생산과 관련되는 비밀보호를 위해 국왕이나 영국 이외의 국가나 정부에서 Crown의 명령으로 강제될 수 있다.

제3절 독일의 반도체칩 보호법

I 보호대상

미세전자식 반도체제품의 3차원적 구조는 독자성을 갖는 경우에 그 한도에서 보호를 받는다. 회로를 생산하기 위해 독자적으로 이용할 수 있는 부분 및 제법에 대해서도 동일하다.

이러한 보호는 그 회로의 기초를 이루는 설계도, 공정, 시스템, 기술 또는 미세전자식 반도체제품에 내장된 정보를 그 목적으로 하는 것이 아니라 회로 그 자체만을 목적으로 한다.

II 기타 주요내용

1. 배치설계권의 탄생

독일에서의 반도체 배치설계권은 현재 미세전자식 반도체제품의 회로보호에 관한 법률 및 미세전자식 반도체제품의 회로신고에 관한 령에 의해 보호되고 있으며, 등록기관은 특허청이다.

2. 배치설계권의 귀속

회로의 보호에 대한 권리는 그 회로를 창작한 자가 가지며, 다수의 자가 공동으로 회로를 창작한 때에는 그 권리는 다수의 자가 공동으로 보유한다. 다만, 회로가 고용

계약의 범위 내에서 또는 다른 사람의 위탁을 받아 창작된 경우에는, 회로의 보호에 대한 권리를 계약으로 달리 정한 바가 없는 한 사용자 또는 위탁자가 갖는다.

3. 배치설계권의 효력

회로의 보유자만이 회로를 처분할 수 있는 권리를 가지며, 회로 보유자의 동의가 없으면 제3자는 i) 회로의 복사, ii) 회로 또는 회로를 포함하고 있는 반도체제품의 공급, 판매제공, 배포 또는 이러한 목적을 위한 수입을 할 수 없다. 다만, 보호된 회로를 포함하고 있다는 사실을 알지 못하거나 알지 못함이 분명한 반도체 제품을 취득한 자는 보호보유자의 동의 없이 그 반도체를 계속 사용할 수 있다.

4. 배치설계권의 존속기간

회로에 대한 보호의 존속기간은 그 회로가 공개적으로 영업상 최초로 사용된 날 또는 회로가 특허청에 출원된 날부터 10년이다. 또한, 회로가 최초로 등록된 날 이후 15년 이내에 공개적으로 영업상 사용되지 아니하거나 특허청에 출원되지 아니한 때에는 그 회로에 대한 보호는 더 이상 청구할 수 없다.

5. 배치설계권의 보호에 대한 효력 제한

회로배치설계권의 보유자로 등재된 자에 대해 누구나 삭제청구권을 주장할수 있으며, 그 한도에서 회로의 보호는 이유 없는 것으로 된다. 또한 다른 사람의 회로에 대한 출원의 본질 내용을 그 사람의 동의 없이 인용한 경우에는 피해자가 되어 피해가 발생하더라도 법률의 보호를 받을 수 없다. 또한, 회로보호의 효력은 i) 사적 분야에 있어서 비영업적 목적을 위해 행하여진 행위, ii) 분석, 평가 또는 교육의 목적을 위한 회로의 복사 및 iii) 제2호에 의한 분석이나 평가의 결과이며 제1조 제2항에서 규정한 독자성이 입증된 회로의 영업적 사용에 대하여는 미치지 아니한다.

6. 설정등록의 취소사유

i) 회로가 보호자격을 갖지 않는 경우, ii) 출원인 또는 보유자로 등재된 자가 보호를 구할 권능이 없는 경우, 또는 iii) 회로가 최초 사용 후 2년 내에 출원되지 아니하거나 회로가 최초로 등록된 날 이후 15년의 기간을 경과한 후에 출원된 경우에는 누구든지 배치설계권의 보유자로 등재된 자에 대해 회로등재의 삭제를 구하는 청구권을 갖는다.

또한, 배치설계권의 효력제한 원인이 되는 다른 출원의 본질 내용을 동의 없이 인용한 경우에는 피해자가 삭제청구권을 가지며, 회로의 일부에 대해서만 삭제사유가 있는 경우에는 그 범위에서만 등재가 삭제된다.

7. 권리침해에 대한 구제

권리침해에 대한 구제방법은 민사방법과 형사방법으로 나눌 수 있다. 민사적 구제방법으로는 보유자의 동의 없이 회로의 복사, 회로 또는 회로를 포함하고 있는 반도체제품의 공급, 판매제공, 배포, 또는 이러한 목적을 위한 수입을 하여 회로의 보호를 침해한 자에 대하여 피해자는 부작위 청구권을 행사할 수 있다. 고의 또는 과실로 이러한 행위를 한 자는 피해자에 대해 이로 인하여 발생한 손해를 배상할 의무를 진다. 다만, 가해자에게 경미한 과실의 책임만이 있는 경우에는 법원이 손해배상에 대신하여 피해자의 손해와 피해자가 얻은 이익간의 한계에 존재하는 보상을 확정하여 대신할 수 있다.

형사적 구제방법으로는 보유자 동의 없이 회로를 복사한 자 및 회로 또는 그 회로를 담고 있는 반도체제품을 공급, 판매제공, 배포하거나 이러한 목적을 위하여 수입하는 자는 3년 이하의 자유형 또는 벌금형을 받을 수 있다. 행위자가 영리적으로 이러한 행위를 행한 경우에는 5년 이하의 자유형 또는 벌금으로 하며, 미수도 처벌할 수 있다. 이러한 형사처벌은 고소가 있어야 이를 소추할 수 있다. 다만 형사소추청이 형사소추에 대한 공익상이 특별한 이익을 이유로 직권개입이 명령된 것으로 간주하는 때에는 고소가 없어도 이를 처벌할 수 있다.

8. 비밀보호 신청제도

실물을 위하여 제출된 자료의 전체를 영업비밀 또는 사업비밀로 표시하는 것은 허용되지 아니한다. 다만, 자료의 일부를 경영비밀 또는 영업비밀로 할 경우에는, 출원서 경영비밀 또는 영업비밀로 표시된 부분은 나머지 부분과 별도로 이를 제출하여야 한다. 자료는 고지되지 아니한 부분을 포함한 원본과 함께 견본을 제출하여야 한다. 원본은 삭제절차, 법적 효력절차와 침해절차에 대한 문서열람을 위한 것으로, 그 밖의 견본은 처분을 위한 일반적인 문서열람을 위한 것으로 한다.

제4절 프랑스의 반도체칩 보호법

I 보호대상

발명자의 지적인 노력을 표현하는 반도체 제품의 최종 또는 중간단계의 회로배치는 일반 상식적이 아닌 한 출원의 대상이 될 수 있다.

Ⅱ 기타 주요내용

1. 배치설계권의 발생

프랑스에서의 반도체 배치설계권은 프랑스 지적소유권법 제6권 발명 및 기술지식의 보호 제2편 기술지식의 보호 제2장 반도체제품의 규정 및 동 규칙에 의해 보호된다.

회로배치가 장소와 관계없이 첫 번째 상업적인 사용의 대상이 된 후 2년 이상 경과된 때, 사업에 이용되지 않은 경우에는 최초로 설정 또는 기호화된 후 15년이 경과된 때는 출원할 수 없다.

2. 배치설계권의 보호대상

반도체 배치설계권의 권리자는 지식재산권으로서의 권리인 독점, 배타적 권리를 가진다. 그러므로 제3자는 보호받는 설계도를 복제하는 행위, 복제품 또는 그 복제품을 수록한 반도체 제품을 상업적으로 사용하거나 상업목적으로 수입하는 행위 등을 할 수 없다.

다만, 제3자는 권리자의 허락을 받지 않고 평가·분석 또는 교육을 위한 복제, 분석 또는 평가 이후에 법에 의해 인정되는 다른 설계도를 창작하는 것은 가능하다. 또한 반도체 배치설계권의 권리자는 선의의 반도체제품 취득자에게는 권리를 주장할 수 없다. 그렇지만 선의의 취득자는 선의로 취득한 제품을 계속 영업적으로 사용하려고 하는 경우에는 정당하게 보상하여야 한다.

3. 배치설계권의 존속기간

반도체 배치설계권의 존속기간은 원칙적으로 10년이며, 기탁과 관련되어 보호기간의 종료 2개월 전에 기탁물의 소유자는 서류의 반환 또는 새로운 10년의 기간 동안의 추가적인 보존을 선택적으로 청구할 수 있다. 관련된 서류의 보관청구는 소정의 요금의 납부를 수반하는 경우에만 인정한다. 반환 EH는 보존의 요청이 없을 때에는 기탁과 관련한 문서는 파기될 수 있다.

4. 신청자격

발명자 또는 그 권리 승계인이 신청할 수 있다. 발명자 또는 그 권리 승계인의 권리를 침해하여 신청한 경우 피해자는 그에 대한 보상 등을 요구할 수 있다. 보상 등에 대한 요구소송은 신청한 날부터 3년 내에 제기할 수 있다.

5. 재정신청

국가는 방위상 필요한 때에는 특허출원 또는 특허의 대상인 발명을 실시함에 있어, 그 실시를 국가 자체가 하거나 그것에 대신하여 실시하고 있는 것에 불구하고 직권에 의해 실시허락을 받을 수 있다. 이 직권에 의한 실시허락은 국방담당대신의 요청에 근거하여 공업소유권 담당대신의 명령에 의해 허여되는 것이다. 이 명령은 지불해야 하는 실시료의 액을 제외하고 허락의 조건을 결정한다. 허락은 직권에 의한 실시허락의 요구일로부터 효력이 발생한다. 원만한 합의가 성립되지 않으면 실시료의 액은 제1심 법원이 결정한다. 심리는 재판의 심급에 상관없이 비공개로 한다.

6. 비밀보호 신청제도

토포그래피 도면 중에서 공개를 희망하지 않는 부문은 마스크하여 제출한다.

제5절 일본의 반도체 집적회로의 회로배치에 관한 법률

I 序

일본은 1986년 1월부터 「반도체 집적회로의 회로배치에 관한 법률」을 제정, 시행하고 있다. 동 법의 목적은 회로배치를 적절하게 이용함에 회로배치의 모방을 방지함으로써 개발자의 이익을 적절히 보호함과 동시에, 반도체 집적회로 이용자의 거래안전을 확보하는 등 회로배치 거래상의 규칙을 확립하는데 있다. 한편, 다른 일면으로는 미국의 반도체칩보호법에 대응하여 자국의 반도체 산업을 보호하고자 함에 그 목적이 있다. 왜냐하면 미국은 반도체칩보호법을 제정할 때 미국의 반도체칩 마스크워크(maskwork)를 미국이 자국민에게 보호해 주는 것과 동일한 보호를 해주는 국가에 대해서만 미국 내에서도 반도체칩을 보호해 주겠다는 상호주의를 취하였고 따라서 반도체제품의 수출국인 일본으로서는 이에 대응하기 위해서라도 반도체칩 보호법을 조기에 만들지 않을 수 없었기 때문이다.

II 보호대상

배치설계권의 보호대상은 독자적으로 창작된 반도체 집적회로의 회로배치(회로소자 및 이들을 접속하는 도선의 배치)이다. 반도체 집적회로는 반도체재료 혹은 절연재료의 표면 또는 반도체 재료의 내부에 트랜지스터 기타 회로소자를 생성시켜 동시에 불가분의 상태인 제품에 있어 전자회로를 이용할 수 있도록 설계한 것이다.

Ⅲ 기타 주요내용

1. 배치설계권의 발생

회로배치의 창작을 한 자 또는 승계인은 그 회로배치에 대해 회로배치 이용권의 설정 등록을 받을 수 있다. 이 경우 창작자 등이 2인 이상인 때는 이들은 공동으로 설정등록을 받아야 한다.

2. 배치설계권의 효력

회로배치 이용권자는 업으로 설정등록을 받은 회로배치를 이용하는 권리를 전유한다. 여기서 말하는 회로배치의 이용이라 함은 그 회로배치를 이용하여 반도체집적회로를 제조하는 행위, 그 회로배치를 이용하여 제조한 반도체 집적회로를 양도하거나 대여하거나 양도 혹은 대여하기 위해 전시 또는 수입하는 행위를 말한다.

주목할 것은 우리의 배치설계의 권리범위는 법 제2조 제4호 "이용"의 정의에서 규정하고 있는 바와 같이 "배치설계를 복제하는 행위, 배치설계를 이용하여 반도체집적회로를 제조하는 행위, 배치설계와 그 배치설계를 이용하여 제조한 반도체집적회로 또는 반도체집적회로를 사용하여 제조한 물품을 양도, 대여, 전시 또는 수입하는 행위"에까지 효력이 미치지만 일본의 회로배치이용권의 권리범위는 "회로배치를 복제하는 행위"가 제외되어 있다는 점이다. 이는 등록된 회로배치를 이용하여 반도체집적회로를 제조하거나 이의 양도, 대여, 수입 또는 전시하는 행위만을 규제하더라도 충분한 법적 실효성이 있다고 본 것이다.

3. 배치설계권의 효력의 예외

회로배치이용권의 효력은 타인이 창작한 회로배치의 이용에는 미치지 않는다. 이는 독립적으로 창작된 회로배치는 설사 동일하더라도 각각 보호됨을 의미하고 있으며 이 점이 기존의 공업소유권법과 크게 다르다.

또한, 회로배치이용권의 효력은 해석 또는 평가를 위해 등록회로배치를 이용하여 반도체집적회로를 제조한 행위에는 미치지 않는다. 이는 반도체집적회로 산업에 있어서 정당한 관행으로서 인정되고 있는 리버스엔지니어링에 대해 현실을 배려한 것이다.

4. 배치설계권의 존속기간

회로배치이용권은 설정등록에 의해 발생하며, 존속기간은 설정등록일로부터 10년이다.

5. 배치설계권의 각하 및 말소사유

설정등록신청이 i) 신청자가 창작자 등이 아닌 때, ii) 창작자 등이 2인 이상인 경우에 공동으로 설정등록을 신청하지 않은 때, iii) 신청에 관한 회로배치가 설정등록을 받을 수 없는 것인 때, iv) 신청서가 방식에 적합하지 않거나 기타 정령에서 정한 사유가 있는 때에는 설정등록의 신청을 각하하여야 한다. 또한, 설정등록의 신청이 설정등록 신청의 각하사유에 해당하는 것이 분명한 때는 설정등록을 말소하여야 한다. 다만 설정등록에 관한 청문은 당해설정등록에 관한 회로배치이용권에 관한 권리의 등록명의인에 대해 상당한 기간을 두고 통지한 뒤에 하여야 한다.

6. 권리침해에 대한 규제

회로배치 이용권자 또는 전용 이용권자는 자기의 회로배치이용권 또는 전용이용권을 침해하는 자 또는 침해하려는 자에 대해 그 침해의 정지 또는 예방을 청구할 수 있다. 또한, 회로배치 이용권자 또는 전용 이용권자는 금지청구권을 청구하는 때 침해의 행위를 조성한 반도체집적회로 또는 침해의 행위로 제공된 물의 폐기 기타 침해의 예방에 필요한 행위를 청구할 수 있다.

7. 침해로 보는 행위

등록회로배치를 모방하기 위해 사용된 물건을 업으로서 생산, 양도, 대여, 양도 혹은 대여를 위한 전시 또는 수입하는 행위는 회로배치이용권 또는 전용이용권을 침해하는 것으로 본다.

8. 선의자에 대한 특례

반도체집적회로의 인도를 받은 때에 당해 반도체집적회로가 타인의 회로배치이용권 또는 전용이용권에 관한 등록회로배치를 모방한 회로배치를 사용하여 제조된 것이라는 사실을 알지 못하고 또 알지 못한 것에 대해 과실이 없는 자가 업으로서 당해 반도체집적회로를 당도, 대여, 양도 혹은 대여하기 위한 전시 또는 수입하는 행위는 당해 회로배치이용권 또는 전용이용권을 침해하는 행위로 보지 않는다. 회로배치 이용권자 또는 전용 이용권자는 선의자가 모방의 사실을 안 후에 업으로서 그 반도체집적회로를 양도, 대여, 양도 혹은 대여하기 위한 전시 또는 수입하는 경우에는 그 자에 대해 그 등록회로배치의 이용에 대해 통상 받아야 하는 금액을 청구할 수 있다. 선의자가 회로배치 이용권자 또는 전용 이용권자에 대해 위의 금액을 지급하는 때는 그 반도체집적회로는 당해 회로배치 이용권자 또는 전용 이용권자가 양도한 것으로 본다.

9. 손해액의 추정

회로배치 이용권자 또는 전용 이용권자가 고의 또는 과실에 의해 자기의 회로배치 이용권 또는 전용이용권을 침해한 자에 대해 그 침해에 의해 자기가 받은 손해의 배상을 청구할 경우에 그 자가 그 침해의 행위에 의해 이익을 받은 때는 그 이익의 액은 회로배치 이용권자 또는 전용 이용권자가 받은 손해의 액으로 추정한다. 회로배치 이용권자 또는 전용 이용권자는 고의 또는 과실에 의해 자기의 회로배치이용권 또는 전용이용권을 침해한 자에 대해 그 등록회로배치의 이용에 대해 통상 받을 수 있는 금전의 액에 상당하는 액의 금전을 자기가 받은 손해의 액으로서 그 배상을 청구하는 것이 가능하다. 위의 규정은 규정하는 금액을 초과하는 손해의 배생의 청구를 방해하지 않는다. 이 경우에 있어 회로배치이용권 또는 전용이용권을 침해한 자에 고의 또는 중대한 과실이 없는 때는 법원은 손해배상의 액을 정함에 있어 그것을 참작할 수 있다.

10. 비밀보호 신청제도

특별한 기술에 의한 생산방식과 기타 비밀을 유지할 필요가 있는 때는 그 뜻을 서면으로 신고하거나 i) 도면·사진의 전부 또는 일부에 대신하여 회로배치의 전자계산기에 의한 설계 방법을 나타난 수치를 기재한 서면을 마이크로필름에 복사한 것 또는 ii) 회로배치의 특정을 곤란하게 하지 않는 한도에서 도면 또는 사진의 일부를 칠한 것을 제출하는 것이 가능하다.

제6절 중국의 반도체칩 보호법

I 보호대상

집적회로배치설계라 함은 집적회로에 적어도 하나의 원천소자를 보유한 2 이상의 소자·부분 또는 완전히 상호 연결된 선로를 입체적으로 배치하거나 집적회로를 제조하기 위하여 준비하는 상기한 입체적인 배치를 보호 대상으로 하고 있다.

II 기타 주요내용

1. 배치설계권의 발생

중국에서의 반도체 배치설계권은 집적회로배치설계의 보호에 관한 조례 및 시행규칙에 의해 보호된다.

배치 설계 디자인의 등록을 위한 신청은 세계 어느 곳이든 그것이 처음으로 상업적으로 이용된 날짜로부터 2년 내에 국가 의회 하에 있는 지적 재산 집행부에 출원되어야 하며, 보호되는 배치설계 디자인은 독창성을 가지고 있어야 한다. 즉, 배치설계 디자인은 창조자의 지적 노동의 산물이다. 그리고 그러한 배치 설계 디자인은 배치설계 디자인 창조자들이나 집적 회로 제조업자들에 의해 일반적으로 받아들여지는 표준 디자인이 아니다. 다만, 표준 디자인을 포함한 배치 설계 디자인이 독창성을 가진다면 그것 또한 보호되어져야 한다.

2. 배치설계권의 효력

배치설계전유권은 국무원지식산권 행정부문에 등기함으로써 발생한다. 등기하지 아니한 배치설계는 이 조례의 보호를 받지 못한다. 예비심사단계에서 배치 설계 디자인의 등록을 위한 신청의 거절에 대한 합리적인 근거가 전혀 없다고 한다면 국가의 지적재산국은 그것을 등록하고 증명서를 발급해야 하고 등록을 공포해야 한다. 배치 설계 디자인의 배타적 권리는 접수되어 보관된 날짜에 효력을 발생한다.

배치설계권자는 i) 보호받는 배치설계의 전부 또는 그 중 독창성을 구비한 임의의 부분의 복제, ii) 보호받는 배치설계·그 배치설계를 포함한 집적회로 또는 그 집적회로를 포함한 물품에 대한 상업적 이용을 할 권리를 갖는다.

3. 배치설계권 효력의 예외

i) 개인의 목적 또는 단순한 평가·분석·연구·교육의 목적으로 보호받는 배치설계를 복제하는 경우

ii) 전호에 의하여 보호받는 배치설계를 기초로 하여 독창성이 구비된 배치설계를 창작한 경우

iii) 자기가 독점적으로 창작한 타인과 동일한 배치설계에 대하여 복제를 하거나 상업적 이용에 투입하는 경우에는 배치설계권리자의 허가를 받지 아니하거나, 그 보수를 지불하지 않고 행사할 수 있다.

4. 배치설계권의 보호범위 및 존속기간

배치설계에 대한 보호는 아이디어·처리과정·조작방법 또는 수학개념 등에는 미치지 아니한다.

배치설계전유권의 보호기간은 10년으로 하며, 배치설계 등기신청일 또는 장소에 관계없이 최초의 상업적 이용 투입일로부터 계산하여, 그 중 앞선 일자를 기준으로 한다. 단, 등기 또는 상업적 이용의 투입여부에 관계없이 배치설계의 창작완료일부터 15년 후에는 더 이상 보호를 받지 못한다.

5. 통상이용권 설정의 재정

국가에 긴급상황 또는 비상상황이 출현하거나 공공이익 목적으로 또는 인민법원·부정경쟁행위감독감사부문이 법에 근거하여 배치설계권리자에게 부정경쟁행위가 있어 시정할 필요가 있다고 인정하는 경우에는 국무원 지식산권행정부문은 그 배치설계를 사용하는 강제허가를 부여할 수 있다. 국무원지식산권행정부문이 배치설계를 사용하는 강제허가를 부여한 경우에는 배치설계권리자에게 통보하여야 한다.

배치설계를 사용하는 강제허가의 결정은 강제허가의 이유에 따라 사용 범위와 시간을 규정하여야 하며, 그 범위는 공공목적의 비상업적 사용에 한정하거나, 인민법원·부정경쟁행위감독부문이 법에 근거하여 배치설계권리자에게 부정경쟁행위가 있어 시정할 필요가 있다고 인정하는 경우에 한정하여야 한다.

강제허가의 이유가 해소되어 재발생하지 않을 때에는 국무원지식산권행정부문은 배치설계권리자의 청구에 근거하여 심사한 후에 배치설계를 사용하는 강제허가의 결정을 종료하여야 한다.

배치설계를 사용하는 강제허가를 취득한 자연인·법인 또는 기타조직은 독점적인 사용권을 향유하지 못하며 타인의 사용을 허가할 권한이 없으며, 배치설계를 사용하는 강제허가를 취득한 자연인·법인 또는 기타조직은 배치설계권리자에게 합리적인 보수를 지급하여야 하며, 그 액수는 쌍방이 협상한다. 쌍방이 합의에 도달하지 못하는 경우에는 국무원지식산권행정부문이 재결한다.

배치설계권리자가 국무원지식산권행정부문의 배치설계 사용에 대한 강제허가의 결정에 대하여 불복하거나 배치설계권리자와 자연인·법인 또는 기타조직이 국무원 지식산권행정부문의 배치설계를 사용하는 강제허가의 보수에 관한 재결에 대하여 불복하는 경우에는 통지를 받은 날부터 3개월 내에 제소할 수 있다.

6. 권리침해에 대한 구제

이 조례에 별도의 규정이 있는 경우를 제외하고 배치설계권리자의 허가를 받지 아니하고 ⅰ) 보호받는 배치설계의 전부 또는 그 중 어떤 독창성을 구비한 부분을 복제하는 경우, ⅱ) 상업적 목적으로 보호받는 배치설계·그 배치설계를 포함한 집적회로 또는 그 집적회로를 포함한 물품을 수입·판매 또는 기타방법으로 제공하는 행위를 하는 경우에는 행위자는 즉각 권리침해행위를 정지하여야 하며, 배상책임을 부담하여야 한다. 이 경우 배치설계전유권을 침해하는 배상액은 권리침해자가 획득한 이익이나 피권리침해자가 받은 손실을 기준으로 하며, 피권리침해자가 권리침해행위를 제지하기 위하여 지불한 합리적인 지출을 포함한다.

배치설계권리자의 허락을 얻지 아니하고 그 배치설계를 사용한 경우 즉, 그 배치설계전유권을 침해하여 분쟁이 발생한 경우에는 당사자가 협상하여 해결한다. 협상을 원하지 아니하거나 협상이 이루어지지 아니하는 경우, 배치설계권리자 또는 이해관계인은 인민법원에 제소하거나 국무원지식산권행정부문에 처리를 청구할 수 있다.

국무원지식산권행정부문이 처리하는 경우에는 권리침해행위가 성립한다고 인정하는 경우에는 권리침해자에게 권리침해행위를 즉각 정지하도록 명령하며, 권리침해제품 또는 물품을 몰수·소각할 수 있다. 당사자가 불복하는 경우에는 통지를 받은 날부터 15일 내에 '중화인민공화국 행정소송법'에 근거하여 인민법원에 제소할 수 있다. 권리침해자가 기간이 만료될 때까지 제소하지도 아니하고 권리침해행위를 정지하지도 아니하는 경우, 국무원지식산권행정부문은 인민법원에 강제집행을 청구할 수 있다.

또한, 당사자의 청구에 근거하여 국무원지식산권행정부문은 배치설계전유권 침해의 배상액에 대하여 중재를 진행할 수 있다. 중재가 이루어지지 아니하는 경우에는 당사자는 '중화인민공화국 민사소송법'에 근거하여 인민법원에 제소할 수 있다.

보호받는 배치설계를 포함한 집적회로나 그 집적회로를 포함한 물품을 획득할 때에 당연히 알아야만 되는 합리적인 이유 없이 그 중에 불법복제의 배치설계가 포함된 것을 알지 못하고 상업적 이용에 투입한 경우에는 권리침해로 보지 아니한다. 이 경우에 그 중에 불법복제의 배치설계가 포함되었다는 명확한 통지를 받은 후에도 기존의 재고물량 또는 이전의 주문물량은 상업적 이용에 계속 투입할 수 있으나, 배치설계권리자에게 합리적인 보수를 지급하여야 한다.

국무원지식산권행정부문의 직원이 배치설계관리업무 수행 중에 직무소홀·권리남용·부정행위를 하여 범죄를 구성하는 경우에는 법에 따라 형사책임을 추궁한다. 범죄를 구성하지 아니하는 경우에는 법에 따라 행정처분을 부여한다.

7. 비밀번호 신청제도

출원되기 전에 상업적 이용을 하지 않은 배치설계 디자인이라면, 출원을 위한 신청은 그것으로부터 기밀의 정보를 포함할 수도 있다. 그러나 그런 정보를 포함한 비율이 집적 회로의 배치 설계 디자인 전체의 최대 50%를 초과할 수 없다. 단층에 관한 복사본이나 도면 또는 페이지 수와 기밀의 정보를 포함한 도면, 그런 페이지 합이 배치 설계의 등록을 위한 신청 양식에 지시되어 있는 것과 같아야 한다.

제7절 대만의 반도체칩 보호법

I 보호대상

보호대상은 독자적으로 창작된 회로소자 및 이들을 접속하는 도선의 배치로 일본의 회로배치에 관한 법률에서의 보호대상과 차이가 없다.

II 기타 주요내용

1. 배치설계권의 발생

대만의 반도체배치설계는 집적회로배치보호법 및 동법 시행명령에 의해 보호되며, 관할기관은 지식재산권청이다. 회로배치권은 등록에 의해 발생하며, 상업이용 후 2년간 이내에 출원하여야 한다(법 제13조). 정부요금의 납부 및 서류가 완비된 날을 신청일로 한다.

2. 배치설계권의 효력

배치설계권으로서 보호받기 위해서는 "ⅰ) 신규성, ⅱ) 진보성, ⅲ) 평범, 보통 또는 주지의 소자에 의한 조합이거나 또는 회로를 연결하여 설계한 회로배치에 대해서는 그 전체의 조합이 신규성 및 진보성을 만족할 것"과 같은 내용을 만족하여야 한다.

3. 배치설계권의 보호범위

배치설계권의 권리자는 회로배치의 일부 또는 전부를 독점하여 복제할 권리인 "독점복제권"과 상업목적으로 회로배치 또는 해당 회로배치를 포함한 집적회로를 수입 반포하는 권리인 "독점수입, 반포 및 응용권"을 가진다.

4. 배치설계권의 효력의 예외

회로배치권은 ⅰ) 연구, 교육 또는 리버스엔지니어링 등의 목적에 근거하여 타인의 회로배치를 분석 또는 계량하기 위해 복제하는 경우, ⅱ) 리버스엔지니어링에 의한 조건에 맞는 회로배치 또는 그에 근거하여 작성된 집적회로, ⅲ) 합법적으로 복제된 회로배치 또는 집적회로를 소유하는 자가 그 합법적으로 소지하는 회로배치 또는 집적회로를 수입 또는 반포한 것, ⅳ) 선의의 제3자가 소지하는 집적회로 침해품, ⅴ) 선의의 제3자가 한 우연한 동일 창조에 대하여는 미치지 않는다.

5. 배치설계권의 존속기간

등록출원일 또는 최초의 상업 사용일 중에서 빠른 날까지 10년간 보호를 부여한다.

6. 통상이용권 설정의 재정

일반적으로 공공이익의 증진을 위한 것에 한정되지만 특수한 경우로서 회로배치권자에 부정경쟁에 관한 사정이 있는 경우, 그에 재판소의 판결 또는 행정원 공평거래위원회의 부정경쟁에 관한 판단이나 처분이 확정된 것은 공공이익의 증진효과의 유무에 불구하고, 강제실시권 허락의 신청이 가능하다.

또 강제실시권은 독점이 아니라 타인이 동일의 회로배치권에 대해 다시 실시권을 취득할 수 있다. 강제실시권에 의한 실시라도 실시료의 지급의무가 있어 그 금액의 평가기준에 대해서 당사자 사이에 다툼이 있는 경우에는 주무기관이 결정할 수 있다. 강제실시권의 양도, 실시허락 또는 질권을 설정하는 등은 반드시 관련사업과 병행하여 동시에 하여야 한다.

7. 권리침해에 대한 구제

권리자 자신이 회로배치권의 침해에 대해 구제권능을 가지는 이외의 독점(전용)실시권의 권리자의 권능도 사전에 권리자 본인에 청구하여 구제의 권리를 행사할 수 있다. 구제권의 권능은 침해배재(금지)청구권, 침해방지청구권 및 손해배상청구권이 있다. 침해품을 사용하여 완성품을 취급하는 악의 제3자 또는 증거에 의해 알게 된 제3자가 불법복제에 관한 회로배치에 의해 작성된 집적회로에 관해서 상업목적으로 수입 또는 반포하는 경우도 회로배피권의 침해로 본다. 또는 침해구제권의 행사시 감정서 첨부의 의무가 있다. 복수의 침해자는 연대손해배상채무를 부담한다. 그 이외의 선의의 제3자에 대해 침해사실의 통지 및 감정서를 송부한 후 본인이 그 행위를 상업목적으로 계속한 경우 회로배치권은 그 제3자에 대해 통상이용에 의해 징수되거나 실시료에 상당하는 액을 손해배상액으로 하여 청구할 수 있다.

제8절 소결

반도체칩과 배치설계가 특허법적인 보호를 받기 어렵다는 것을 알게 되면서, 수천시간의 연구와 수백만달러의 비용을 들여 개발한 반도체칩 및 배치설계를 보호하고자 각국에서는 반도체칩 보호법을 제정하게 되었다.

그러나 '80~'90년대의 법제정 당시에는 소프트 IP 및 펌 IP는 거래의 대상이 되지 않아 보호대상 논의에서 제외되었고, 하드 IP 및 배치설계만이 주된 논의 대상이었다. 당초 예상과는 달리 각국의 법제정 이후 배치설계 관련 분쟁이 거의 나타나지 않아 특별한 법개정의 논의 없이 오늘에 이르고 있다. 그러나 최근 소프트 IP 및 펌 IP가 거래의 대상으로 나타나고 있고 거래시장 또한 빠른 속도로 증가하고 있어 소프트 IP 및 펌 IP에 대한 보호를 위한 법개정의 필요성이 증가하고 있다.

chapter

4 반도체 집적회로의 배치설계에 관한 법률에 의한 보호

제1절 입법 배경

1986년 7월 한미간의 합의각서에서 반도체칩 보호제도의 도입에 관한 연구를 하기로 합의한 이래 미국은 조기 입법화와 보호수준의 제고를 집요하게 요청하였고, 우리나라도 1992년 12월 8일 법률 제4526호로 "반도체집적회로의 배치설계에 관한 법률"(이하 "배치설계법"이라 함)이 제정되어 1993년 9월 1일부터 시행됨으로써 반도체집적회로배치설계가 산업재산권과 유사한 권리로서 보호받기 시작하였다.

우리나라의 배치설계법은 특허법과 저작권법의 보호방법이 혼합된 형태를 가지고 있어 ⅰ) 그 보호의 요건에 있어서 저작권법과 유사하게 창작성만을 요구하고 특허법처럼 신규성이나 진보성을 요하지 않고, ⅱ) 동일한 배치설계일지라도 모방한 것이 아닌 독자적인 창작인 이상 권리의 병존을 인정하나, ⅲ) 특허법과 마찬가지로 배치설계권은 특허청에 설정등록을 하여야만 권리가 발생되고, ⅳ) 권리의 보호기간이 설정등록일로부터 10년으로서 비교적 단기간에 해당하며, ⅴ) 리버스 엔지니어링을 정면으로 인정한다.

제2절 현행 반도체배치설계법의 내용

I 보호대상

배치설계법 제2조 제2호의 규정에 따르면 "배치설계"[76]는 "반도체집적회로를 제조하기 위하여 각종 회로소자 및 그들을 연결하는 도선을 평면적 또는 입체적으로 배치한 설계"를 말하는데, 여기서 "반도체집적회로"란 "반도체재료 또는 절연재료의 표면이나 반도체재로의 내부에 한 개 이상의 능동소자를 포함한 회로소자들과 그들을 연결하는 도선이 분리될 수 없는 상태로 동시에 형성되어 전자회로의 기능을 가지도록 제조된 중간 및 최종단계의 제품"을 말한다.

배치설계권의 보호객체는 일차적으로 배치설계이지만, 법 제2조 제4호의 규정에 의한 "이용"이라는 정의에서와 같이 그 배치설계에 의하여 제조된 반도체집적회로(IC)와 그 반도체집적회로를 사용하여 제조된 물품(컴퓨터, 통신기기등 최종제품)에 이르기까지 그 보호대상이 확장되고 있다. 이는 배치설계권자의 권리를 효율적으로 보호하기 위하여는 실제적인 상품유통의 대상인 IC나 IC를 포함한 컴퓨터 등의 최종제품의 단계에서 배치설계의 불법 복제를 규제하여야 하는 현실을 감안한 것이다.

II 보호요건

1. 序

등록은 배치설계권의 발생요건이다. 배치설계권에 대해 등록주의를 채택한 것은 권리의 객체가 배치설계라고 하는 추상물로서 이는 그 존재를 객관적으로 직접 인식할 수 없으며, 물권과 같이 점유할 수도 없기 때문에 그 권리의 대상이 무엇이고 언제 그 권리가 발생하며, 언제 소멸하느냐를 설정등록의 형식으로 그 권리를 명백히 하기 위한 것이다. 이와 같이 권리의 발생에 설정등록이 필요하다는 것은 산업재산권과 유사하나, i) 설정등록 이전에 최대 2년간 상업적 이용을 통해서 기술적인 면뿐만 아니라 시장성 등 경제적인 면에서 그 배치설계의 가능성을 확인해 볼 수 있는

76) 국내법상의 배치설계(Layout Design)에 대하여 미국에서는 "Maskwork", 일본에서는 "회로배치(Circuit Layout)", 유럽에서는 "Topography"라 하고 있다. 초기 입법 당시 초점을 두고 설정했던 보호대상의 개념에 따라 각국의 용어는 차이를 보였다. 국내법의 경우 전체적인 도면, 즉 2차원적 배치설계에 중점을 두었음을 알 수 있으며, 미국에서는 설계도면을 이용하여 반도체칩을 생성하는 과정의 작업을 용어에 도입, 일본에서는 2차원적인 도면과 동시에 회로의 배치상태에 주목하였으며, 유럽에서는 미국의 입장과 비슷한 태도를 취했다. 그러나 이는 용어의 차이일 뿐, 실제적인 보호대상에는 이러한 과정을 모두 포함하는 결과물을 보호하기 때문에, 큰 차이없는 유사한 의미를 내포하며 효력을 발휘하였다.

기회를 허용하고 있다는 점, ii) 설정등록을 위한 요건으로서 형식적 심사주의에 그치고 있다는 점 등이 산업재산권법과 다르다.

2. 설정등록 신청인

당해 배치설계를 창작한 자와 창작자의 승계인(승계사실 증명서류 필요)이 신청할 수 있다. 또한 공동창작의 경우는 공유자 전원이 공동으로 신청하여야 한다. 재외자는 대리인을 선임·등록하여 절차를 수행하여야 한다.

3. 신청가능기간

최초의 상업적 이용일로부터 2년 이내에 신청하여야 한다. 2년 경과 후에 신청하는 경우는 신청각하의 사유가 된다. 이는 창작자와 이용자 간의 이익 균형을 도모함으로써 배치설계등록제도를 원활하게 하는데 그 취지가 있다. 즉, 창작자는 자신이 창작한 배치설계에 대하여 일정기간 영리를 목적으로 이용하여 그 기술성, 시장성 등의 경제적 효과를 확인하고, 경제성이 높은 배치설계만을 설정등록 하는 것이 바람직할 것이며, 한편, 이용자 특히 권리자와 경쟁관계에 있는 자에게는 시장에 유통되고 있는 배치설계 중 상업적 이용 후 일정기간 내에 설정등록 되지 않은 것에 대하여는 공적재산(public domain)으로서 자유로운 이용이 가능하게 되어 상거래의 안정이 확보되고 반도체집적회로의 이용이 촉진되어 기술개발 및 산업발전이 가능하게 하도록 함이다.

4. 설정등록 신청서 등의 제출

배치설계권의 설정등록을 신청하고자 하는 자는 대통령령이 정하는 바에 의하여 설정등록 신청서 및 기타 이에 첨부되는 자료를 제출하여야 한다. 설정등록 신청서에는 i) 신청인·창작자(대리인)의 서지적 사항, ii) 반도체칩의 명칭, iii) 창작 및 상업적 이용년월일 iv) 반도체칩의 구조·기술·기능 및 간단한 설명을 기재하여야 하고, i) 배치설계의 도면 또는 사진(각 층이 구별될 수 있어야 함), ii) 신청인이 창작자임을 증명하는 자료, iii) 대리권을 증명하는 서류, iv) 외국국적증명서 또는 외국법인증명서, v) 반도체 집적회로 샘플 4개를 첨부하여야 한다. 다만, 상업적 이용일 전일 경우에는 반도체집적회로 샘플 대신 배치설계의 내용을 저장한 전자적 기록매체물을 제출할 수 있다.

이 경우 도면 또는 사진은 반도체 집적회로 크기의 20배 이상으로 확대한 것으로 배치설계의 각 층이 명확하게 구분될 수 있는 것으로 i) 인쇄 장치를 사용하여 배치설계의 각 층을 나타내는 도면(분리 또는 Composite 도면), ii) 배치설계의 각 층별 형상을 나타낸 사진 또는 도면(마스크를 나타낸 Acetate Overlat Sheet 등), iii) 제조한 반도체집적회로 표면 및 내부에 형성된 배치설계의 각 층을 나타낸 사진 중 어느 하나를 택일하여 제출하여야 하고, 도면 또는 사진을 작성함에 있어서는 Plotter에 의한 Composite 도면에 있어서 배치설계의 각층을 색깔로 구분할 경우 색의 중첩으로 인하여 도면이 검게 보이거나 각층을 구분할 수 없는 정도의 것은 아니 된다.

5. 형식적 심사

(1) 의의

배치설계의 설정등록은 특허법 등에 있어서와 같이 엄밀한 심사가 사전에 행해지는 것은 아니며 신청서 및 첨부서류로부터 설정등록을 하여서는 아니 되는 명백한 경우가 아니 한 등록을 하고 있다. 특허청장은 배치설계등록원부에 기재하여 설정등록을 한 경우 배치설계권자에게 배치설계등록증을 발급하고 이를 공시하여야 한다.

(2) 설정등록 신청 각하 사유

배치설계권의 설정등록 신청이 i) 창작자가 아닌 자가 신청한 경우, ii) 배치설계권이 공유인 경우에 공유자 전원이 공동으로 배치설계권 설정등록의 신청을 하지 않은 경우, iii) 배치설계를 영리를 목적으로 최초로 이용한 날(상업적 이용일)로부터 2년의 기간이 경과한 경우, iv) 설정등록 신청서의 기재사항이 도면 기타자료와 부합하지 아니한 경우, v) 설정등록 신청서의 기재사항을 누락한 경우, vi) 설정등록 신청서에 첨부하여야 할 도면 기타 자료를 첨부하지 아니하거나, 이들이 서로 부합하지 아니하는 경우, vii) 법령에서 정하는 소정의 수수료를 납부하지 아니한 경우에는 배치설계권의 설정등록 신청이 각하된다.

(3) 배치설계권의 등록신청 불수리 사유

배치설계권의 등록신청이 i) 등록을 신청한 사항이 등록할 사항이 아닌 경우, ii) 신청서가 방식에 적합하지 아니한 경우, iii) 신청서에 기재한 등록번호, 반도체집적회로의 명칭 또는 등록의 목적인 권리의 표시 등이 등록원부와 불일치한 경우, iv) 신청서에 기재한 등록의무자의 표시가 등록원부와 불일치한 경우, v) 신청인이 등록명의인인 경우에 그 표시가 등록원부와 불일치한 경우, vi) 배치설계관리인의 표시가 등록원부와 불일치한 경우, vii) 신청서에 기재된 사항이 원인을 증명하는 서류와 부합하지 아니한 경우, viii) 신청서에 필요한 서류를 첨부하지 아니한 경우, ix) 등록세 및 등록자료를 납부하지 아니한 경우에는 배치설계권의 등록신청을 수리하지 않는다.

6. 비밀보호 신청제도

배치설계권설정등록 신청시 배치설계를 나타내는 도면 또는 사진에 관하여 타인에게 완전한 공개를 원하지 않는 경우에는 비밀번호를 받고자 하는 부분을 컴퓨터로 가공하거나 보이지 아니하게 하여 제출할 수 있다.

비밀보호 신청을 하는 경우에는 i) 설정등록 신청서의 비밀번호 신청란에 "예"라고 기재하여야 하고, ii) 비밀보호를 받고자 하는 도면이나 사진을 특허청장이 정하는 바에 따라 제출(특허청 고시 제93-8호, 비밀보호 신청 시 첨부서류의 제출방법)하여야 하며, iii) 비밀보호시의 도면이나 사진의 경우 상업적 이용일 전에 신청하는 경우에는 도면 또는 사진의 전부 또는 일부에 갈음하여 컴퓨터에 의한 설계형태의 수치를 기재한 서면을 마이크로필름에 복사한 것을, 그 배치설계의 특징을 현저히 곤란하게 하지 않는 범위 내에서 도면 또는 사진의 일부를 보이지 아니하게 하여 제출하여야 하고, 상업적 이용일 후에 신청하는 경우에는 서면 또는 비밀 부분을 포함하는 각층의 도면 또는 사진은 최상층의 배치설계로부터 기산하여 각 5층마다 2층의 범위가 되도록 제출하여야 한다.

Ⅲ 배치설계권의 내용

1. 배치설계권의 발생

반도체 배치설계권은 반도체집적회로의 배치설계에 관한 법률에 의해 보호되며, 창작성이 있는 배치설계를 설정등록 함으로써 발생한다. 즉, 배치설계권이 발생하려면 "창작성"과 "설정등록" 2가지의 권리발생 요건이 충족되어야 하는데, 창작성이란 "배치설계 제작자의 지적 노력의 결과로써 통상적이 아닌 특성이 나타나 있어서 기존의 제작물과 구별될 수 있는 배치설계를 제작하였음을 말하고, 통상적인 요소의 조합으로 구성되어 있다 하더라도 전체적으로 보아 창작성이 있는 경우에는 이를 창작으로 본다."[77)]

여기서 창작성의 개념은 저작권법상의 창작성의 개념과 유사하며, 창작성이 권리발생요건이라 하더라도 창작성 여부는 판단하지 않는 무심사주의를 채택하고 있으므로 창작성 자체가 설정등록신청 또는 설정등록요건이 되지는 않고, 설정등록 후 권리침해의 경우에 있어서 복제여부 또는 창작성여부를 논하게 될 뿐이다. 또한, 여기서 창작성이란 특허법에서 말하는 신규성을 의미하는 것이 아니므로 우연히 동일한

---

77) 미국법은 전체적으로 보아 독창성이라고 생각할 수 없는 방법으로 조합된 반도체 업계에서 지속적으로 진부하며(staple), 평범하고(commonplace), 널리 알려진(familiar) 디자인이나 이러한 디자인의 변형에 의해서 구성된 마스크워크는 보호되지 아니한다고 규정하고 있다. 우리 법도 이러한 취지에서 통상적이지 않은 경우에만 창작성을 인정한다(제2조 제3호).

배치설계가 있는 경우에는 다른 배치설계를 베낀 것이 아닌 한, 별개의 권리로서 보호 받을 수 있고, 다른 배치설계권의 침해가 아니다.

한편, 배치설계권에 대해서는 등록제를 채택하고 있는 이유는 권리의 객체가 배치설계라고 하는 추상물이며 또 권리의 존재가 제3자에게 커다란 영향을 주기 때문에 권리의 주체·객체·존속기간을 공기하여 법률관계를 안정시킬 필요가 있기 때문이다.

2. 배치설계권의 효력

배치설계권을 설정등록한 자 또는 그로부터 권리를 승계한 자는 설정등록된 배치설계에 대하여 영리를 목적으로 이용하는 권리를 독점한다. 다만 배치설계권자가 타인에게 그 배치권을 독점으로 이용할 수 있는 권리를 설정한 경우에는 그 설정된 범위 안에서 전용 이용권자가 영리를 목적으로 그 배치설계를 이용하는 권리를 독점하는 때에는 그러하지 아니하다(법 제8조).

여기서 “이용”이란 배치설계를 복제하는 행위, 배치설계에 의하여 반도체집적회로를 제조하는 행위 및 반도체집적회로 등을 양도 또는 대여하는 행위, 반도체집적회로 등을 양도 또는 대여하기 위하여 전시 또는 수입하는 행위이며, 또한 배치설계권은 당연히 양도 또는 공유가 가능하며, 전용이용권 또는 통상이용권 및 질권의 설정이 가능하다.

3. 배치설계권 효력의 예외(법 제9조)

교육·연구·분석 또는 평가 등의 목적이나 개인이 비영리적으로 사용하기 위한 배치설계의 복제 또는 그 복제의 대행에는 미치지 아니하며(제9조 제1항 제1호), 이러한 연구·분석 또는 평가 등의 결과에 의하여 제작된 것으로서 창작성이 있는 배치설계에는 권리의 효력이 미치지 아니한다(제9조 제1항 제2호). 이는 리버스 엔지니어링이 산업계에서 정당한 관행으로 인정되고 있는 것을 법이 그대로 승인하여 규정한 것이다. 리버스 엔지니어링이란 제품의 해석에 의하여 제품에 구현되어 있는 제조방법, 기술수준, 노하우 등을 평가하여 자신의 기술수준의 향상을 도모하는 행위이다. 「비영리적 목적의 복제」를 비침해행위로 규정한 것은 특허와 마찬가지로 가정에서의 사용(특허법 제94조), 연구·시험을 위한 사용(특허법 제96조 제1항 제1호) 등과 같은 취지이다.

연구·분석 또는 평가 등의 결과에 의하여 제작된 것으로서 창작성이 있는 배치설계에는 권리의 효력이 미치지 아니한다고 규정한 제2호의 경우는 매우 중요하다. 왜냐하면 제2호는 역공정의 결과 만들어진 창작성 있는 반도체칩을 영리목적으로 제조・배포하는 것을 허용하고 있기 때문이다.[78] 제2호가 "창작성 있는"이라는 표현을 쓰고 있지만 역공정의 경우에는 타인의 보호를 받는 배치설계의 모방이며, 필연적으로 유사할 수 밖에 없으므로 이러한 용어법은 종래의 용어법과는 약간 다른 것이다. 경쟁과 기술진보를 위해서 역공정의 예외를 허용하는 것이므로 역공정의 결과라도 보호받는 배치설계와 본질적으로 동일하다면 역조작의 항변은 허용될 수 없다. 결국 비유적이 될 수밖에 없지만 기본특허와 개량특허의 차이 정도, 혹은 원저작물과 이차적 저작물의 차이 정도가 긍정된다면 본 호에서 말하는 창작성은 있다고 본다. 역공정에 의하여 만들어진 반도체 제품을 판매하는 자는 장래에 일어날지도 모르는 소송에 대비하기 위해 그 자신의 노력의 결과를 기록한 증거자료를 남겨두어야 한다.

배치설계이용권의 효력은 적법한 반도체집적회로 등을 인도받은 자가 영리를 목적으로 양도・대여를 하거나 양도・대여를 위한 전시・수입하는 경우에는 그 효력이 미치지 아니한다. 이것은 권리자가 그 권리의 객체인 물품을 타인에게 양도한 때에는 그 이상은 권리행사를 할 수 없다는 특허법에서 확립된 소모이론을 명문화한 것이다. 따라서, 이 규정을 적용받기 위해서는 적법한 제조・판매권을 가진 자로부터 양도가 있는 경우이어야만 하고, 적법하지 않게 양도된 경우 예컨대 반도체 집적회로를 훔친 자는 이러한 주장을 할 수 없다.

배치설계이용권의 효력은 불법으로 복제하여 제조된 반도체집적회로 등에 대하여 선의이며 과실없이 인도받은 자의 영리를 목적으로 하는 양도・대여나 양도・대여를 위한 전시・수입하는 경우 등의 경우에는 예외적으로 반도체 배치설계권의 효력이 미치지 아니한다. 이는 거래의 신속과 안전을 위한 규정이다. 다만, 선의자라 하더라도 자신이 구입한 반도체집적회로 등이 타인의 등록된 배치설계를 불법으로 복제하여 제조되었다는 사실을 안 이후에는 통상의 이용료를 지급하여야 한다.

4. 배치설계권의 존속기간

배치설계권의 존속기간은 설정등록일로부터 10년이 원칙이다. 다만 그 배치설계의 최초 상업적 이용일로부터 10년 또는 그 배치설계의 창작일로부터 15년을 초과할 수 없다. 그 취지는 창작된 배치설계의 신속한 권리화를 도모하기 위함이다.

---

78) 종래 리버스 엔지니어링 문제는 ⅰ) 해석이나 평가를 위한 전제로서 분해하는 행위 자체가 침해행위로 되는지 여부, ⅱ) 해석이나 평가행위가 위법으로 되는지 여부, ⅲ) 더 나아가서 그 결과 얻어진 정보를 기초로 하여 자사제품을 개발하는 행위가 허용되는가 하는 세가지 문제로 대별할 수 있다. 일본 반도체칩법 제12조는 ⅰ)ⅱ)단계까지를 허용하는 듯한 표현을 사용하고 있음에 반하여 미국 반도체칩법 제906조(a)(2)는 명백히 ⅰ)ⅱ)ⅲ)단계까지를 허용하고 있다.

5. 배치설계권의 소멸사유 및 취소사유

배치설계권은 ① 존속기간 만료, ② 설정등록 취소사유에 의해 취소된 경우, ③ 배치설계권자인 법인・단체 등이 해산되어 그 권리가 민법 등에 의하여 국가에 귀속되는 경우, ④ 배치설계권자가 상속인 없이 사망하여 그 권리가 민법 등에 의하여 국가에 귀속된 경우 및 ⑤ 배치설계권자가 그의 배치설계권을 포기한 경우에는 소멸하며, 상기의 설정등록 취소사유는 ① 조약의 규정에 위반, ② 사위 기타 부정한 방법에 의한 설정 등록, ③ 창작성이 있는 배치설계가 아닌 경우 및 ④ 법 또는 법에 의한 명령이나 처분에 위반한 경우이다.

6. 이용권의 허용

배치설계권자는 그 배치설계권에 대해서 전용이용권을 설정하거나, 타인에게 통상이용권을 허락할 수 있으며, 이를 통해 경제적 대가를 얻을 수 있다. 전용이용권은 설정행위로 정한 범위내에서 업으로서 그 등록배치설계를 이용하는 권리를 독점하는 물권적 성질을 가진 권리이며, 통상이용권은 설정행위로 정한 범위내에서 업으로서 그 등록배치설계를 이용할 수 있는 채권적인 성질을 가진 권리이다.

7. 권리침해에 대한 구제

가. 민사적 구제

(1) 금지청구권 등

배치설계권자 또는 전용 이용권자는 그의 배치설계권 또는 전용이용권을 침해하거나 침해할 우려가 있는 자에 대해서 그 침해의 금지 또는 예방을 청구할 수 있으며, 침해행위에 의하여 만들어진 집적회로 등의 회수폐기 및 기타 침해행위에 사용되는 제조장치 등의 폐기 등, 침해의 예방에 필요한 조치를 함께 청구할 수 있다.

(2) 손해배상청구권

배치설계권자 또는 전용 이용권자는 고의 또는 과실로 그 권리를 침해한 자에 대하여 손해배상을 청구할 수 있다. 특히, 침해자가 그 침해행위에 의하여 이익을 얻은 경우에는 그 이익액을 손해액으로 추정하고 배치설계의 이용에 대하여 통상 받을 수 있는 금액을 손해액으로 하여 청구하는 것이 가능하다. 다만, 당해 배치설계를 불법으로 복제하여 제조된 반도체칩을 사용하여 물품을 제조한 자에 대하여는 그 반도체칩을 사용하여 물품을 제조함으로써 직접적으로 얻은 이익액을 초과하여 손해배상을 청구할 수 없다.

(3) 보상금청구권

배치설계이용권은 설정등록에 의해서 발생하나 영리적 이용을 개시한 후부터 등록할 때까지의 사이에 제3자가 악의로 배치설계를 모방하여 영리적으로 이용하는 경우에는 배치설계의 설정등록 후 권리자는 이들 침해자에 대하여 사용료 상당액을 보상금으로 청구할 수 있다. 이를 통해 탈법행위가 억제되어 효과적인 권리보호가 가능하게 된다.

(4) 이용료 청구권

선의·무과실로 침해품인 반도체 집적회로를 인도받은 자에 대해서는 권리의 효력이 미치지 아니하나 선의·무과실의 양수자가 그 후 침해의 사실을 알았음에도 영리목적으로 이를 이용하거나 이용하기 위해서 보유하거나 운송 중에 있는 경우에는 통상의 이용료에 상당하는 금액의 이용료의 지급 청구가 가능하다. 다만 선의자가 배치설계를 불법으로 복제하여 제조된 반도체집적회로 등을 이용하여 직접적으로 얻을 수 있는 이익액을 초과할 수 없다.

나. 형사상 구제

형사상의 권리구제수단으로서 침해죄는 3년 이하의 징역, 5천만원 이하 벌금형으로 병과가 가능하나, 권리자의 고소가 있어야 하는 친고죄이며, 허위표시의 죄는 미등록된 것을 등록된 것처럼 허위로 표시한 경우로써 1년 이하의 징역, 300만원 이하의 벌금형이 가능하다. 또한 위법 시에는 행위자 및 해당법인도 벌금형에 가하는 양벌규정이 적용된다.

[표 26] 우리법과 미국 및 일본법과의 비교

구분	한국	미국	일본
목적	창작자의 권리보호 반도체산업과 기술의 진흥 및 국민경제의 건전한 발전	규정없음	IC 개발 촉진 국민경제 발전
보호객체	독창성 있는 배치설계	Mask work	한국과 동일
권리내용	배치설계 복제 배치설계에 의한 IC의 제조 배치설계, IC 및 IC를 포함한 제품의 양도, 대여, 수입 및 전시	Mask work와 이를 이용한 제품 재생, 반포, 수입	한국과 동일(단, 배치설계의 복제는 제외됨)
보호기간	설정등록일로부터 10년(단, 상업적 이용일로부터 10년 또는 창작일로부터 15년을 초과하지 못함)	설정등록 또는 상업적 이용일 중 빠른 날로부터 10년	설정등록일로부터 10년
침해구제	침해금지 및 손해배상 청구 형사벌 선의자는 통지후 이용료 청구	침해금지 및 손해배상 청구(형사벌 없음)	한국과 동일

[표 26] 우리법과 미국 및 일본법과의 비교(계속)

구분	한국	미국	일본
침해예외	연구, 분석 등에 의한 배치설계의 복제 및 그 결과로 창작된 배치설계 타인의 창작성 있는 동일한 배치설계	한국과 동일	한국과 동일
강제실시권	공공의 비영리 목적등을 위하여 필요한 경우 통상이용권 재정가능	규정없음	규정없음
위원회	심의 및 분쟁조정을 위한 배치설계심의조정위원회 설치	규정없음	규정없음
상호주의채택여부	우리법에 준하는 보호를 하지 아니하는 외국의 배치설계에 대하여는 보호제한 가능	자국법과 동등한 수준의 법률이 있는 국가에 대하여만 보호	규정없음
시행일	1993년 1월(특허청)	1985년 6월(저작권청)	1986년 1월(IPCC)

제3절 배치설계법에 의한 반도체 IP의 보호

I 배치설계법 적용의 문제점

현행 배치설계법에 의하면, 보호가능한 회로배치에 대하여 반도체 집적회로를 제조하기 위한 회로소자와 그것을 연결하는 도선을 평면적 또는 입체적으로 배치한 설계라고 정의되어 있다. 즉, 회로소자 사이의 물리적 배치관계가 명확하게 되어 설계가 완료된 집적회로만을 보호대상으로 하고 있음을 알 수 있다. 이것을 설계재산에 적용하면 레이아웃설계의 상위 개발 프로세스의 성과물, 예컨대 게이트 레벨에서의 논리회로 설계결과(NetList)에 대해서는 법적 보호를 제공하지 아니한다. 그 결과, 개개의 회로 소자의 접속 상태를 더욱 언어적 표현으로 추상화하여 표현한 HDL에 의한 “설계재산”, 즉 소프트 IP 및 펌 IP는 배치설계법의 보호대상이 될 수 없다.

현행 배치설계법은 반도체 배치설계의 제조 프로세스에 대한 의존성 증가에 따른 배치설계 모방의 실질적 의의 저하로 거의 유명무실한 법이 되어 가고 있다. 요컨대, 반도체 집적회로에 관한 법적 보호와 관련된 논의가 본격화된 1970년대 후반부터 80년대 초반에 걸쳐 반도체 제조기술은 복잡도가 아직 비교적 낮았기 때문에, 각 제조업자간의 차이가 적었고 그 때문에 회로배치를 모방으로부터 법적으로 보호할 의의가 존재하였으나, 1990년에 들어서면서 접적도의 증가, 제조기술의 발전에 수반하여 각 메이커가 갖는 제조기술 및 사용 프로세스에 따라서 회로배치나 레이아웃도 크게 의존하게 되어 이에 따라 레이아웃이나 회로배치의 단순한 모방만으로는 제품의 제조가 불가능하게 되었다. 또한, 이러한 제조 프로세스에 대한 의존성에 대해서는 배치설계법 제정 당시부터 전문가 사이에서는 인식되어 있던 사실로서, 애초부터 배치설계법에 의한 법적 보호의 의의는 대단한 것이 아니었다고 하는 견해도 있다. 이에 따르면, 반도체칩의 모방이 문제되지 않고, 배치설계법에 의한 법적 분쟁이 적은 이유는 틀림없이 이와 같은 프로세스에 의한 차이에 있다고 본다.

요컨대, 현행 배치설계법은 80년대의 반도체 배치설계 기술을 보호하기 위하여 입법된 것으로서 "반도체 배치설계 도면"을 주 보호대상으로 하고 있어 90년대 중반 이후 SoC 개념으로 급격히 전환되고 있는 반도체 IP 개념을 반영할 수 없는 관계로 그 실질적 존재 의의를 급속하게 잃어가고 있다고 할 것이다.

또한, 거래와 관련해서도 현행법은 거래의 양면인 배치설계권의 처분 문제와 배치설계 자체의 제공 문제 중 후자에 대해서는 아무런 규정을 두고 있지 않아 거래법제로서도 현행법은 충분하지 못하며, 특히 현행법은 배치설계거래의 활성화를 위한 핵심적 장치라고 할 수 있는 거래기구에 대해서는 전혀 도외시하고 있어 분명한 한계가 있다.

Ⅱ 보호방안

1. 법률명칭의 개정

반도체 집적회로에 관한 법적 보호에 관련된 논의가 처음 본격화된 시기의 반도체 제조기술은 복잡도가 아직 비교적 낮았기 때문에, 각 제조업자간의 차이가 적었고 그 때문에 마스크워크를 모방으로부터 법적으로 보호할 의의가 존재하였지만, 점차 집적도의 증가와 제조기술의 발전에 수반하여, 각 메이커가 갖는 제조기술 및 사용 프로세스에 따라서 회로배치나 레이아웃도 의존성이 커지고 있으므로, 레이아웃이나 회로배치의 단순한 모방만으로는 제품의 제조가 불가능하게 되어 가고 있다.

즉, 거의 대부분 수작업에 의존할 수 밖에 없었던 과거에 비하여, 컴퓨터 소프트웨어를 이용한 EDA의 이용이 가능해지고 있으며, 레이아웃설계 자체에 대한 부담은 상대적으로 줄어드는 경향으로 되어 가고 있다. 오히려 반도체 집적회로의 대규모화와 미세화에 수반하여 레이아웃설계에 의한 영향을 보다 상위레벨의 설계에까지 피드백시킬 것이 요구된다. 이러한 사실로부터 레이아웃이 고정된 회로배치(하드 IP)만의 법적 보호는 시대적 흐름에 역행하고 있는 것이라 해도 과언이 아닐 것이며, 현행 반도체 집적회로의 배치설계에 관한 법률 하에서 설계재산의 실질적인 보호가 가능한 것인지 의문을 갖게 되는 것이다.

현행 반도체 집적회로의 배치설계에 관한 법률에 의하면, 반도체 배치설계를 "반도체집적회로를 제조하기 위하여 각종 회로소자 및 그들을 연결하는 도선을 평면적 또는 입체적으로 배치한 설계"라고 정의하고 있다. 이 정의 규정을 그대로 해석하면, 설계재산 중 하드 IP 외에 소프트 IP와 펌 IP의 보호는 실질적으로 거의 불가능한 것으로 보인다. 그러나 앞서 살펴본 바와 같이 레이아웃설계의 성과물인 하드 IP 자체만의 보호는 현재 반도체 산업 실정에 맞지 않기 때문에 현 실정에 맞게 펌 IP, 소프트 IP까지 보호대상을 확대하여 정의할 필요가 있다.

우선, 본 법의 명칭이 "반도체 집적회로 배치설계의 보호에 관한 법률"로 정의되어 있는데, 배치설계란 레이아웃설계의 성과물만을 의미하는 것으로 오해할 소지가 있기 때문에 "설계재산의 보호" 등으로 개칭하는 것이 좋을 것이다.

2. 보호대상의 확대 정의

설계재산의 개념에 하드 IP 이외에 소프트 IP 및 펌 IP가 포함되는 것은 이론의 여지가 없다. 따라서, 이를 소프트 IP 및 펌 IP까지 보호될 수 있도록 보호대상에 대한 규정을 수정할 필요가 있다. 구체적으로 현행법에 정의된 배치설계의 정의를 "반도체 집적회로를 제조하기 위하여 각종 회로소자 및 그들을 연결하는 도선을 평면적 또는 입체적으로 배치한 설계"에 소프트 IP 및 펌 IP가 포함된 설계재산으로 개정하는 것이 바람직할 것이다.

예를 들어, "배치설계"란 "반도체집적회로를 제조하기 위하여 각종 회로소자 및 그들을 연결하는 도선을 평면적 또는 입체적으로 배치한 설계(이하, '설계도'라 한다)를 말하며, 반도체 IP을 포함한다"라고 규정하고, 반도체 IP의 개념을 "설계도를 구현하기 위하여 작성되는 것으로서 반도체집적회로가 가지는 기능의 전부 또는 일부를 컴퓨터 등 정보처리 장치가 인식할 수 있는 언어로 기술된 설계정보, 이러한 설계정보가 조작되어 기하학적 설계정보로의 변환이 가능하게 된 설계정보, 기하학적 설계정보로 변환된 설계정보 등의 설계정보를 포함한다"라고 정의할 수 있을 것이다.

3. 권리내용의 개정

현행 반도체 집적회로의 배치설계에 관한 법률은 반도체 배치설계 창작자의 권리를 보호하고, 배치설계의 공정한 이용을 도모하는 것을 그 목적으로 하고 있다. 여기서 말하는 이용은 배치설계를 복제하는 행위, 배치설계에 의해 반도체 집적회로를 제조하는 행위 및 배치설계, 그 배치설계에 의해 제조된 반도체 집적회로 또는 그 반도체 집적회로를 사용하여 제조된 물건을 양도, 대여하거나 전시(양도 · 대여를 위한 경우에 한한다) 또는 수입하는 행위를 말한다고 법은 정의하고 있다.

즉, 반도체 배치설계에 의해 제조된 집적회로나, 제조된 집적회로의 양도에 대해서만 규정되어 있을 뿐, 설계재산의 사용에 관해서는 정의된 바 없다. 그러나, 시스템 LSI에 관해서는 최종제품인 시스템 LSI의 디자인이 모방됨으로써, 권원없는 제3자가 시스템 LSI를 제조하고 양도하는 행위뿐만 아니라, 반도체 IP를 활용함으로써 시스템 LSI의 개발이 행하여지는 것에 유의할 필요가 있다. 즉, 현행법에서 규정된 내용과 같이, 반도체 배치설계에 의한 집적회로의 제조, 제조된 집적회로의 양도 등에 대해서만 배치설계권을 인정하는 경우, 현행법 하에서는 설계재산의 효과적인 보호가 불가능하게 되는 것이다.

따라서, 현행법의 "배치설계를 복제하는 행위, 배치설계에 의해 반도체 집적회로를 제조하는 행위 및 배치설계, 그 배치설계에 의해 제조된 반도체 집적회로 또는 그 반도체 집적회로를 사용하여 제조된 물건을 양도, 대여하거나 전시(양도·대여를 위한 경우에 한한다) 또는 수입하는 행위"를 "설계재산의 복제 및 사용행위, 설계재산에 의해 반도체 집적회로를 제조하는 행위 및 설계재산, 그 설계재산에 의해 제조된 반도체 집적회로 또는 그 반도체 집적회로를 사용하여 제조된 물품을 양도, 대여하거나 전시(양도·대여를 위한 경우에 한한다) 또는 수입하는 행위"로 개정하여 설계재산의 "사용행위"에 관해서도 설계재산의 이용행위로서 법에서 명확하게 규정할 필요가 있을 것으로 판단된다.

4. 2차적 작성권의 신설

반도체 IP의 2차적 작성권에 관한 문제는 반도체 IP의 거래와 밀접한 관련을 가지고 있다. 반도체 기술 개발 방식은 점점 더 반도체 IP 거래의 필요성을 증대시키고 있으며, 반도체 IP의 거래에 있어서 실질적으로 2차적 작성권에 관한 문제가 당사자 간에 미치는 영향이 매우 크므로, 현행법에서와 같이 2차적 작성권에 대하여 명시적인 규정을 두지 않은 것은 바람직하지 않다.

대개의 경우 2차적 배치 설계 내지 편집 배치 설계 자체도 창작성을 인정할 수 있으므로, 그에 관한 배치설계권이 설정될 수 있음은 두말할 필요가 없을 것이다. 그러나, 현행 반도체배치설계법에서는 이를 공동 창작으로 볼 것인지 2차적 배치 설계 내지 편집 배치 설계를 창작한 자만을 창작자로 볼 것인지에 대해서는 분명한 답을 도출하기에 어려움이 있다.

다만, 관행적으로 반도체 IP가 거래된 후 이를 재사용하여 새로운 반도체 IP가 만들어진 경우 원 권리자가 새로운 반도체 IP에 관하여 권리를 주장하는 경우는 매우 드문 것으로 보인다. 이러한 관행이 권리 의식의 결여에 기초한 것인지 사회적 합의에 의한 것인지 불분명하다고 할 수 있다.

대부분의 경우 거래된 가액에 따라 거래 당사자들의 진정한 의사가 달라지는 양상을 나타내고 있다. 예를 들어, 충분한 거래 대금을 받고 배치설계를 양도한 경우에는 배치설계의 개작은 물론이고 개작된 배치설계에 관한 이용이 매우 광범위하게 인정되어야 한다고 생각하는 반면에, 거래 가액이 작은 경우에는 특정 태양으로 거래대상인 배치설계를 이용하는 것에 한하여 라이센스를 한 것이라는 견해를 피력하기도 한다. 이와 같이 법적 불투명성으로 인하여 거래당사자들의 혼란이 발생하는 것은 법적 안정성을 크게 해치는 것이므로, 2차적 작성권에 관한 규정의 도입은 매우 시급하다고 할 수 있다.

다른 지적재산권과의 관계

반도체 배치설계권은 특허권과 저작권의 중간적 성격을 지니고 있다고 볼 수 있으며, 외국에서는 산업저작권(Industrial Copyright)이라고도 불리고 있다. 즉, 배치설계권의 성격으로 보면 배치설계권의 불법복제 등의 침해는 반도체 산업에 큰 영향을 미치므로 산업의 발전을 위해서는 배치설계를 산업재산권의 일종으로 보호하되, 반도체 제품의 특성상 Life Cycle이 짧기 때문에 보호기간은 비교적 단기간인 10년으로 제한하고, 그 권리를 발생시키기 위해서는 반드시 등록하여야 하는 등 법의 목적, 권리의 발생·행사 및 소멸은 특허권적 성격을 지니고 있으며, 반면에 배치설계권의 일차적 보호대상은 일종의 설계도면이며 이에 대한 창작성 여부에 관한 실체심사는 하지 않고 등록함으로써 권리가 발생한다는 점에서 저작권적 성격을 지니고 있다.

배치설계권의 보호대상으로 보면 배치설계권은 특허권 및 저작권과 구별되는데, 배치설계권의 일차적인 보호대상은 배치설계이나 실질적인 보호대상이 배치설계를 이용하되 제조된 반도체칩, 반도체칩이 내장된 최종제품(컴퓨터, 통신 기기 등)까지 확장되기 때문에 특허권적 성격이 강하나, 법령에 의한 권리발생요건인 배치설계의 창작에 대하여 신규성, 진보성 등의 특허요건을 판단하기는 불가능하므로 배치설계 그 자체에는 특허권이 성립한다고 보기는 어렵다. 또한, 배치설계권은 문학, 학술 또는 예술적 창작물을 보호하는 저작권적 개념과도 구별되며 설사, 배치설계도면이 저작권에 의해 보호된다고 할지라도 실질적 보호대상인 반도체칩 제품에 대한 보호는 불가능하므로 저작권에 의해 보호되기도 어렵다.

반도체 집적회로의 배치설계에 관한 법률을 특허법 및 저작권법과 비교하여 보면 다음과 표와 같다.

구분	특허법	저작권법	배치설계법	비고
목적	발명의 보호 및 이용도모, 기술발전의 촉진하여 산업발전에 이바지	□ 저작자의 권리보호 □ 문화의 향상발전	배치설계 창작자의 권리보호 반도체 관련산업과 기술의 진흥	산업발전과 관련 (특허권적 성격)
보호 대상	자연법칙을 이용한 기술적 사상의 창작으로서 고도한 것	□ 문학, 학술 또는 예술적 창작물 □ 아이디어의 표현	IC를 제조하기 위한 각종 회로소자 및 연결도선의 배치설계	설계도면의 일종 (저작권적 성격)
권리	□ 실시권 – 물건의 발명 – 발명의 발명	□ 저작인격권 □ 저작재산권 및 저작인접권	□ 이용권 – 배치설계 – 배치설계에 의해 제조된 IC – IC 내장 제품	□ 보호범위의 확정 □ 설정등록에 의해 발생 (특허권적 성격)
발생	등록(실체심사)	창작(무심사)	등록(방식심사)	
등록	□ 실체심사후 등록 – 신규성, 진보성 등록이 권리발생 요건	□ 무심사주의 □ 등록은 제3자에의 대항요건	□ 방식심사후 등록 □ 창작성은 무심사 □ 등록이 권리발생 요건	□ 창작성 여부의 무심사(저작권법 성격) □ 등록 (특허권적 성격)
존속 기간	설정등록이 있는 날로부터 출원일후 20년	□ 저작재산권은 생존기간 및 사망 후 50년 □ 저작인격권은 저작자 일신 귀속	설정등록이 있는 날로부터 10년	독점배타적 기간의 제한 (특허권적 성격)

chapter

5 특허법에 의한 보호

제1절 序

반도체칩 관련 발명은 주로 반도체칩이나 그 생산방법을 주로 특허대상으로 하고 있다. 특허발명의 기술적 사상이 내재적 반도체 IP 또한 반도체칩이나 생산방법과 같이 특허의 대상으로 할 수 있는지의 여부가 문제가 된다. 특허권은 실정법상의 지식재산권 중 가장 강력한 보호를 제공하므로 대부분 지식재산권 소유자는 자신의 지식재산을 특허로 보호받을 수 있기를 원하기 때문이다. 반도체 IP가 특허로서 보호받기 위해서는 i) 특허법상의 발명에 해당하고, ii) 신규성 및 iii) 진보성 등의 특허요건을 만족하여야 한다. 한편, 특허요건 등을 갖추었다고 하더라도 특허를 받기 위해서는 반도체 IP를 특허청구범위에 어떻게 기재할 수 있을지 문제가 된다.

제2절 특허요건을 만족하는지 여부

I 발명의 성립성

특허법

> 제2조 (정의)
> 이 법에서 사용하는 용어의 정의는 다음과 같다.
> 1. "발명"이라 함은 자연법칙을 이용한 기술적 사상의 창작으로서 고도한 것을 말한다.
> 2. "특허발명"이라 함은 특허를 받은 발명을 말한다.

1. 발명의 의의

「특허법상 발명」이란 자연법칙을 이용한 기술적 사상의 창작으로서 고도한 것을 말한다(法 2Ⅰ). 즉, 특허법상 발명이 되기 위해서는 i) 자연법칙을 이용한 것이어야 하고, ii) 기술적 사상이어야 하고, iii) 창작이어야 하며, iv) 그 창작의 정도가 고도한 것이어야 한다.

2. 자연법칙의 이용

(1) 자연법칙

「자연법칙」이란 사람의 감성·사고력 기타의 정신적 기능을 제외한 자연계에 존재하는 원리·원칙으로서 뉴턴의 만유인력의 법칙, 가속도의 법칙과 같이 과학상의 법칙 이외에 물이 높은 곳에서 낮은 곳으로 흐른다거나 통나무가 물에 뜨는 것과 같은 경험칙도 포함된다.

발명은 자연법칙을 이용해야 하기 때문에 자연법칙 자체는 발명이 아니다. 오히려, 자연법칙은 만들어진 것이 아니라 원래부터 존재하던 것이므로 발견의 대상이 될 뿐이다. 한편, 자연법칙에 반하는 영구운동장치 역시 발명의 대상이 될 수 없다.

(2) 자연법칙의 이용

발명은 자연법칙을 전체로서 이용하여야 한다. 발명을 이루는 구성요소 중 일부라도 자연법칙을 이용하지 않는 부분이 있는 것은 특허법상 자연법칙의 이용이라 할 수 없다.[79] 다만, 후술하는 컴퓨터 프로그램 관련 발명과 같이 자연법칙의 전체적 이용은 실무상 엄격히 적용하지 않고 있다.

발명은 출원당시의 기술수준으로 보아 일정한 확실성을 가지고 동일결과를 반복할 가능성이 있어야 한다. 다만, 이러한 확실성 또는 반복가능성은 일정 수준이면 족하지 항상 100%일 필요는 없다.[80] 오히려 개척(원천)발명일수록 그 확실성이 낮은 경우가 많을 것이다.

발명자가 자연법칙에 대해 반드시 정확하고 완전한 인식을 가질 필요는 없다. 즉, 발명자가 자연법칙을 결과로서 이용하여 경험상 그가 의도하는 기술적인 실현가능성에 대한 인식만 있으면 충분하다. 예를 들어 물이 위에서 아래로 떨어지는 성질을 이용하여 물레방아를 발명한 경우 물이 위에서 아래로 떨어지는 성질이 중력에 의한 것이라는 정확한 인식을 가질 필요는 없다.

---

79) 특허법원 2005허11094 ; 2006허8910 등.
80) 특허법원 2000허7748.

2. 기술적 사상

「기술」이란 일정한 목적을 달성하기 위한 구체적인 수단으로서 실제 이용할 수 있는 것을 의미한다. 또한, 기술은 구체성 이외에 제3자에게 그대로 전달될 수 있는 객관성이 있어야 하며, 이러한 측면에서 기능 또는 기예[81]와 구별된다.

「사상」이란 추상적이고 개념적인 착상을 말하는 것으로서 특허법상 발명은 반드시 기술일 필요는 없으며 기술적 사상이면 족하다. 즉, 발명은 기술과 같이 현실적으로 구체성을 띤 것이 아니라 장차 기술로서 실현가능성이 있으면 된다. 기술과 기술적 사상의 구별 실익은 i) 특허법상 보호범위가 기술 자체로 제한되는 것이 아니라 기술적 사상 최대한 넓게 미친다는 점과, ii) 특허대상이 구체적인 물건에 한정되는 것이 아니라 추상적인 물질·방법·용도도 포함된다는 것에 있다.

이상에서 살펴본 바와 같이 발명은 「기술적 사상」이므로 발명의 본질은 형체(形體)일 수 없으며, 비록 발명이 유형물로 구체화된다고 하더라도 형체 내에 존재하는 무형(無形)의 개념으로 이해하여야 한다.

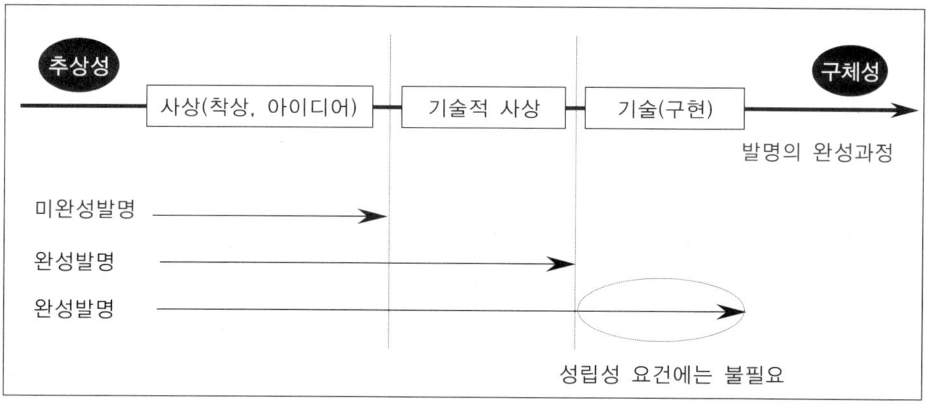

[그림 34] 기술적 사상의 의미

3. 창작성

발명은 인간의 인위적인 정신활동에 의하여 「만들어진 것」이어야 하며, 이러한 측면에서 발견과 구별될 수 있다. 구체적으로 발견은 이전부터 이미 존재한 것을 찾아내는 것이며 발명은 이전에는 없던 새로운 것을 만들어내는 것이라는 점에서 양자는 본질적으로 다르다. 예를 들어 번개에 전기적 성질이 있다는 것을 인식하는 것은 발견이지만, 낙뢰를 피하기 위해 피뢰침을 만들어내는 것은 발명이다.

81) 악기연주방법, 투구방법 등을 예로 들 수 있다.

창작성에 대하여 종래에 있었던 것인지 또는 어느 정도 개량되었는지를 따지는 것은 실익이 없다. 그와 같은 문제는 특허 부여의 요건인 신규성 및 진보성으로서 심사되는 것인바, 새로운 것을 포함하지 않더라도 창작한 것이라면 발명으로 취급한다. 즉, 창작성은 어떤 창작물을 모사(copy)하지 않는 한 인정되는 상대적인 개념이고, 신규성, 진보성은 모사 여부와는 관계없이 출원시를 기준으로 새로운 것인지 여부에 대한 절대적인 개념이다.[82)]

4. 고도성

「고도성」이란 기술적 사상의 창작으로서 그 수준이 높아야 함을 의미한다. 이러한 고도성은 특허법상의 발명과 실용신안법상의 고안과의 차이점을 두기 위한 것으로 보는 것이 판례의 태도[83)]이며, 실무에서도 발명의 성립성에서 고도성은 판단하지 않는다. 고도성의 판단 주체는 발명자이며, 발명자는 자신의 발명이 고도성이 없다고 판단하는 경우뿐만 아니라 고도성이 있다는 판단에도 불구하고 등록의 용이함을 위해 실용신안으로 출원할 수 있다.

5. 소결

기능설계는 지적창작활동으로서 특허법의 발명의 정의에도 해당하는 것으로 판단되므로, 특허요건을 만족한다면 특허법상 보호받을 수 있을 것이다. 다만, 기능설계인 성과물은 소프트 IP 자체는 하드웨어 기술언어(HDL)에 의해 기술된 데이터에 지나지 않아서 특허법상 보호대상인 발명의 개념에 포함되지 않는다.

논리설계는 논리합성 CAD에 의해 자동적으로 행하는 것이라면 논리설계 자체에 창작성이 인정되지 않으므로, 논리설계는 특허법에 의한 보호대상이 아니며, 논리설계에 의한 성과물인 펌 IP 또한 특허법에 의한 보호대상으로 볼 수는 없다. 다만, 논리설계를 논리합성 CAD에 의해 자동적으로 행하지 않은 경우에 대해서는 기능설계와 같이 생각하는 것이 가능하다. 즉, 특허요건을 만족하는 경우에는 논리설계의 수법은 방법발명으로서 특허법에 의한 보호가 가능하지만, 그 성과물인 펌 IP(논리회로) 자체는 특허법상 보호가능성에 대해 견해가 나뉠 수 있다.

논리설계와 마찬가지로, 레이아웃설계를 레이아웃 CAD를 이용함으로써 자동적으로 설계한다면, 레이아웃설계 자체에 창작성을 인정하기 어려울 것이며, 또한 그 결과물인 하드 IP 또한 특허법에 의한 보호를 받을 수는 없다고 생각된다. 한편, 레이

82) 박희섭 · 김원오, 146면 참조.

83) 특허법 제2조 제1호는 발명이라 함은 자연법칙을 이용한 기술적 사상의 창작으로서 고도한 것을 말한다고 규정하고 있는바, 특허법이 발명의 개념을 정의하면서 고도성을 드는 것은 실용신안의 고안과 구별하기 위한 것으로 기술적 사상의 창작 중 비교적 기술의 정도가 높은 것은 발명으로, 그렇지 못한 것은 고안으로 본다는 취지이다(大判 83후42, 특허법원 98허3156 등).

아웃설계를 레이아웃 CAD를 이용하지 않고 자동적으로 행하지 않는 경우에는, 레이아웃설계 수법은 지적창작활동의 일종으로서, 특허법이 정하는 일정한 특허요건을 만족하는 한 법에 의한 보호가 가능할 것이다. 그러나, 그 성과물인 하드 IP 자체는 소프트 IP나 펌 IP와 마찬가지로 현행 특허법이 정의하는 발명의 개념에 포함된다고 볼 수 없는 것이 일반적이다.

Ⅱ 발명의 신규성 및 진보성

특허법

제29조(특허요건)

① 산업상 이용할 수 있는 발명으로서 다음 각 호의 어느 하나에 해당하는 것을 제외하고는 그 발명에 대하여 특허를 받을 수 있다.

1. 특허출원 전에 국내 또는 국외에서 공지되었거나 공연히 실시된 발명
2. 특허출원 전에 국내 또는 국외에서 반포된 간행물에 게재되거나 대통령령이 정하는 전기통신회선을 통하여 공중이 이용가능하게 된 발명

② 특허출원 전에 그 발명이 속하는 기술분야에서 통상의 지식을 가진 자가 제1항 각 호의 1에 규정된 발명에 의하여 용이하게 발명할 수 있는 것일 때에는 그 발명에 대하여는 제1항의 규정에 불구하고 특허를 받을 수 없다.

1. 신규성의 의의 및 취지

「발명의 신규성(novelty)」이란 발명의 내용이 사회일반에 아직 알려지지 않는 발명으로서 「객관적 창작성」이 있는 것을 말한다. 특허법은 법 제29조 제1항에서 "산업상 이용할 수 있는 발명으로서 ⅰ) 특허출원 전에 국내 또는 국외에서 공지되었거나 공연히 실시된 발명, ⅱ) 특허출원 전에 국내 또는 국외에서 반포된 간행물에 게재되거나 대통령령이 정하는 전기통신회선을 통하여 공중이 이용가능하게 된 발명 중 어느 하나에 해당하는 것을 제외하고는 그 발명에 대하여 특허를 받을 수 있다."라고 하여 신규성 상실사유를 규정하고 있다.

특허법은 ⅰ) 신규한 발명을 공개한 자에 대해서만 공개의 대가로서 특허권을 부여하고 ⅱ) 공개된 기술을 이용하여 산업발전에 이바지하기 위해 신규성을 특허요건으로 규정하고 있다. 다만, 출원인의 이익을 위하여 신규성 상실사유를 소극적으로 규정하여 제한열거적인 신규성 상실사유에 해당하지 않는 한 신규성이 상실되지 않는 것으로 봄으로써 객관성을 확보하고 있다.

2. 진보성의 의의 및 취지

「발명의 진보성(inventive step)」이란 특허출원 전에 그 발명이 속하는 기술분야에서 통상의 지식을 가진 자가 법 제29조 제1항 각 호의 어느 하나에 규정된 공지기술로부터 용이하게 발명할 수 없는 것으로서 「주관적 창작성」을 말한다.

진보성이 없는 발명에 대하여 특허를 허여하는 것은 산업발전에 도움이 되지 아니할 뿐만 아니라 특허권의 난립으로 특허분쟁을 유발시킬 우려가 있다. 또한, 창의적인 발명보다는 남의 발명을 모방하는 경향이 짙어 발명의 질을 저하시킴으로써 오히려 산업발전을 저해하기 때문에 공지기술보다 비약적이고 누진적인 발명에 대해서만 특허를 허여하기 위해 특허요건으로서 진보성을 규정하고 있다.

3. 소결

반도체 IP 중 첫째, 펌 IP 및 하드 IP는 CAD에 의한 자동생성이 이루어지지 않는 경우에는 논리설계 및 레이아웃설계 등에 창작성을 인정할 수 있어 특허법상의 발명으로 볼 여지가 있으나, 신규성 및 진보성이라는 특허요건을 판단하기가 극히 곤란하거나 사실상 만족하기 어렵고, 둘째 소프트 IP는 하드웨어 기술 언어(HDL)로 기술된 설계재산으로서 지적창작활동의 성과물에 해당하므로 특허법상의 발명에 해당한다고 볼 수도 있으나, 이 또한 신규성이나 진보성을 만족하기가 사실상 어렵다. 반도체 IP가 대부분의 경우는 종래기술을 하드웨어기술언어에 의해 기술한 것에 지나지 않거나, 종래 기술을 단순히 조합한 것에 불과하기 때문에 신규성 또는 진보성에 위반될 가능성이 높은 것이다.[84)]

따라서, 반도체 IP를 특허로서 보호받기 위해서는 신규성, 진보성을 갖춘 기술사상이 내재된 경우로 제한되며, 특허출원 명세서의 작성방식에 따라서는 반도체 IP가 특허법의 보호영역에서 배제될 수도 있다. 또한, 동일한 기술 사상을 가진 다양한 반도체 IP가 존재할 수 있으나, 이들 각각에 대해 특허로 보호받을 가능성은 희박하다.

---

84) 배치설계(mask work)를 보호하기 위하여 배치설계권이라는 별도의 지식재산권이 탄생하게 된 배경이 배치설계가 신규성 및 진보성의 판단을 전제로 하는 특허로 보호하기 어렵기 때문이었다는 점을 고려할 때, 특허로 IP를 보호하는 데에는 여러 가지 제약과 어려움이 따르는 것이 현실이다. 구체적으로 반도체 IP라는 성과물을 얻기 위한 설계과정이 지적 활동의 결과 특허법과 관련지어 생각할 수 있으나, 그 성과물인 설계재산 그 자체는 특허법에서 보호대상으로 정의하고 있는 발명의 개념에 속하는 것으로 보기 어렵다는 것이 다수의 견해이다. 또한, 발명으로 인정된다고 하여도 그 특성상 특허요건을 모두 만족하는 설계재산이 대부분인 것은 아니므로, 설계재산이 현실적으로 현행 특허법 테두리 안에서 보호받기가 어려운 것 또한 사실이다. 즉, 특허요건을 만족할 만큼의 기술적 진보가 뛰어나지 않고 단순한 기능 블럭에 지나지 않는 설계재산은 특허법 테두리 내에서 보호가 불가능하므로, 특허법이 보호대상으로 하는 설계재산은 매우 한정적이라는 것이 특허법의 한계이다.

[표 27] 반도체 설계단계별 지식재산권에 의한 보호

구분	제품설계 단계	설계재산단계			반도체칩 단계	
		기능설계	논리설계	배치설계	마스크제작	웨이퍼가공
IP 종류		소프트 IP	펌 IP	하드 IP		
형태	개념정립	코드형태	논리소자 레벨회로	반도체소자 레벨회로	사진판	최종제품
보호방안	특허권	–	–	배치설계권	배치설계권	배치설계권

Ⅲ 해석론

현행 특허법 상의 보호대상인 발명은 "자연법칙을 이용한 기술적 사상의 창작으로서 고도한 것"이라고 정의되어 있다. 그러나, 기술은 시간이 흐름에 따라 발전하기 마련인데, 고정된 발명의 정의 규정은 기술이 발전함에 따라 탄생하는 새로운 발명의 개념을 포괄하지 못하는 문제점이 있기 때문에 발명의 정의 규정을 삭제하거나, 존속하더라도 탄력적으로 해석함이 타당하다.

현행의 심사실무에 있어서도 기술발전의 동향과 국제적 추세에 맞추어 컴퓨터 프로그램 관련 발명과 같은 경우 유연한 법 적용을 시도하고 있다. 컴퓨터 프로그램은 엄밀하게 말하면 설계재산과 마찬가지로 자연법칙을 이용하지 않아 발명의 정의 규정을 만족시키지 못하지만 일정한 제한을 둔다는 전제하에 특허법에 의한 보호를 사실상 인정하고 있다 .

구체적으로 심사기준에서, 컴퓨터 프로그램은 "시계열적으로 연결된 일련의 처리 또는 조작", 즉 절차로서 표현할 수 있을 때는 그 절차를 특정함으로써 방법발명으로서 특허가 가능하며, 또한 프로그램을 기록한 기록매체 또는 데이터 구조를 기록한 기록매체는 물건의 발명으로서 특허가 가능한 것으로 규정하고 있다.
('컴퓨터 프로그램 관련 발명'이라는 용어가 널리 사용됨)

판 례

비즈니스 방법(business method) 발명에 해당되기 위해서는 컴퓨터상에서 소프트웨어에 의한 정보처리가 하드웨어를 이용하여 구체적으로 실현되고 있어야 하며, 여기에서 「소프트웨어에 의한 정보처리가 하드웨어를 이용하여 구체적으로 실현되고 있어야 한다」는 것은 소프트웨어가 컴퓨터에 의해 단순히 읽혀지는 것에 그치지 않고, 소프트웨어와 하드웨어가 구체적인 상호 협동 수단에 의하여 사용목적에 따른 정보의 연산 또는 가공을 실현함으로써 사용목적에 대응한 특유의 정보처리장치 또는 그 동

> 작 방법이 구축되는 것을 말한다. 그리고 비즈니스 방법 발명이 발명으로서 완성되기 위해서는 특허청구범위의 기재가 단순한 아이디어를 제기하는 수준에 머물러서는 안 되고, 발명의 목적을 달성하기 위한 필수불가결한 모든 구성들이 구체적이고 명확하게 기재되어야 한다. 따라서 BM 발명이 성립하려면, 전체로서 판단된 청구항이 사람의 정신활동 등을 이용한 것이거나 단순히 컴퓨터나 인터넷의 범용적인 기능을 이용하고 있는 것이어서는 안 되고, 컴퓨터 시스템상에서 소프트웨어와 하드웨어의 구체적인 상호 협동 수단에 의하여 특정한 목적 달성을 위한 정보의 처리를 구체적으로 수행하는 정보처리장치 또는 그 동작 방법이 구축됨으로써 컴퓨터나 인터넷이 단순히 이용되는 것 이상의 새로운 효과를 발휘할 수 있는 것이어야 한다.(특허법원 2005허11094 ; 2006허8910.)

다만, 컴퓨터 프로그램을 특허법으로 보호하기 위한 방편으로 컴퓨터 프로그램과 이들의 기능을 실현시키기 위한 매체의 결합을 전제조건으로 하듯이, 반도체 IP의 경우도 마찬가지로 특정 소프트웨어에 대한 입력 데이터로서 일정한 제한(예를 들어, 반도체 IP가 저장된 기록매체와 설계재산이 결합된 형태를 취할 수 있을 것으로 판단된다)을 두고 특허법상의 보호를 인정할 수 있도록, 새로운 심사기준을 마련하는 것도 하나의 방편이 되지 않을까 생각된다.

또한, 특허법의 보호를 받기 위해서는 특허법에서 요구하는 기술사상이 특허청구범위 상에 표현되어 있을 것을 전제조건으로 하기 때문에, 그 반도체 IP 자체의 표현 형태가 아니라 기능과 사상이 표현될 수 있는 설계과정이 모두 특허청구범위 상에 표현되어야 할 것이다.

컴퓨터를 작동시키는 지령은 아니지만 결과적으로 기계인 칩 제품을 움직이기 위한 것인 설계재산의 특허법에 의한 보호 또한 전혀 고려 대상이 될 수 없는 것은 아니라고 판단된다. 그러므로 설계재산이 특허의 일부를 구성하는 형식으로 출원되는 경우 이외에 기록매체에 저장된 형태나, 나아가 특정된 설계과정에 의해 만들어진 결과물인 설계재산 자체를 특허법상 청구가능한 물건의 카테고리에 포함시켜 물건 특허로서 청구할 수도 있을 것이다. 이 경우, 반도체 IP 자체의 특허성 여부에 따라 특허의 허여 여부가 결정되는 것은 아니라, 반도체 설계과정의 특허성 인정이 문제가 될 것이다.

제3절 특허청구범위의 작성 방안

I 序

특허법 제2조 및 제94조에 의하면, 특허권자는 업으로서 그 특허발명을 실시할 권리를 독점하는데, 여기서 실시란 i) 「물건발명」의 경우에는 그 물건을 생산·사용·양도·대여 또는 수입하거나 그 물건의 양도 또는 대여의 청약(양도 또는 대여를 위한 전시를 포함한다. 이하 같다)을 하는 행위, ii) 「방법발명」인 경우에는 그 방법을 사용하는 행위, iii) 「물건을 생산하는 방법발명」인 경우에는 그 방법을 사용하는 행위 외에 그 방법에 의하여 생산한 물건을 사용·양도·대여 또는 수입하거나 그 물건의 양도 또는 대여의 청약을 하는 행위를 말한다.

한편, 특허법 제97조에 의하면, 특허발명의 보호범위는 특허청구범위에 기재된 사항에 의하여 정하여진다. 따라서, 특허청구범위에 반도체 IP를 물건발명, 방법발명, 물건을 생산하는 방법발명 중 어떤 발명으로 표현하느냐에 따라 특허권의 효력은 달라질 수 밖에 없다.

특허법

제97조(특허발명의 보호범위)
특허발명의 보호범위는 특허청구범위에 기재된 사항에 의하여 정하여진다.

제94조(특허권의 효력)
특허권자는 업으로서 그 특허발명을 실시할 권리를 독점한다. 다만, 그 특허권에 관하여 전용실시권을 설정한 때에는 제100조 제2항의 규정에 의하여 전용실시권자가 그 특허발명을 실시할 권리를 독점하는 범위 안에서는 그러하지 아니하다.

제2조(정 의)
이 법에서 사용하는 용어의 정의는 다음과 같다.
3. "실시"라 함은 다음 각 목의 1에 해당하는 행위를 말한다.
 가. 물건의 발명인 경우에는 그 물건을 생산·사용·양도·대여 또는 수입하거나 그 물건의 양도 또는 대여의 청약(양도 또는 대여를 위한 전시를 포함한다. 이하 같다)을 하는 행위
 나. 방법의 발명인 경우에는 그 방법을 사용하는 행위
 다. 물건을 생산하는 방법의 발명인 경우에는 나목의 행위 외에 그 방법에 의하여 생산한 물건을 사용·양도·대여 또는 수입하거나 그 물건의 양도 또는 대여의 청약을 하는 행위

Ⅱ 카테고리의 결정

1. 반도체 IP의 경우

반도체 IP를 특허청구범위에 물건발명으로 기재할 수 있기 위해서는 물건에 해당하여야 한다. 그런데, 앞서 살펴본 바와 같이, 민법 제98조에서 규정하고 있는 물건의 정의에 의하면, 반도체 IP는 유체물 및 전기 기타 관리할 수 있는 자연력이라고 말할 수 없기 때문에 물건발명이라 할 수 없다. 그러나, 민법상 물건의 개념이 특허법에 그대로 적용될 수는 없기 때문에 이에 대해서는 논란이 있을 수 있다.

반도체 IP가 물건발명에 해당한다면 다음과 같은 특허청구범위 기재방법을 고려해 볼 수 있을 것이다.

반도체 IP 청구항

구성요소 A; 구성요소 B; 및 구성요소 C를 포함하는 반도체 소자(또는 반도체 집적회로)를 제조하는 데에만 직접 또는 간접적으로 사용되는 반도체 설계물.

(제2형태)

반도체 소자(또는 반도체 집적회로)를 제조하는데에만 직접 또는 간접적으로 사용되는 반도체 설계물에 있어서, 상기 반도체 소자(또는 반도체집적회로)는,

구성요소 A; 구성요소 B; 및 구성요소 C를 포함하는 것을 특징으로 하는 반도체 설계물.

(제3형태)

반도체 소자(또는 반도체 집적회로)를 제조하는 데에만 직접 또는 간접적으로 사용되는 반도체 설계물에 있어서, 상기 반도체 소자(또는 반도체 집적회로)는 A, B 및 C와 결합되어,

a 단계; b 단계; 및 c 단계를 수행하는 것을 특징으로 하는 반도체 설계물.

(제4형태)

반도체 소자(또는 반도체 집적회로)를 제조하는데에만 직접 또는 간접적으로 사용되는 반도체 설계물에 있어서, 상기 반도체소자(또는 반도체 집적회로)는

a 단계; b 단계; 및 c 단계를 수행하는 것을 특징으로 하는 반도체 설계물.

2. 반도체 설계과정의 경우

반도체 설계과정은 방법발명으로 특허청구범위에 기재할 수 있다. 국내 특허법은 제2조 제3호에서 방법의 발명인 경우에는 그 방법을 사용하는 행위를 "실시"로 정의하고 있는 바, 그에 따르면 설계방법의 침해는 특허된 설계방법에 따라 설계하는 행위를 업으로 하는 경우가 될 것이다. 다만, 반도체 설계방법은 말 그대로 설계하는 방법이므로 설계방법의 특허만으로는 그 기술사상이 담긴 반도체칩이나 반도체칩의 생산방법에 대해서는 권리행사를 할 수 없다.

반도체 설계과정이 반도체 IP에 대해서도 특허권의 효력이 미치기 위해서는 설계과정을 "물건을 생산하는 방법"으로 볼 수 있는지 여부의 문제로 귀결된다. 국내 특허법은 제2조 제3호에서 특허발명이 물건을 생산하는 방법의 발명인 경우에 대해서만 별도로 그 방법의 사용행위 외에 그 방법에 의하여 생산한 물건을 사용, 양도, 대여 또는 수입하거나 그 물건의 양도 또는 대여의 청약을 하는 행위를 실시로 규정하고 있기 때문이다.

반도체 IP는 사실상 설계의 목적물일 뿐 아니라 반도체를 설계하는 과정에서 당연히 생산되므로 설계방법을 반도체 IP의 생산방법으로 해설될 여지가 있으나, 엄밀히 생산방법과 설계방법에는 차이가 있고, 반도체 IP를 "물건"으로 볼 수 있을지도 불확실한 현재 상황으로는 설계방법으로 생산방법과 동일시하는데 무리가 있다고 생각한다.

따라서, 제3자의 반도체 IP의 사용과 그 유통에 대한 특허로서의 보호를 염두에 둔다면 설계방법 외에 "반도체 설계정보를 생산하는 방법" 등과 같은 형태의 청구항도 고려해 볼만 하다고 생각한다.

제4절 반도체 특허와 침해

I 序

앞서 살펴본 바와 같이 현행법의 청구범위 기배방식에 따르면, 데이터의 일종인 설계재산이 특허법이 정하는 어느 카테고리에 포함되는지 불분명하므로, 설계재산 자체를 특허로 청구할 수 있는 방법이 없어, 설계과정을 방법특허로서 청구하거나 설계과정의 최종산물인 집적회로칩을 물건 특허로 청구하여, 상기 방법특허나 물건 특허에 설계과정에 의한 성과물이 포함되는 것으로 하여 특허를 청구하는 방식으로 특허가 가능할 뿐이다. 이 경우 제3자가 반도체 IP를 실시하였을 때 물건특허나 방법특허의 침해인지 여부가 문제된다.

Ⅱ 침해의 성립요건 및 종류

1. 침해의 의의

「특허권의 침해」란 특허권의 존속 중 정당한 권원이 없는 자가 특허발명의 보호범위에 속하는 발명을 업으로서 실시하는 것을 말한다. 한편, 특허법은 특허발명을 실시하는 직접침해 뿐만 아니라 특허발명의 실시가 아닌 경우에도 침해의 개연성이 높은 경우 법 제127조에 의해 침해로 보는 행위, 즉 간접침해를 인정하고 있다. 특허권의 침해가 있으면 특허권자는 특허권의 소극적 효력, 즉 대외적 효력에 의하여 민사 및 형사적 구제조치를 취할 수 있다. 그러나 특허법에 있는 몇 개의 특별규정으로는 그 구제가 충분하다고 할 수 없기 때문에 민법 및 형법의 일반원칙이 보충적으로 적용된다.

2. 침해의 성립요건

(1) 특허권의 존속 중 실시일 것

특허권의 침해가 성립되기 위해서는 먼저 특허권의 존속 중 실시이어야 한다. 그러므로 특허출원중의 실시 또는 존속기간의 만료, 특허료의 불납, 특허권의 포기 등으로 인해 특허권이 소멸된 후의 실시는 특허권의 침해가 아니다.

(2) 특허발명의 보호범위에 속하는 발명을 실시할 것

특허발명의 보호범위에 속하는 확인대상발명을 실시하여야 한다. 보호범위에 속하는지 여부는 먼저, 특허발명의 특허청구범위를 중심으로 하고, 발명의 상세한 설명의 참작, 공지기술의 참작, 출원경과 등을 참작하여 특허발명의 기술적 범위를 특정한 후 확인대상발명과 비교하고 구성요소완비의 원칙, 균등론 등에 판단한다. 다만, 구성요소완비의 원칙, 균등론 등에 의해 특허발명의 실시라고 할지라도, ⅰ) 특허권의 효력이 미치지 아니하는 범위(法 96), ⅱ) 재심에 의하여 회복한 특허권의 효력의 제한(法 181), ⅲ) 납부 또는 보전에 의하여 회복한 특허권의 효력의 제한(法 81의3④) 등의 법률의 제한에 해당한다면 보호범위에 속하지 않게 된다.

판 례

(구성요소완비의 원칙)

특허발명의 청구항이 복수의 구성요소로 되어 있는 경우에는 각 구성요소가 유기적으로 결합한 전체로서의 기술사상이 보호되는 것이지 각 구성요소가 독립하여 보호되는 것은 아니므로, 특허발명과 대비되는 확인대상발명이 특허발명의 청구항에 기재된 필수적 구성요소들 중의 일부만을 갖추고 있고 나머지 구성요소가 결여된 경우에는 원칙적으로 그 확인대상발명은 특허발명의 권리범위에 속하지 않는다.(대법원 2000후3449 ; 99다31513 ; 98후 2351 ; 99후2372 등.)

(균등론)

확인대상발명이 특허발명의 권리범위에 속한다고 하기 위해서는 원칙적으로 특허발명의 각 구성요소와 구성요소간의 유기적 결합관계가 확인대상발명에 그대로 포함되어 있어야 할 것이고, i) 다만 확인대상발명에 있어서 구성요소의 치환 내지 변경이 있더라도 양 발명에 있어서의 과제의 해결원리가 동일하며, ii) 그러한 치환에 의하더라도 특허발명에서와 같은 목적을 달성할 수 있고 실질적으로 동일한 작용효과를 나타내며, iii) 그와 같이 치환하는 것을 당업자가 용이하게 생각해낼 수 있을 정도로 자명하다면, iv) 확인대상발명이 특허발명의 출원시에 이미 공지된 기술 내지 공지기술로부터 당업자가 용이하게 발명할 수 있었던 기술에 해당하거나 v) 특허발명의 출원절차를 통하여 확인대상발명의 치환된 구성요소가 특허청구범위로부터 의식적으로 제외된 것에 해당하는 등의 특단의 사정이 없는 한, 확인대상발명의 치환된 구성요소는 특허발명의 대응되는 구성요소와 균등관계에 있는 것으로 보아 확인대상발명은 여전히 특허발명의 권리범위에 속한다고 보아야 할 것이다.(대법원 98후2016 ; 97후2200.)

한편, 확인대상발명의 실시가 특허발명의 실시가 아니더라도 간접침해행위(法127)에 해당한다면 보호범위에 속하게 된다.

(3) 정당한 권원없는 자의 실시일 것

정당한 권원없는 자가 특허발명을 실시하여야 한다. 예를 들어, 실시권이란 정당한 권원을 가진 자의 실시는 특허발명의 보호범위에 속하더라도 특허권의 침해가 아니다. 또한, 특허권자 또는 적법한 제조·판매권을 가진 자로부터 구입한 물품을 제3자가 실시하는 경우는 침해로 보지 않는다(消耗理論). 한편, 실시의 각 행위는 독립되어 있으며 하나의 행위가 적법해도 타행위까지 적법한 것은 아니며 각각의 실시행위별로 침해인지 여부를 판단하여야 한다(實施行爲의 獨立性).

(4) 업으로서 실시일 것

「업」으로서의 의미는 산업발전에 이바지라는 특허법의 목적에 비추어 단순히 개인적 또는 가정적인 실시를 제외하는 의미로 해석된다. 따라서 정당한 권원없는 자의 실시라 할지라도 그것이 업으로서 실시가 아닌 개인적·가정적 실시일 경우에는 공정한 경쟁질서를 저해하지 않기 때문에 특허권의 효력이 미치지 않는다. 한편, 개인적·가정적 실시가 아닌 이상 그 목적의 영리·비영리를 불문하며 1회의 실시라도 무방하다.

3. 침해의 종류

(1) 직접침해

「직접침해」란 특허권 침해의 전형적인 모습으로서 특허권의 존속기간 중 정당한 권원없는 자가 업으로서 특허발명을 실시하는 것을 말한다. 특허발명의 실시인지 여부는 구성요소완비의 원칙, 균등론 등에 의해 판단한다. 구성요소완비의 원칙이란 확인대상발명이 특허청구범위에 기재된 구성요소 전부를 실시하는 경우에 침해가 된다는 것이다. 예를 들어, 특허발명의 구성요소가 「A+B+C」인데, 제3자가 「A+B+C+D」를 실시하고 있다면 침해이지만 제3자가 「A+B」를 실시하고 있다면 침해가 아니다. 균등론이란 침해대상물의 구성요소의 일부가 특허발명의 대응되는 구성요소와 문언상은 동일하지 않더라도 서로 등가관계에 있다면 침해대상물이 특허발명의 침해에 해당한다는 것을 말한다. 예를 들어, 특허발명의 구성요소가 「A+B+C」인데 제3자가 「A+B'+C」를 실시하는 경우 균등침해가 성립하기 위해서는 i) 양 발명에서 과제의 해결원리가 동일하며, ii) 그러한 치환에 의하더라도 특허발명에서와 같은 목적을 달성할 수 있고 실질적으로 동일한 작용효과를 나타내며, iii) 그와 같이 치환하는 것을 당업자가 용이하게 생각해 낼 수 있을 정도로 자명하다면, iv) 확인대상발명이 특허발명의 출원시에 이미 공지된 기술 내지 공지기술로부터 당업자가 용이하게 발명할 수 있었던 기술에 해당하거나, v) 특허발명의 출원절차를 통하여 확인대상발명의 치환된 구성요소가 특허청구범위로부터 의식적으로 제외된 것에 해당하는 등의 특별한 사정이 없는 한, 확인대상발명의 치환된 구성요소는 특허발명의 대응되는 구성요소와 균등 관계에 있는 것이어야 한다.

(2) 간접침해

확인대상발명의 실시가 특허발명의 실시가 아니라고 하더라도 법률의 확장에 해당하는 간접침해인 경우에는 특허발명의 보호범위에 속하게 된다. 「간접침해」란 직접침해의 전단계로서 그대로 방치할 경우 침해의 개연성이 높은 일정한 하더에 대해 특허권을 침해하는 것으로 의제하는 것을 말한다. 간접침해가 성립하기 위해서는 특허권의 존속기간 중 정당한 권원없는 자가 업으로서 i) 특허가 물건의 발명인 경우에는 그 물건의 생산에만 사용하는 물건을 생산·양도·대여 또는 수입하거나 그 물건의 양도 또는 대여의 청약을 하는 하더, ii) 특허가 방법 발명인 경우에는 그 방법발명 실시에만 사용하는 물건을 생산·양도·대여 또는 수입하거나 그 물건의 양도 또는 대여의 청약을 하는 행위를 말한다.

특허법에서는 간접침해규정을 마련하여 발명의 실시가 특허발명 그 자체의 실시는 아니지만, 특허발명 일부의 실시에 해당하는 것으로서 그와 같은 실시를 방치하는 경우, 앞으로 특허권을 침해할 개연성이 높은 행위를 미연에 방지하도록 하고 있다.

즉, 그 실시를 방치한다면 결과적으로 특허권의 침해를 발생시킬 수 있는 행위를 규제하고, 실질적으로 특허권의 보호범위를 확대하고 있다.

Ⅲ 소결

1. 직접침해여부

반도체 IP을 이용하거나 유통하는 것은 반도체 집적회로의 특허나 반도체 집적회로 설계 방법특허 또는 생산하는 방법(제조방법) 특허와 관려하여 특허발명 구성요소 일부를 생략하고 실시하고 있기 때문에 구성요소완비의 원칙에 의해 직접침해가 되지 아니한다.

2. 간접침해여부

반도체 집적회로의 특허나 제조방법 특허의 간접침해가 성립하기 위해서는 반도체 IP가 반도체 집적회의 생산에만 사용되는 물건이거나 제조방법의 실시에만 사용되는 물건이어야 한다. 그런데, 앞서 살펴본 바와 같이 반도체 IP를 물건이라고 단정할 수 없기 때문에 간접침해가 성립될지 여부도 불투명하다.

따라서, 특허권의 일부를 구성하는 설계재산을 권원없는 제3자가 실시한다고 해도, 그것을 특허권의 침해로 인정하지 않으므로 특허권자가 정당한 권리행사를 할 수 없게 된다는 맹점이 있다.

제5절 기 타

Ⅰ 특허법상 보호의 기타 문제

한편, 설계과정에 특허성이 인정되어 방법특허에 포함된 형태로 특허에 의한 보호대책을 강구하고자 하는 경우 특허법에 의한 보호는 일단 특허출원이 된 특정국가에서만 가능하다는 것은 중요한 사실이다. 일반적으로 특허출원에 소요되는 비용은 만만치 않으며, 또한 등록이 되기까지 일정한 비용이 필요하며, 특허등록이 된 후에 소요되는 연차료 또한 적은 비용은 아니다.

또한, 특허는 방대한 서류를 필요로 하며 일단 특허출원이 되면 출원일로부터 1년 6개월이 된 후에 모든 특허된 발명의 내용이 공개된다. 특허법은 기술을 공개하여 공중의 이용을 도모하는 대신 특허권이라는 독점배타권을 부여하여 산업발전에 이바지하는 것을 목적으로 하기 때문이다. 그런데 설계재산의 경우 그 특성상 기술공개로 인한 폐해가 막심할 것으로 예상된다.

또한, 특허출원하여 등록을 받기까지 소요되는 기간은 아무리 빨라도 최소한 1년 6개월 이상은 걸리는 것이 보통이다. 현재 IP의 라이프 사이클을 고려하면, 특허를 받아서 그 권리를 행사할 수 있을 때까지의 기간이 너무 긴 것이 현실이다.

따라서 특허법에 의한 독점권을 행사하기 위해서는 보호를 필요로 하는 국가마다 특허출원을 하여 등록을 받아야 하므로, 그로 인하여 소요되는 만만치 않은 비용과 출원에 의한 기술공개의 위험을 감수하고, 특허출원을 하여 등록을 받았다 하더라도 그 특허된 기술이 과연 특허에 소요되는 노력을 회수할 수 있을 만큼의 경제적 가치가 있느냐 하는 것 또한 관건이다.

Ⅱ 특허법상 바람직한 보호방안

반도체 IP는 설계과정의 결과물인 설계데이터로서 창작적 표현 형태를 가짐과 동시에, 일정한 기능을 가지는 블록으로 기술적 사상 또는 내포하고 있는 이중적 특성을 가지고 있다. 특허법은 그 구체적인 표현형태만을 보호하는 저작권법과는 달리 설계재산에 내포된 기술적 사상을 보호할 수 있으므로, 그 권리보호에 있어서 강력한 보호대책이라고 할 수 있겠다. 그러나, 설계재산 자체를 특허로 청구하기보다는 시스템 LSI 설계방법이나, 설계재산에 의해 제조된 칩특허에 포함된 형태로 특허가 청구되어, 실질적인 권리행사에 문제가 있는 것이 사실이다. 따라서, 설계재산 자체를 청구하는데 있어서, 논란이 될 수 있는 발명의 정의 개념에 대한 새로운 해석과 아울러 발명의 카테고리 중의 하나에 설계재산 자체가 분류될 수 있도록 해석하는 것이 바람직할 것이다.

chapter

6 저작권법에 의한 보호

제1절 序

저작권 제도는 학문적 또는 예술적 저작물의 저작자를 보호하여 문화발전에 이바지하기 위한 제도이다. 저작권법 제1조는 "이 법은 저작자의 권리와 이에 인접하는 권리를 보호하고 저작물의 공정한 이용을 도모함으로써 문화 및 관련 산업의 향상발전에 이바지함을 목적으로 한다."고 규정되어 있다. 즉, 저작권법의 기본원리는 지식의 성과를 이용하려는 일반공공의 필요와 저작자에게 창작활동을 자극시키려는 당면한 필요성에 있다고 할 수 있다.

저작권법

제1조 (목적)
이 법은 저작자의 권리와 이에 인접하는 권리를 보호하고 저작물의 공정한 이용을 도모함으로써 문화 및 관련 산업의 향상발전에 이바지함을 목적으로 한다.

기존에는 일반 저작물 보호 등에 관한 「저작권법」과 컴퓨터프로그램저작물 보호 등에 관한 「컴퓨터프로그램 보호법」이 분리되어 있었다. 그러나, 2009년 7월 23일부터는 컴퓨터프로그램 보호법을 폐지하여 저작권법에 통합시킴으로써(저작권법 개정, 법률 제8852호) 저작권 보호정책의 일관성 유지와 효율적인 집행을 도모할 수 있게 되었다.

반도체 IP가 저작권법에 의한 보호를 받기 위해서 저작권법의 보호대상인 "저작물"에 해당하는지의 여부와 저작권법의 보호를 받는다고 하였을 때 발생할 수 있는 현실적인 문제점에 대해 살펴본다.

제2절 저작물인지 여부

I 저작물의 의의

저작권법 제2조 제1호에 의하면 저작물이란 "인간의 사상 또는 감정을 표현한 창작물을 말한다. 따라서, 저작물로서 인정되기 위해서는 i) 인간의 사상·감정일 것, ii) 표현될 것, iii) 창착성이 있을 것의 요건을 만족하여야 한다.

저작권법

제2조 (정의)
이 법에서 사용하는 용어의 정의는 다음과 같다.
1. "저작물"은 인간의 사상 또는 감정을 표현한 창작물을 말한다.

1. 인간의 사상·감정일 것

인간의 사상 또는 감정을 표현하여야 한다. 여기에서의 사상·감정은 철학적이나 숭고한 것을 요하지 않고 지적창작물로서의 저작물에 정신적인 내용이 표현되면 족하다.

판 례

저작권법에 이른 바 저작물이라 함은 표현의 방법 또는 형식의 여하를 막론하고 학문과 예술에 관한 일체의 물건으로서 사람의 정신적 노력에 의하여 얻어진 사상 또는 감정에 관한 창작적 표현물이라 할 것인 바 이 사건에서 원심이 문제된 고소인 김만희의 편저 또는 수집작인 민속도감이나 도록에 수록된 도형들은 비록 그 대상이 옛날부터 존재하던 우리나라 고유의 민속화나 전통문양이라 하더라도 그 소재의 선택 및 배열과 표현기법에 있어 고소인의 정신적 노력을 바탕으로 한 창작물이라 판단한 것을 기록에 비추어 보면 수긍이 간다.(대법원 1979.12.28. 선고 79도1482 판결)

2. 표현될 것

저작물이 되기 위해서는 사상이나 감정 등이 색채·언어 등에 의해 외부로 표현됨으로써 객관적인 존재로 되어야 한다. 인간의 두뇌로부터 분리되어 제3자가 이해할 수 있도록, 예컨대 소설이면 원고에 정리되어 있다든지, 음악이면 악보에 표시되어 있다든지 등의 구체적인 객관화가 필요하다.

저작권으로 보호되는 것은 저작상의 사상 자체가 아니라 사상의 표현이라 할 수 있다. 예를 들어, 부기방식을 설명한 책을 읽고 책에서 설명된 부기방식을 회계장부로 만들어 판매한 경우는 저작권 침해가 아니다. 부기방식은 저작권으로 보호받을 수 없는 아이디어에 해당하기 때문이다. 이를 아이디어/표현 2분법이라고 한다.

3. 창작성이 있을 것

저작물이 되기 위해서는 창작성이 있어야 한다. 창작성은 극히 상대적인 개념으로서 타인의 저작물을 보고 베낀 것이 아니라 저작자 스스로의 능력과 노력에 의해 만든 것이라면 창작성이 있다고 본다. 저작권법에서 요구되는 창작성이란 특허법에서 요구되는 신규성과는 다른 개념이다. 유사한 작품이 그 전에 수없이 존재한다 하더라도 창작성을 인정하는 데는 조금도 지장이 없으며, 심지어는 동일한 작품이 이미 존재하더라도 마찬가지이다.

판 례

저작권법에 의하여 보호되는 저작물이기 위하여는 문학·학술 또는 예술의 범위에 속하는 창작물이어야 하므로(저작권법 제2조 제1호) 그 요건으로서 창작성이 요구되나, 여기서 말하는 창작성이란 완전한 의미의 독창성을 말하는 것은 아니며 단지 어떠한 작품이 남의 것을 단순히 모방한 것이 아니고 작자 자신의 독자적인 사상 또는 감정의 표현을 담고 있음을 의미할 뿐이어서 이러한 요건을 충족하기 위해서는 단지 저작물에 그 저작자 나름대로의 정신적 노력의 소산으로서의 특성이 부여되어 있고 기존의 다른 저작자의 작품과 구별할 수 있을 정도이면 충분하다고 할 것이다.

기록에 의하여 피해자 이동기가 저술한 "세탁학기술개론"을 기존의 한국세탁업협회에서 발행한 교재들 및 서울대 김성연, 이순원 교수의 공동저작인 "피복관리학" 등과 비교하여 보면, 부분적으로는 동일, 유사한 표현이 존재하는 것은 사실이나 전체적인 구성이나 표현형식에 있어서는 위에 나온 기존의 다른 책자들과 뚜렷이 구별할 수 있다 할 것이어서 그 창작성을 인정할 수 있으므로 위 "세탁학기술개론"이 저작권법 소정의 저작물에 해당하지 아니한다고 할 수 없다(가사 이동기의 저작이 원저작물과의 관계에서 이것을 토대로 하였다는 의미에서의 종속성을 인정할 수 있어 소위 2차적 저작물에 해당한다 할지라도 원저작자에 대한 관계에서 저작권 침해로 되는 것은 별문제로 하고 저작권법상 2차적 저작물로서 보호되는 것이라 할 것이다).(대법원 1994. 8. 12. 선고 93다9460 판결)

4. 소결

반도체 IP 역시 창작성이 인정되는 경우에는 저작권법상의 저작물로 볼 여지가 있다. 그러나, 아이디어/표현 이분법에 따라 저작권법은 오로지 외부에 표현된 창작적 표현만을 보호할 뿐이고 그 표현에 내재된 아이디어는 저작권법상의 보호대상이 되지 않으며, 그 창작적 표현들(예를 들어 설계도, 소프트 IP 등) 자체를 복제·배포·개작 등을 하는 경우를 저작권 침해로 보는 것이지 그 창작적 표현물을 이용하는 결과물(예를 들어 설계도, 소프트 IP를 이용하여 건물이나 LSI Chip 등을 만드는 경우)을 만드는 경우에는 저작권법상의 침해행위에 해당되지 않는다.

Ⅱ 저작물의 예시

1. 序

저작물이란 인간의 사상·감정으로 표현된 창작물을 말하나 실제로 이러한 정의 규정만으로는 어떠한 것이 저작권법상 보호를 받는 저작물인지에 대한 판정이 어렵기 때문에, 저작권법은 제4조 제1항에서 주된 저작물을 표현형식으로 분류하여 열거하고 있다. 다만, 제4조 제1항에서 열거되지 아니한 것도 얼마든지 저작물이 될 수 있다.

저작권법

제4조 (저작물의 예시 등)

① 이 법에서 말하는 저작물을 예시하면 다음과 같다.

1. 소설·시·논문·강연·연설·각본 그 밖의 어문저작물
2. 음악저작물
3. 연극 및 무용·무언극 그 밖의 연극저작물
4. 회화·서예·조각·판화·공예·응용미술저작물 그 밖의 미술저작물
5. 건축물·건축을 위한 모형 및 설계도서 그 밖의 건축저작물
6. 사진저작물(이와 유사한 방법으로 제작된 것을 포함한다)
7. 영상저작물
8. 지도·도표·설계도·약도·모형 그 밖의 도형저작물
9. 컴퓨터프로그램저작물

반도체 IP와 관련해서는 어문저작물과 컴퓨터프로그램저작물 중 어디에 해당하는지의 여부가 문제가 되는바 이하 구체적으로 살펴본다.

2. 어문 및 도형저작물에 해당하는지 여부

(1) 의의

어문 저작물이란 소설 · 시 · 논문 · 강연 · 연설 · 각본 등 문자에 의해 표현된 저작물이다. 그러나, 단순한 표어, 슬로건, 캐치프레이즈, 제호 등에 대해서는 일반적으로 저작물성이 인정되기 어렵다. 도형 저작물이란 지도 · 도표 · 설계도 · 약도 · 모형 그 밖의 도형에 의해 표현된 저작물이다.

(2) 소결

소프트 IP는 역시 인간의 사상이 문자에 의해 표현되었고, 창작성이 있기 때문에 어문저작물로 볼 수 있다. 한편, 펌 IP는 설계도의 일종인 도형저작물로, 하드 IP는 실제 칩 상의 트랜지스터의 배치와 그 사이 도선의 배선을 2차원적인 도형정보로서 표현된 것이기 때문에 도형저작물로 볼 수 있다.

[표 28] 반도체 IP의 종류에 따른 저작물의 성립요건 고찰

종류	성립요건
소프트 IP	• 기능성계의 성과물인 소프트 IP는 컴퓨터 프로그램 저작물이라고 단언하기는 어려우며, 오히려 하드웨어 기술언어에 의해 기술된 것이므로, 일정한 표현형식으로 인간에 의해 창작적으로 기술된 언어저작물에 더 가까울 수 있으며, 언어저작물로서 저작권법의 보호대상이 될 수 있을 것으로 판단된다.
펌 IP	• 논리설계 프로세스의 하나의 성과물로서 특수한 표현 형식에 따르는 펌 IP는, 문서 또는 도면의 형태를 취하는 것이라면 설계도의 일종이라고 볼 수 있을 것이다. 따라서, 현행 저작권법상 도형저작물로서 인정하여 보호할 여지가 있을 것으로 보인다.
하드 IP	• 레이아웃설계에 의한 성과물인 하드 IP는 실제 칩 상의 트랜지스터의 배치와 그 사이의 도선의 배선을 2차원의 도형정보로서 표현된 것으로서, 인간의 사상이나 감정을 일정한 형식을 빌어 표현한 것으로 규정하는 도형저작물의 일종으로서 현행 저작권법상 보호가 가능할 것으로 판단된다.

3. 컴퓨터프로그램저작물에 해당하는지 여부

(1) 의의

저작권법 제2조 제16호에 의하면, "컴퓨터프로그램저작물"이란 특정한 결과를 얻기 위하여 컴퓨터 등 정보처리능력을 가진 장치(이하 "컴퓨터"라 한다) 내에서 직접 또는 간접으로 사용되는 일련의 지시 · 명령으로 표현된 창작물을 말한다. 즉, 컴퓨터 프로그램 저작물이 되기 위해서는 i) 특정한 결과를 얻을 수 있을 것, ii) 컴퓨터 내에서 직접 또는 간접적으로 사용되는 일련의 지시 · 명령일 것, iii) 창작물일 것에 대한 요건을 구비하여야 한다.

저작권법

제2조 (정의)
이 법에서 사용하는 용어의 정의는 다음과 같다.
16. "컴퓨터프로그램저작물"은 특정한 결과를 얻기 위하여 컴퓨터 등 정보처리능력을 가진 장치(이하 "컴퓨터"라 한다) 내에서 직접 또는 간접으로 사용되는 일련의 지시·명령으로 표현된 창작물을 말한다.

(2) 소결

하드 IP는 컴퓨터를 기능시키는 것이 아니기 때문에 컴퓨터프로그램저작물이 아님은 분명하나, 소프트 IP와 펌 IP의 경우 컴퓨터프로그램저작물이 될 수 있는지 여부가 문제이다. 소프트 IP, 펌 IP와 관련하여 문제가 되는 것은 반도체 IP가 컴퓨터 등에서 사용되는 "지시·명령"의 표현으로 평가될 수 있는지 여부이다.

대부분의 소프트 IP와 펌 IP의 경우 그 자체가 독자적으로 컴퓨터를 기능시키는 명령으로 되어 있다고는 생각하기 어렵다. 즉, CAD 툴이라고 하는 소프트웨어를 통해, 소프트 IP나 펌 IP는 컴퓨터에 의한 처리라고 하는 수동적인 작용을 받고 있는데 지나지 않기 때문이다. 즉, 소프트 IP나 펌 IP는 특정 소프트웨어에 대한 입력 데이터로서의 성격을 갖는 것이라고 해석하는 것이 적절하다.

일본의 서체 파일 사건 : IBF 파일 사건[85)]

【사실관계】
본 건에서는 메뉴 형식에 의한 퍼스널 컴퓨터용 하드 디스크 유틸리티 프로그램의 일부를 구성하는 파일에 관한 저작권에 대한 침해금지가처분이 신청되었는데, 실제로는 해당 파일의 저작물성이 쟁점이 되었다. 침해문제가 된 파일은 사용자가 선택하는 특정 애플리케이션 프로그램을 하드웨어에 인스톨하기 위한 순서나 정보를 기록한 것이었지만, 원심 결정에서는 해당 파일의 창작성을 부정하고 항고심 결정에서는 해당 파일은 프로그램 저작물이 아니라 단순한 데이터 파일에 불과하다고 해서, 어느 것이나 저작권법에 의한 보호를 부정하였다. 사안의 결론으로서는, 문제가 된 파일의 내용을 생각하면 어느 것이나 타당한 것이었다고 생각하지만 해당 파일

85) 原審 : 東京地裁 : 平年 3年2月27日 決定 地積集 23卷 1号 138면
抗訴審 : : 東京高裁 : 平年 4年3月31日 決定 地積集 24卷 1号 218면

의 일부가 OS의 커맨드의 집합으로 그대로 변환되는 것이었다는 것을 고려하면, 사안에 의거한 논거로서는 원심 결정쪽이 적절하다.[86]

【항소심 판결의 요지】
항고심 결정에서는 데이터가 프로그램 저작물이 아닌 점을 명시한 뒤에, 저작권법상의 "프로그램 저작물"에 해당하는 "전자계산기에의 지령"과 "프로그햄 저작물"이라 할 수 없는 단순한 데이터와의 경계에 대해 시사되는 부분을 볼 수 있다는 점에서 주목된다. 거기서는 본체 프로그램에 의해 규정된 일정한 기호 등이 기술된 데이터에 의해 처리가 이루어졌다고 해도, 이러한 데이터 자체는 저작권법상의 프로그램이 아닌 것을 분명히 하고 있다.

【평석】
이러한 판결 취지가 데이터와 "지시・명령"을 판별하는 기준으로서의 일반적 타당성을 갖고 있느냐에 대해서는 많은 의문이 남는 바이지만, 하드 IP나 소프트 IP와 관련해서는 타당한 것이라고 생각된다. 즉, 하드 IP나 소프트 IP가 기호 등에 따라 컴퓨터에 의한 처리가 이루어지고 있더라도, 그것은 CAD 툴이라는 프로그램에 의해 규정된 처리에 불과하다고 할 수 있는 것이므로, 하드 IP나 소프트 IP 그 자체를 "컴퓨터 등에서 사용되는 지시・명령으로 표현된 것"인 컴퓨터 프로그램이라고 해석하는 것은 불가능하다.

앞서 살펴본 바와 같이 반도체 IP를 컴퓨터프로그램으로 볼 수는 없으므로 설계재산 자체는 저작권법에 의한 보호를 받을 수 없다. 그러나 반도체 IP에 소프트웨어가 이용되거나 그 일부를 구성하는 경우 그 소프트웨어는 물론 저작권법 상의 보호대상이 될 수 있다.

86) 山神清和, 判例 ジュリスト, 1098号(1996), p. 136

제3절 저작권법에 의한 보호의 諸問題

I 序

앞 서 살펴본 바와 같이 반도체 IP의 저작물성이 인정된다면, 반도체 IP를 저작권법으로 보호할 수도 있다. 다만, 저작권법으로 반도체 IP를 보호하는 경우 다음과 같이 문제점들이 있을 수 있다.

II 존속기간

저작권법

제39조 (보호기간의 원칙)

① 저작재산권은 이 관에 특별한 규정이 있는 경우를 제외하고는 저작자의 생존하는 동안과 사망 후 50년간 존속한다. 다만, 저작자가 사망 후 40년이 경과하고 50년이 되기 전에 공표된 저작물의 저작재산권은 공표된 때부터 10년간 존속한다.

② 공동저작물의 저작재산권은 맨 마지막으로 사망한 저작자의 사망 후 50년간 존속한다.

제42조 (영상저작물 및 프로그램의 보호기간)

영상저작물 및 프로그램의 저작재산권은 제39조 및 제40조에도 불구하고 공표한 때부터 50년간 존속한다. 다만, 창작한 때부터 50년 이내에 공표되지 아니한 경우에는 창작한 때부터 50년간 존속한다.

저작권법은 특허법이 그 아이디어 자체를 보호하는 것과는 달리, 아이디어의 표현을 모방하는 것을 금지하는 것이므로, 특허보다는 저작권을 취득하는 것이 더 쉽다. 또한, 저작권의 보호기간은 저작권법 제39조 및 제42조에 의하면, 일반 저작물의 경우 저작자의 생존하는 동안과 사망후 50년, 프로그램의 경우 공표한 날로부터 50년이다. 이와 같은 저작권 보호기간은 특허권보다 길며, 특허와는 달리 출원된 국가뿐만 아니라 전 세계적으로 보호가 가능하다는 이점이 있다.

다만, 저작권법을 반도체 IP에 적용하는 경우, 상기와 같은 이점이 모두 설계재산에 효율적인 것은 아니다. 존속기간의 경우 라이프사이클이 비교적 짧은 설계재산에 있어서는 유리한 것은 아니며, 예컨대 특정 설계재산에 의해 제조된 최종산물은 집적회로의 특허에 있어서, 칩 자체의 특허권 존속기간은 만료되었음에도 불구하고 칩

특허 내에 포함된 설계재산의 저작권은 특허권의 존속기간 만료 후에도 계속 유지된다는 것이 반드시 합리적인 것은 아니다.

Ⅲ 창작성의 인정범위

저작권을 인정받기 위해서 요구되는 요건 중의 하나인 저작물의 창작성은 특허법이나 디자인보호법 등과 지식재산권과는 달리, 객관적인 것이 아니라 주관적일 것임을 요구하고 있다. 즉, 기존의 기술사상으로부터 전혀 새로울 것을 요구하는 발명의 신규성, 일정수준 이상의 기술적 진보를 요구하는 진보성과는 다른 개념이며, 그것이 실질적으로 모방하지 않고 독자적으로 창작된 것이라면, 동일한 권리의 병존이 인정되는 상대적 개념이다.

이와 같은 상대적인 개념의 창작성을 인정하므로, 다른 형태의 저작물뿐만 아니라, 반도체 IP와 관련해서도 저작권은 제한된 사용에 권리가 미친다고 할 수 있다. 즉, 고의로 타인의 저작물을 모방했다는 사실이 분명하지 않는 한, 동일하거나 유사한 형태의 저작물을 타인이 소유할 수도 있다는 사실이 인정되므로, 실제로 저작권이 침해되었다는 사실을 주장하여 그것을 입증하는 것은 현실적으로 쉬운 일이 아니다.

Ⅳ 설계재산 상호관계

1. 문제의 소재

시스템 LSI 설계에서 기능설계의 성과물(소프트 IP)은 하드웨어 기술언어(HDL)로 기술되며, 논리합성 CAD에 의해 논리설계의 성과물(펌 IP)로, 그것이 레이아웃 CAD로 레이아웃설계의 성과물(하드 IP)이 되며, 이것이 시스템 LSI에 탑재하는 칩 제품이 된다.

이 시스템 LSI 설계과정에서 창작성이 요구되는 것은 사용자로부터의 요구사양을 결정하는 과정과 요구사양을 하드웨어 기술언어에 의해 기술하여 기능설계를 만드는 과정이라고 불린다. 기능설계의 성과물로부터 논리설계의 성과물로의 변환에는 논리합성 CAD가 이용되는데, 논리합성 CAD는 반도체의 제조기술에 의존한 알고리즘으로의 재기록을 행하는 것이다. 기술적으로 보면 기능설계의 성과물로부터 논리설계의 성과물로의 변환에 창작성은 없다고 할 수 있다. 논리설계로부터 레이아웃설계로의 변환에 대해서도 같다.

다만, 기능설계의 성과물로부터 논리설계의 성과물로의 변환에서는 미세 가공기술의 제약이 크고, 그 부가가치는 무시할 수 없으며, 동일하게 논리설계로부터 레이아웃 설계로의 공정에서도 동일한 기술면의 제약이 크다는 점을 감안하여, 다음의 설계공정을 진행할 때 기술적 부가가치가 크기 때문에 2차적인 저작물이라는 해석이 있을 수 있다.

2. 2차적 저작물의 성립요건

저작권법

제5조 (2차적 저작물)

① 원저작물을 번역·편곡·변형·각색·영상제작 그 밖의 방법으로 작성한 창작물(이하 "2차적 저작물"이라 한다)은 독자적인 저작물로서 보호된다.

② 2차적 저작물의 보호는 그 원저작물의 저작자의 권리에 영향을 미치지 아니한다.

제22조 (2차적저작물작성권)

저작자는 그의 저작물을 원저작물로 하는 2차적 저작물을 작성하여 이용할 권리를 가진다.

2차적 저작물이란 기존의 저작물을 토대로 이것에 새로운 창작성이 가하여져 새로운 저작물이 작성된 경우 이 새로운 저작물을 말한다. 2차적 저작물은 기존의 원저작물과는 별도로 저작권법에 의해 보호된다. 2차적 저작물이 되기 위해서는 원저작물과는 별도로 새로운 창작성이 가하여져 있어야 한다. 기존의 저작물에 다소의 수정·증감을 가한데 불과한 것은 기존 저작물의 복제물에 불과하며, 2차적 저작물이 아니다. 아울러 어떤 저작물이 원저작물에 대해 2차적 저작물이 되기 위하여는 단순이 사상(idea), 주제(theme) 또는 소재가 동일하거나 비슷한 것만으로는 부족하고 두 저작물 사이에 실질적 유사성(substantkal similarity) 즉 사건의 구성(plot) 및 전개과정과 등장인물의 교차 등에 있어 공통점이 있어야 있다.

판 례

어떤 저작물이 원저작물에 대한 2차적 저작물이 되기 위하여는 단순이 사상(idea), 주제(theme) 또는 소재가 동일하거나 비슷한 것만으로는 부족하고 두 저작물 사이에 실질적 유사성(substantkal similarity) 즉 사건의 구성(plot) 및 전개과정과 등장인물의 교차 등에 있어 공통점이 있어야 할 것인바, "행복은 성적순이 아니잖아요"라는 동일한 제명의 이 사건 무용극과 영화가 우리나라 청소년교육의 문제점과 경쟁위주의 사회현실을 고발하고 그 해결책을 모색한다는 내용의 주제에 있어 공통점이 있고 소재에 있어서도 유사한 점이 있으나 위 무용극은 3장에 걸쳐 각 장별로 공부하다 벌 서고 시험치기를 되풀이 하는 학생들의 일상생활과 경쟁사회 속에서 시험공부에 시달려온 한 여학생이 "난 1등 같은거 싫은데... 난 남을 사랑하며 친구와 살고 싶은데... 행복은 성적순이 아니잖아"라는 독백 끝에 쓰러지는 모습 및 기진맥진하여 쓰러졌던 청소년들이 고향의 봄을 부르며 소생하듯 일어나 우리나라 어린이들이 즐기던 놀이를 벌이는 모습 등을 무용과 배경음악, 효과 등을 통하여 상징적으로 표현하고 있는 반면 위 영화는 특정된 고교 2년생들의 삶이 구체적인 스토리별로 전개되어 가면서 그들의 욕구, 갈등, 희열, 좌절 등이 학교성적과 맞물리며 투영되는 등 그 등장인물과 사건전개 등 실질적 구성면에서 현저한 차이가 있어 무용극과 영화 사이에 내재하는 예술의 존재양식 및 표현기법의 차이를 감안한다 하더라도 양자 사이에 원저작물과 2차적 저작물의 관계를 인정할 만한 실질적 유사성이 있다고 볼 수 없다.(서울민사지법 1990.9.20. 선고 89가합62247 판결)

한편, 저작권법 제21조에 의하면, 2차적 저작물의 작성은 원저작자의 2차적 저작물 등의 작성권의 범위에 속하기 때문에 원저작자의 허락을 필요로 한다. 또한, 저작권법 제5조 제2항에 의하면, 2차적 저작자의 보호는 그 원저작물의 저작자의 권리에 영향을 미치지 않기 때문에 제3자가 2차적 저작물을 이용하려고 하는 경우에는 2차적 저작물의 저작자는 물론 원저작자의 허락도 받아야 한다.

3. 소결

소프트 IP, 펌 IP 및 하드 IP는 법적으로는 등가이며, 후자는 전자의 복제물로 한다는 견해가 타당한 듯 싶다. 왜냐하면, 2차적 저작물에는 기존의 저작물에 개변을 가하여 별개의 독립된 저작물로서 보호될 정도의 창작성이 요구되므로, 반도체 IP 상호간의 변환에 있어서 저작권법에서 요구하는 창작성이란 존재하지 않는다는 것을 전제로 한다면 반도체 IP 상호간의 관계를 원저작물과 2차적 저작물로 파악하기에는 상당한 무리가 있을 것으로 판단된다.

즉, 반도체 IP 상호간의 변환은 저작권법 상의 "복제"로 규정하여 설계재산 제공자와 이용자와의 권리관계를 설정하는 것이 바람직한 것으로 판단된다. 예컨대 소프트 IP의 구매계약시 소프트 IP의 복제나 번안에 관한 사항이 포함될 경우 소프트 IP의 펌 IP나 하드 IP로의 변환을 복제로 본다면, 허락없이도 변환이 가능하지만 2차적 저작물로 인정하는 경우에는 허락없는 설계재산 상호간의 변환은 저작권 침해로 인정될 수 있다.

V 리버스 엔지니어링

1. 문제의 소재

최첨단 기술이라 할지라도, 그 기술은 과거기술의 누적된 발전 위에서 성립되는 것이며, 전혀 새로운 기술이란 사실상 존재하지 않는다고 해도 과언이 아닐 것이다. 종래에 존재하는 타인의 기술이 지닌 결점이나 문제점을 발견하고 그 개선점을 탐구하여 자신이 개발한 기술에 개선점을 반영하여 새로운 기술이 탄생하는 것을 감안하면, 리버스 엔지니어링의 기술발전에 대한 기여도를 간과할 수 없을 것이다. 그러한 의미에서, 산업계에서는 일반 공업제품에 대한 일정한 범위내의 리버스 엔지니어링은 인정되고 있는 경향이며, 지식재산권법 제도에 의해서도 산업발전이라는 법의 궁극적인 목적 달성을 위해 일정한 범위 내에서, 즉, 시험이나 연구 등의 목적을 위한 특허발명의 실시에 대해서는 특허권 등의 권리범위를 제한하고 있다. 또한, 현행 반도체 집적회로의 배치설계에 관한 법률에 의하면 레이아웃이 고정된 배치설계에 대하여 일정한 범위내에 리버스 엔지니어링을 인정해주고 있는 실정이다.

리버스 엔지니어링이란 일반적으로, 타인의 공업제품의 설계 데이터를 해석·평가하고, 그 구조나 제품 등의 기술을 탐지하는 것을 가리킨다. 반도체 IP와 관련해서는, 레이아웃(하드 IP)으로부터 넷 리스트(펌 IP)를, 혹은 넷 리스트(펌 IP)로부터 등가인 HDL 기술(소프트 IP)을, 또한 HDL 기술(소프트 IP)로부터 하드웨어 요구사양을 추출하는 것을 리버스 엔지니어링으로 생각할 수 있다.

2. 반도체 IP를 일반 저작물로 파악하는 경우

반도체 IP가 저작권법상 일반 저작물로서 인정되고, 설계재산 상호간의 변환(기능설계의 성과물 → 논리설계의 성과물 → 레이아웃설계의 성과물, 또는 그 역과정)은 저작권법상의 번안으로 파악된다면, 원권리자의 허락없이 설계재산 자체의 리버스 엔지니어링을 실행하는 경우 원칙적으로는 저작권 침해가 될 것이다. 저작권법 상 리버스 엔지니어링에 대한 명확한 법규정이 없으므로, 상기와 같은 해석에 따르면 리버스 엔지니어링을 인정하는 현행 반도체 집적회로의 배치설계에 관한 법률에 정면으로 대치되는 결과가 된다.

3. 반도체 IP를 컴퓨터프로그램저작물로 파악하는 경우

저작권법

제101조의4 (프로그램코드역분석)

① 정당한 권한에 의하여 프로그램을 이용하는 자 또는 그의 허락을 받은 자는 호환에 필요한 정보를 쉽게 얻을 수 없고 그 획득이 불가피한 경우에는 해당 프로그램의 호환에 필요한 부분에 한하여 프로그램의 저작재산권자의 허락을 받지 아니하고 프로그램코드역분석을 할 수 있다.

② 제1항에 따른 프로그램코드역분석을 통하여 얻은 정보는 다음 각 호의 어느 하나에 해당하는 경우에는 이를 이용할 수 없다.

1. 호환 목적 외의 다른 목적을 위하여 이용하거나 제3자에게 제공하는 경우
2. 프로그램코드역분석의 대상이 되는 프로그램과 표현이 실질적으로 유사한 프로그램을 개발·제작·판매하거나 그 밖에 프로그램의 저작권을 침해하는 행위에 이용하는 경우

반도체 IP를 컴퓨터프로그램저작물로 파악하는 경우, 저작권법 제101조의 4에 의하면, 정당한 권한에 의하여 프로그램을 이용하는 자 또는 그의 허락을 받은 자는 호환에 필요한 정보를 쉽게 얻을 수 없고 그 획득이 불가피한 경우에는 해당 프로그램의 호환에 필요한 부분에 한하여 프로그램의 저작재산권자의 허락을 받지 아니하고 프로그램코드 역분석(리버스 엔지니어링)을 할 수 있다.

따라서, 이와 같은 경우 반도체 IP 상호간의 변환은 저작권의 침해가 되지 않을 것이다.

4. 소결

반도체 IP에 있어서 리버스 엔지니어링이 인정될 수 있는 경우를 몇 가지 예로 들어보면 다음과 같다.

첫째, 일반적으로 설계재산의 제공을 받은 사람이 스스로 개발 제조하려고 하는 시스템 LSI의 요구사양과 비추어 보아, 제공을 받은 설계재산의 동작 사양이 합치하는가의 여부를 확인하고, 만약 합치하지 않는 경우에는, 그 설계재산에 포함되는 알고리즘을 추출하여 시스템 LSI의 요구사양에 맞도록 설계재산 기술의 일부 또는 전부를 변경할 필요가 있는 경우가 있을 것이다. 이러한 것은 시스템 LSI를 개발 제조함에 있어서 불가피한 행위이며, 그러기 위해서는 제공을 받은 설계재산의 복제·번안 등의 이용함에 있어서는 계약에 의해 이용허락을 받아 놓을 필요가 있으며, LSI의 개발 제조에 필요

한 설계재산의 복제나 번안의 허락이 있는 경우, 특히 리버스 엔지니어링에 따른 복제·번안 등에 대해서 명시적인 허락이 없더라도, 시스템 LSI의 요구사양에 합치시키는 전제로서 설계재산의 리버스 엔지니어링에 따른 복제·번안에 대해서도, 시스템 LSI의 개발제조에 필요한 행위로서 허락이 이루어져 있다고 해석할 수 있을 것이다.

둘째, 제공을 받은 설계재산을 시스템 LSI의 개발 제조에는 이용하지 않고, 제공을 받은 설계재산에 의거하여, 그것과 아이디어를 공통으로 하여 기능호환의 설계재산으로 다시 만들기 위한 리버스 엔지니어링과, 그것에 따른 복제·번안을 인정해야 할지의 여부도 문제가 될 것이다. 결과적으로 독립적인 저작물로 인정되는 설계재산이 생성된다고 하더라도, 계약에 의해 설계재산을 제공받고 대가를 지불하고 있는 한, 사양에 맞추어 설계재산을 가공변경하는 경우와 마찬가지로 인정하는 것이 공평할 것이다.

셋째, 순수한 연구목적을 위해, 특히 비영리 교육기간 또는 연구기관에서 설계재산의 리버스 엔지니어링 및 그것에 따른 복제·번안의 경우이며, 이것이 계약에 의한 허락이 없어도 당연히 허용되어야 할 것인가 하는 것이 궁극적인 문제이다. 현행 저작권법에 의하면, 비영리 목적을 위한 저작물 이용의 몇가지 형태를 규정하여 일정한 범위내에서 저작권을 제한하고 있다. 설계재산을 저작물의 일형태로 인정한다면, 순수한 연구목적을 위한 연구기관에서의 설계재산의 리버스 엔지니어링 및 그에 따른 복제나 번안은 저작물의 공정한 이용에 해당된다고 할 수 있을 것이다. 또한, 이러한 관점에서는 설계재산도 컴퓨터 프로그램과 같은 기술적 성과물이므로, 반도체 IP에 대해서도 컴퓨터 프로그램에 리버스 엔지니어링이 허용되는 이유와 같은 명분으로 리버스 엔지니어링을 인정하는 것이 타당할 것이다.

chapter

7 부정경쟁방지 및 영업비밀에 관한 법에 의한 보호

제1절 序

인간이 태어나서 죽을 때까지의 생활은 경쟁을 떠나서는 생각할 수 없으다. 경쟁은 사회·경제발전의 원동력이고, 경쟁을 떠나서 지속적 사회발전을 기대할 수 없기 때문이다.

경쟁을 최광의의 의미로 파악할 때 진화론적 입장에서는 진화와 퇴보를 뜻하지만, 부정경쟁방지 및 영업비밀보호에 관한 법률에서의 경쟁이란 영업활동의 주체가 시장경제체제에서 양호한 영업환경과 생존환경을 취득하고 경제적 효용을 극대화할 수 있는 여건을 조성하는 것 뿐만 아니라, 경쟁상대자의 적극적 경영활동을 억제 또는 배제하는 것을 말한다. 따라서 경쟁은 필연적으로 적극적 작용과 소극적 작용을 수반한다.

경쟁의 적극적 작용이란 시장에서 영업활동의 주체가 적극성을 발휘하여 실패가능성을 극복하고, 지속적인 연구개발을 통한 신기술을 개발하여 시장에 우수한 저가의 상품을 제공하고, 이를 통하여 사회자원을 합리적으로 배분하여 사회발전을 촉진시키고 소비자에게 이익을 가져다주는 것을 말하며, 경쟁의 소극적 작용이란 영업활동 주체가 적극적 작용과정 중에서 규모의 경제를 실현하기 위하여 생산설비 등의 자본을 집중하거나, 치열한 시장경쟁에서 생존하기 위하여 경업자의 신용에 무단 편승 등의 부정경쟁행위를 하는 것을 말한다.

경쟁의 소극적 작용에 대하여 구체적으로 살펴보면 첫째, 자본집중은 규모의 경제를 실현하기도 하지만 일정 범위를 넘어서면 독점을 조장하여 경쟁의 적극적 작용을 방해하여 경쟁을 배제시킬 뿐만 아니라, 제품공급을 감소시켜 생산효율성을 저하시키고 사회발전을 저해하여 소비자에게 불이익을 초래한다. 둘째, 부정경쟁행위는 시장에서 자신의 이익을 위하여 부정수단을 사용하거나 또는 무단으로 타인의 연구노력 성과를 도용하고, 타인의 신용에 무단편승하거나, 허위과장광고 또는 경쟁상대방에 대한 비방 등의 행위를 통하여 정당한 경쟁자와 소비자의 이익을 해친다. 따라서 시장경제체제를 취하고 있는 국가에서는 경쟁의 소극적 작용을 억제하고, 적극적 작용을 촉진시키기 위하여 정도에 따라 차이는 있으나 자본집중과 부정경쟁행위를 방지하기 위한 경제정책을 시행하고 있으며, 우리나라는 자본집중의 방지를 통한 자유로운 경쟁을 촉진시키기 위하여 독점규제 및 공정거래에관한법률을, 부정경쟁행위의 방지를 통한 건전한 거래질서를 확립하기 위하여 부정경쟁방지 및 영업비밀보호에 관한 법률을 제정·시행해오고 있다.

부정경쟁방지 및 영업비밀에 관한 법률

제1조 (목적)
이 법은 국내에 널리 알려진 타인의 상표·상호(商號) 등을 부정하게 사용하는 등의 부정경쟁행위와 타인의 영업비밀을 침해하는 행위를 방지하여 건전한 거래질서를 유지함을 목적으로 한다.

부정경쟁방지 및 영업비밀에 관한 법률(이하 "부정경쟁방지법"이라 함) 제1조는 "이 법은 국내에 널리 알려진 타인의 상표·상호(商號) 등을 부정하게 사용하는 등의 부정경쟁행위와 타인의 영업비밀을 침해하는 행위를 방지하여 건전한 거래질서를 유지함을 목적으로 한다."고 규정되어 있다. 즉, 시장에서 자신의 이익을 위하여 부정수단을 사용하거나 또는 무단으로 타인의 연구노력 성과를 도용하고, 타인의 신용에 무단편승하거나, 허위과장광고 또는 경쟁상대방에 대한 비방 등의 행위를 통하여 정당한 경쟁자와 소비자의 이익을 해치는 부정경쟁행위의 방지를 통해 기업의 경쟁력을 높이고 건전한 거래질서를 확립함과 동시에, 기업의 기술개발 및 이전 계약 등의 촉진, 그리고 특허권이나 저작권으로 보호받기가 어려운 기술적 정보(예컨대 자연법칙과 기초과학상의 발견, 연산법과 수학공식, 화학제품의 미묘한 조합, 온도·성분에 관한 기술적 노하우, 특허요건에 부합되지 않는 기술적 사상 등)나 비밀로 간직하고 있는 관리비결 등 경영상의 정보, 영업상의 아이디어 등도 법적으로 보호받을 수 있게 함으로써 특허제도와 저작권제도를 보완하는 기능을 하여 국가 전체적인 차원에서 건전한 상거래의 활성화를 통한 산업발전에 기여하는 것을 목적으로 한다.

반도체 IP가 부정경쟁방지법상 보호를 받기 위하여, i) 반도체 IP와 관련된 부정경쟁행위가 있을 수 있는지 여부, ii) 반도체 IP가 영업비밀로서 보호받을 수 있는지 여부에 대해 살펴본다.

제2절 부정경쟁행위에 해당하는지 여부

I 부정경쟁행위의 의의

부정경쟁행위 금지의 법리는 영업주체가 시장에서 거래(사업활동)를 함에 있어서, 공정한 거래관행에 반하는 행위는 금지되어야 한다는 법리에 기초를 두고 발전되어 왔다.

어떤 행위가 공정한 거래관행에 반하는 행위인지에 대하여 세계 최초로 부정경쟁방지법을 제정한 독일 부정경쟁방지법을 보면, 영업거래 중 선량한 풍속에 위반하는 행위(제1조), 오인유발 광고행위(제3조), 허위의 파산재단 상품판매(제6조), 제조상 또는 도매상의 최종소비자에 대한 직접 판매행위(제6a조), 최종소비자에 대한 권리증서 발행행위(제6b조), 다단계 판매행위(제6c조), 바겐세일(제7조), 창고정리(제8조), 영업수뢰행위(제12조), 신용훼손행위(제14조), 비방행위(제15조), 영업비밀 침해행위(제17조), 견본 도용 및 공개행위(제18조) 등을 규정하고 있다.

II 부정경쟁행위의 유형

부정경쟁방지법 제2조 제1호는 ""부정경쟁행위"란 다음 각 목의 어느 하나에 해당하는 행위를 말한다."라고 규정하고, 구체적인 부정경쟁행위로서 9가지 유형을 예시하고 있으나, 크게 보아 혼동초래행위, 저명상표 희석행위, 오인유발행위, 대리인 또는 대표자의 무단 상표사용행위, 사이버스쿼팅, 형태모방행위 등 6개의 유형으로 나누어 설명할 수 있다.

부정경쟁방지 및 영업비밀에 관한 법률

> 제2조 (정의)
> 이 법에서 사용하는 용어의 뜻은 다음과 같다.
> 1. "부정경쟁행위"란 다음 각 목의 어느 하나에 해당하는 행위를 말한다.
>   가. 국내에 널리 인식된 타인의 성명, 상호, 상표, 상품의 용기·포장, 그 밖에 타인의 상품임을 표시한 표지(標識)와 동일하거나 유사한 것을 사용하거나 이러한 것을 사용한 상품을 판매·반포(頒布) 또는 수입·수출하여 타인의 상품과 혼동하게 하는 행위
>   나. 국내에 널리 인식된 타인의 성명, 상호, 표장(標章), 그 밖에 타인의 영업임을 표시하는 표지와 동일하거나 유사한 것을 사용하여 타인의 영업상의 시설 또는 활동과 혼동하게 하는 행위

다. 가목 또는 나목의 혼동하게 하는 행위 외에 비상업적 사용 등 대통령령으로 정하는 정당한 사유 없이 국내에 널리 인식된 타인의 성명, 상호, 상표, 상품의 용기·포장, 그 밖에 타인의 상품 또는 영업임을 표시한 표지와 동일하거나 유사한 것을 사용하거나 이러한 것을 사용한 상품을 판매·반포 또는 수입·수출하여 타인의 표지의 식별력이나 명성을 손상하는 행위

라. 상품이나 그 광고에 의하여 또는 공중이 알 수 있는 방법으로 거래상의 서류 또는 통신에 거짓의 원산지의 표지를 하거나 이러한 표지를 한 상품을 판매·반포 또는 수입·수출하여 원산지를 오인(誤認)하게 하는 행위

마. 상품이나 그 광고에 의하여 또는 공중이 알 수 있는 방법으로 거래상의 서류 또는 통신에 그 상품이 생산·제조 또는 가공된 지역 외의 곳에서 생산 또는 가공된 듯이 오인하게 하는 표지를 하거나 이러한 표지를 한 상품을 판매·반포 또는 수입·수출하는 행위

바. 타인의 상품을 사칭(詐稱)하거나 상품 또는 그 광고에 상품의 품질, 내용, 제조방법, 용도 또는 수량을 오인하게 하는 선전 또는 표지를 하거나 이러한 방법이나 표지로써 상품을 판매·반포 또는 수입·수출하는 행위

사. 다음의 어느 하나의 나라에 등록된 상표 또는 이와 유사한 상표에 관한 권리를 가진 자의 대리인이나 대표자 또는 그 행위를 한 날부터 1년 이전에 대리인이나 대표자이었던 자가 정당한 사유 없이 해당 상표를 그 상표의 지정상품과 동일하거나 유사한 상품에 사용하거나 그 상표를 사용한 상품을 판매·반포 또는 수입·수출하는 행위

(1) 「공업소유권의 보호를 위한 파리협약」 (이하 "파리협약"이라 한다) 당사국

(2) 세계무역기구 회원국

(3) 「상표법 조약」의 체약국(締約國)

아. 정당한 권원이 없는 자가 다음의 어느 하나의 목적으로 국내에 널리 인식된 타인의 성명, 상호, 상표, 그 밖의 표지와 동일하거나 유사한 도메인이름을 등록·보유·이전 또는 사용하는 행위

(1) 상표 등 표지에 대하여 정당한 권원이 있는 자 또는 제3자에게 판매하거나 대여할 목적

(2) 정당한 권원이 있는 자의 도메인이름의 등록 및 사용을 방해할 목적

(3) 그 밖에 상업적 이익을 얻을 목적

자. 타인이 제작한 상품의 형태(형상·모양·색채·광택 또는 이들을 결합한 것을 말하며, 시제품 또는 상품소개서상의 형태를 포함한다. 이하 같다)를 모방한 상품을 양도·대여 또는 이를 위한 전시를 하거나 수입·수출하는 행위. 다만, 다음의 어느 하나에 해당하는 행위는 제외한다.

> (1) 상품의 시제품 제작 등 상품의 형태가 갖추어진 날부터 3년이 지난 상품의 형태를 모방한 상품을 양도·대여 또는 이를 위한 전시를 하거나 수입·수출하는 행위
> (2) 타인이 제작한 상품과 동종의 상품(동종의 상품이 없는 경우에는 그 상품과 기능 및 효용이 동일하거나 유사한 상품을 말 한다)이 통상적으로 가지는 형태를 모방한 상품을 양도·대여 또는 이를 위한 전시를 하거나 수입·수출하는 행위

1. 상품주체 및 영업주체에 대한 혼동초래행위

"혼동초래행위"란 국내에 널리 인식된 타인의 상품 또는 영업표지와 동일 또는 유사한 표지를 사용하거나, 유사한 표지를 사용한 상품을 유통시킴으로써 수요자로 하여금 타인의 상품 또는 영업에 관하여 혼동을 초래하게 하는 행위를 말한다.

국내에 널리 알려진 표지에 대한 혼동초래행위를 금지하는 이유는 타인의 신용에 무임승차하여 이익을 취하는 부정경쟁행위를 금지시켜 특정 영업주체의 이익을 보호하는 한편, 소비자를 포함하는 일반 수요자도 보호함으로서 공정한 경쟁질서를 유지하는데 그 목적이 있다.

2. 저명상표 희석행위

"저명상표 희석행위"란 국내에 널리 인식된 타인의 상품 또는 영업표지를 비상업적 사용 등 대통령령이 정하는 정당한 사유 없이 사용하거나, 사용한 상품을 판매·반포 등을 하여 타인표지의 식별력이나 명성 등을 손상시키는 행위를 말하며, 전술한 혼동초래행위와의 차이점은 혼동초래행위가 소비자 혼동에 주안점을 두고 있는데 반하여, 희석행위는 상표와 관련된 식별력 또는 신용(good will)을 약화시키는 희석화(dilution)[87] 행위에 중점을 둔다는 것이다. 즉, "혼동초래행위"는 소정의 표지가 상품·영업의 소비자 또는 거래자에게 현저하게 인식되어 있음을 요구하지만, "저명상표 희석행위"는 출처의 혼동이나 경쟁관계의 존재를 요구하지 아니하므로 해석상 요구되는 소위 "저명성"보다는 약화된 것이라고 볼 수 있고, 이를 판단함에 있어서는 그 표지의 사용, 공급, 영업활동의 기간, 방법, 태양 및 거래범위 등과 그 거래실정 또는 사회통념상 객관적으로 널리 알려져 있느냐의 여부 등을 일응의 기준으로 하여 합목적적으로 판단하여야 한다[88].

87) "희석화"란 상표권자의 상표와 출처의 혼동(confusion)이나 경쟁관계(competition)가 없음에도 불구하고 상표의 식별력을 희석시키는 행위를 말하며, 특히 유명상표의 경우 이종상품에 사용된다 하더라도 유명상표의 이미지, 광고 선전력, 고객흡인력 등이 희석화되는 현상을 방지하기 위해 발전된 이론이다.
88) 서울지법 2003. 8. 7. 선고 2003카합1488 판결

3. 원산지 · 생산지 또는 제품의 질 · 양 등의 오인유발행위

"오인유발행위"란 상품이나 그 상품의 광고 등에 거짓의 원산지 · 출처지 표시를 하거나, 또는 타인의 상품을 사칭하거나 상품의 품질 · 내용 · 제조방법 · 용도 · 수량 등을 오인하게 하는 행위를 말한다. 이러한 행위는 특정 영업자 개인의 이익을 침해하는 혼동초래행위와는 달리 경쟁자 전체에 대한 이미지 및 고객획득 가능성을 훼손시키는 행위임과 동시에 시장의 공정경쟁을 해치는 행위로서 그 일차적 피해자는 일반 소비자이다. 따라서 오인유발행위의 금지는 허위 · 과대광고를 통한 상품의 판매행위를 규제하여 경쟁자 보호보다는 소비자를 보호하는데 그 목적이 있으며, 오인유발행위를 초래하는 표지 또는 타인의 상품이 주지성을 획득해야 하는 것은 그 요건이 아니다.

소비자 보호를 위한 표시 · 광고행위에 대하여는 표시 · 광고의 공정화에관한법률에서도 규정하고 있으나, 부정경쟁방지 및 영업비밀보호에 관한 법률은 사법적 규율에 주안점을 둔 반면, 표시 · 광고의공정화에관한법률은 공법적 규율에 주안점을 두고 있으며, 오인유발 행위는 형법에 의한 사기행위에 해당하여 처벌받을 수도 있고, 경범죄처벌법에 의한 허위광고 행위로 처벌받을 수도 있다.

4. 대리인 또는 대표자의 무단 상표사용행위

"대리인 또는 대표자의 무단 상표사용행위"란 국제성을 가진 상표의 대리인 또는 대표자이거나 대리인 또는 대표자였던 자가 정당한 사유없이 무단으로 등록된 상표를 사용하는 행위를 말한다. 보호대상 상표는 파리협약 당사국, 세계무역기구 회원국 또는 상표법조약의 체약국에 등록된 상표이다.

이는 2001년 2월 부정경쟁방지 및 영업비밀보호에 관한 법률 개정시 파리협약 제6조의7 제2항의 내용을 수용하여 추가된 부정행위 유형이다. 따라서 미국에서 등록상표권을 가지는 자는 우리나라에서 등록상표권을 갖지 않고 또한 그 상표가 우리나라에서 주지성을 취득하지 않더라도 그 대리인이 우리나라에서 무단으로 당해 상표를 그 상표의 지정상품과 동일하거나 이와 유사한 상품에 사용하거나 그 상표를 사용한 상품을 판매 · 반포 또는 수입 · 수출할 경우, 이를 금지할 수 있고 손해배상도 청구할 수 있다.

5. 사이버스쿼팅

"사이버스쿼팅"이란 도메인이름에 대하여 "정당한 권원이 없는 자"가 부정한 목적 또는 상업적 이익을 얻을 목적으로 국내에 널리 인식된 타인의 성명 · 상호 · 상표 그 밖에 표지와 동일하거나 유사한 도메인이름을 등록 · 보유 · 이전 또는 사용하는 행위를 말한다.

이는 온라인 상의 거래질서를 혼란시키고 정당한 권리자의 영업상 손실 및 상품이나 서비스출처에 대한 혼동을 야기시키는 행위를 금지하기 위하여 2004년 1월 부정경쟁방지 및 영업비밀보호에 관한 법률 개정시 추가된 부정경쟁행위 유형으로, 개정 전에는 혼동초래행위 또는 유명상표 희석행위에 포함되는 것으로 해석되어 왔다.

법 개정 전의 사이버스쿼팅과 관련되는 판례는 주지·저명한 상표를 도용하여 웹사이트를 개설하고, 당해 상표의 지정상품과 동일 또는 유사한 영업에 이용한 경우 상표권 침해 또는 부정경쟁행위에 해당한다고 판시하고 있으나[89], 자동차 분야에서 널리 알려진 ROLLS-ROYCE 상표를 rolls-royce.co.kr 도메인 이름으로 등록하고 배너광고 없이 모든 정보를 무료로 공개 운영하는 웹사이트 개설에 대한 상표권침해 및 부정경쟁행위 금지 사건에 있어 대법원은 부정경쟁방지 및 영업비밀보호에 관한 법률 제2조 제1호 (가)목, (나)목의 혼동행위와 (다)목 소정의 식별력 또는 명성의 손상행위에 해당하지 아니한다.[90]"고 판시하고 있다.

그러나, 사이버스쿼팅 규정이 신설됨에 따라, 국내에서 주지성을 획득한 상표 등 표지에 대해서는 당해 상표 등의 지정상품과 동일·유사한 영업에의 사용과 관계없

---

89) "도메인 이름 'webplus.com'은 'WEB+'라는 상표를 사용하는 상표권자의 상표와 유사하고, 위 도메인 이름의 등록인은 도메인 이름에 대한 권리 또는 정당한 이익을 가지고 있지 아니하며 또한 위 도메인의 이름을 부정한 목적으로 등록 및 사용하고 있으므로, 위 상표권자는 위 도메인 이름의 등록인에 대하여 도메인 이름의 이전 및 사용금지를 청구할 권리가 있고(서울지법 2004. 1. 30. 선고 2002가합29744 판결), 마스터카드(MasterCard)는 국내에 널리 인식된 마스타카드 인터내셔널 인코포레이티드의 상표 또는 서비스표이고, 위 회사가 'mastercard.com'이라는 인터넷 도메인 네임을 이용한 홈페이지에서 홈쇼핑업을 영위하고 있는 점과 신용카드업체가 인터넷 홈쇼핑업을 함께 영위하는 것이 일반적인 추세인 점 등에 비추어 볼 때, 'mastercard.co.kr'이라는 도메인 네임으로 접속되는 홈페이지에서 홈쇼핑업 또는 이와 유사한 영업을 하게 된다면, 이는 부정경쟁방지 및 영업비밀보호에 관한 법률 제2조 제1호 (나)목의 '타인의 영업상의 시설 또는 활동과 혼동을 일으키게 하는 행위'에 해당하고, 'mastercard.co.kr'이라는 도메인 네임을 등록하고 홈쇼핑업무와 유사한 웹메일카드서비스 업무를 준비하는 행위를 부정경쟁행위의 준비행위로 보아 금지 또는 예방을 청구할 수 있다(서울지법 2000. 9. 8. 선고 2000가합6471 판결)"고 판시하고 있다. 그리고, "등록상표와 동일·유사한 도메인 이름을 등록한 후 웹사이트를 개설하여 등록상표의 지정상품과 동일·유사한 상품을 판매하는 경우에는, 그 웹사이트 내에 등록상표를 직접 표시하거나 그 상표와 연관이 있는 듯한 표시를 하지 아니하더라도 등록상표와 동일하거나 유사한 도메인 이름에 이끌려 그 웹사이트를 방문한 수요자들로서는 그 웹사이트에서 판매하는 등록상표의 지정상품과 동일·유사한 상품을 등록상표권자의 상품으로 오인할 여지가 있으므로, 이러한 경우에는 도메인 이름의 등록·사용이 상표법상의 상표적 사용에 해당하여 상표권의 침해를 구성하고, 웹브라우저의 주소창에 도메인 이름을 입력하면 곧바로 다른 웹사이트로 이동하도록 하는 소위 포워딩 방식에 의한 도메인 이름의 사용도, 그 실질은 최초에 입력한 도메인 이름으로 웹사이트를 개설하여 상품을 판매하고 있는 것과 다를 바가 없으므로 상표법상 상표적 사용에 해당한다(서울지법 2004. 1. 15. 선고 2003가합24685 판결)"고 판시하고 있다.

90) 대법원 2004. 2. 13. 선고 2001다57709 판결. 이 판결의 주요요지는 "도메인 이름의 요부가 저명한 등록상표와 동일하기는 하나, 상표법에서 규정하는 상표권 침해행위가 되기 위해서는 타인의 등록상표와 동일한 상표를 그 지정상품과 유사한 상품에 사용하거나, 타인의 등록상표와 유사한 상표를 그 지정상품과 동일 또는 유사한 상품에 사용하는 행위가 있어야 하는데, 위 도메인 이름하에 운용되는 웹사이트에서 등록상표권의 지정상품과 동일 또는 유사한 상품을 취급하거나, 등록서비스표의 지정서비스업과 동일·유사한 영업을 취급한 사실이 전혀 없다면 위 웹사이트를 통해 등록상표권을 침해하였거나 침해할 우려가 있다고 볼 수 없어, 등록상표와 동일한 이름을 도메인 이름으로 사용한 것만으로는 상표법 제66조에서 규정하는 상표권 침해행위에 해당한다고 보기 어렵고, 도메인 이름의 양도에 대한 대가로 금원 등을 요구하는 행위는 도메인 이름을 상품 또는 영업임을 표시하는 표지로 사용한 것이라고는 할 수 없어서, 부정경쟁방지 및 영업비밀보호에 관한 법률 제2조 제1호 (가)목, (나)목의 혼동행위나 같은 호 (다)목 소정의 식별력 또는 명성의 손상행위에 해당하지 아니한다고 판시하고 있다.

이 보호받을 수 있으며, 행위자에 대하여 부정경쟁행위의 대상이 된 도메인이름의 말소를 청구할 수 있다(법제4조).

6. 형태모방

"형태모방"이란 타인이 개발·제작한 상품형태를 모방하여 자기의 상품으로 시장에 제공하는 행위를 말한다. 이는 2004년 1월 부정경쟁방지 및 영업비밀보호에 관한 법률 개정시 추가된 부정경쟁행위 유형으로, 개정전에는 동법 제2조 제1호 (가)목 규정에 의하여 제한적으로 보호받아 왔다[91].

상품주체에 대한 혼동초래행위(제2조제1호가목)와 신설된 형태모방금지(제2조제1호자목) 규정을 비교해보면, 제2조 제1호 (가)목의 보호대상이 되기 위해서는 상품표지로서의 상품형태가 식별기능 및 출처표시기능을 구비해야 하고, 국내에서 주지성을 획득해야 하며, 혼동의 우려가 있어야 한다. 그러나 제2조 제1호 (자)목의 보호대상 상품형태는 이러한 요건이 충족되지 않더라도 보호받을 수 있으며, 상품의 형태가 갖추어진 날로부터 3년이 경과하여 특정상품의 표지로서 식별기능 및 출처표시기능을 구비하고 국내에서 주지성을 획득하게 되면 제2조 제1호 (가)목의 보호대상이 된다.

따라서, 형태모방 금지 규정이 신설됨에 따라, 새로이 개발·제작된 상품의 형태는 그 차별적 특징이 거래자 또는 수요자에게 특정한 출처의 상품임을 연상시킬 정도로 개별화되지 않았더라도 보호받을 수 있고, 또한 상품의 형태가 갖추어진 날로부터 3년이 경과하여 특정상품의 표지로서 식별기능 및 출처표시기능을 구비하고 국내에서 주지성을 획득했다면, 제2조 제1호 (가)목의 보호대상이 되어 보호받을 수도 있다.

Ⅲ 소결

반도체 IP와 관련된 부정경쟁행위는 부정경쟁방지법 제2조 제1호 가목의 "국내에 널리 인식된 타인의 성명, 상호, 상표, 상품의 요기, 포장 기타 타인의 상품임을 표시한 표지와 동일 또는 유사한 것으로 사용하거나 이러한 것을 사용한 상품을 판매, 반포 또는 수입, 수출하여 타인의 상품과 혼동을 일으키게 하는 행위"를 고려해 볼 수 있다.

---

91) 관련 판례를 보면, "일반적으로 상품의 형태나 모양은 상품의 출처를 표시하는 기능을 가진 것은 아니고, 다만 어떤 상품의 형태와 모양 등이 상품에 독특한 개성을 부여하는 수단으로 사용되고, 그것이 장기간 계속적·독점적·배타적으로 사용되거나 지속적인 선전광고 등에 의하여 그것이 갖는 차별적 특징이 거래자 또는 수요자에게 특정한 출처의 상품임을 연상시킬 정도로 현저하게 개별화되기에 이른 경우에 비로소 부정경쟁방지 및 영업비밀보호에 관한 법률 제2조 제1호 (가)목에서 정하는 '타인의 상품임을 표시한 표지(標識)'에 해당된다."고 판시하고 있다(대법원 2002. 10. 25. 선고 2001다59965 판결, 대법원 1996. 11. 27. 자 96마365 결정).

국내에 널리 알려진 표지에 대한 혼동초래행위를 금지하는 이유는 타인의 신용에 무임승차하여 이익을 취하는 부정경쟁행위를 금지시켜 특정 영업주체의 이익을 보호하는 한편, 소비자를 포함하는 일반 수요자도 보호함으로서 공정한 경쟁질서를 유지하는데 그 목적이 있다.

부정경쟁방지법 제2조 제1호의 적용요건은 ⅰ) 대상으로 되는 상품이 국내에서 널리 인식될 것, ⅱ) 타인의 상품형태의 모방일 것, ⅲ) 그러한 상품을 유통시킬 것, ⅳ) 타인의 상품과 혼동을 일으킬 것 등이다.

우선, 반도체 IP가 본 규정의 "상품"에 해당한다고 해석할 수 있느냐는 점을 살펴보면, 반도체 IP는 대부분 파일화되어 플로피디스크, CD-ROM 등의 기록 매체에 보존된 형태로 거래될 것이므로, 오랫동안 사용하더라도 출처표시기능이 없기 때문에 본 규정의 "상품"으로 해석하기에는 무리가 있다고 여겨진다.

판 례

("기타 타인의 상품임을 표시한 표지"로서 보호받기 위한 요건)

"상품의 형태는 디자인권이나 특허권 등에 의하여 보호되지 않는 한 원칙적으로 이를 모방하여 제작하는 것이 허용되며, 다만 예외적으로 어떤 상품의 형태가 2차적으로 상품출처표시기능을 획득하고 나아가 주지성까지 획득하는 경우에는 부정경쟁방지 및 영업비밀보호에 관한 법률 제2조 제1호 (가)목 소정의 "기타 타인의 상품임을 표시한 표지"에 해당하여 같은 법에 의한 보호를 받을 수 있다. 그리고 이 때 상품의 형태가 출처표시기능을 가지고 아울러 주지성을 획득하기 위해서는, 상품의 형태가 다른 유사상품과 비교하여, 수요자의 감각에 강하게 호소하는 독특한 디자인적 특징을 가지고 있어야 하고, 일반수요자가 일견하여 특정의 영업주체의 상품이라는 것을 인식할 수 있는 정도의 식별력을 갖추고 있어야 하며, 나아가 당해 상품의 형태가 장기간에 걸쳐 특정의 영업주체의 상품으로 계속적·독점적·배타적으로 사용되거나, 또는 단기간이라도 강력한 선전·광고가 이루어짐으로써 그 상품형태가 갖는 차별적 특징이 거래자 또는 일반수요자에게 특정 출처의 상품임을 연상시킬 정도로 현저하게 개별화된 정도에 이르러야 한다."(대법원 2007. 7. 13. 선고 2006도1157 판결)

또한, 반도체 설계재산이 상품의 "형태"라고 해석하는 데에도 약간의 무리는 있다고 생각된다. "형태"라는 것은 상품이 갖는 형상·모양·색채 등의 요소에 의한 포괄적 개념으로 해석되는데, 기록매체에 보존된 반도체 설계재산이 이와 같은 개념에 적합하다고 해석하는 데는 어려움이 따른다.

또한, 반도체 IP의 경우 통상 기계 내부에 들어 있거나 패키지에 들어 있고 일반적인 구입 시에 눈에 띄는 것이 아니므로 "국내에서 널리 인식된 것"이라고 할 수 없고, "타인의 상품과 혼동"을 일으킨다고 보기도 어렵다. 따라서 타인의 상품 형태 모방행위에 관한 규정은 반도체 IP의 사용 또는 유통에는 적용되지 않는다고 보인다.

판 례

(국내에 널리 인식된 타인의 영업임을 표시하는 표지)

"부정경쟁방지법 제2조 제1호 (나)목은 "국내에 널리 인식된 타인의 성명, 상호, 표장 기타 타인의 영업임을 표시하는 표지와 동일 또는 유사한 것을 사용하여 타인의 영업상의 시설 또는 활동과 혼동을 일으키게 하는 행위"를 부정경쟁행위의 하나로 규정하고 있는바, 여기서 국내에 널리 인식된 타인의 영업임을 표시하는 표지는 국내의 전역 또는 일정한 범위 내에서 거래자 또는 수요자들이 그것을 통하여 특정의 영업을 다른 영업으로부터 구별하여 널리 인식하는 경우를 말하는 것으로서, 단순히 영업내용을 서술적으로 표현하거나 통상의 의미로 사용하는 일상용어 등은 포함하지 않으나, 그러한 경우라도 그것이 오랫동안 사용됨으로써 거래자 또는 수요자들이 어떤 특정의 영업을 표시하는 것으로 널리 인식하게 된 경우에는 위 법이 보호하는 영업상의 표지에 해당한다고 할 것이며, 또 위 법이 규정하는 혼동의 의미에는 단지 영업의 주체가 동일한 것으로 오인될 경우뿐만 아니라 두 영업자의 시설이나 활동 사이에 영업상·조직상·재정상 또는 계약상 어떤 관계가 있는 것으로 오인될 경우도 포함된다고 볼 것이다."(대법원 1997. 12. 12. 선고 96도2650 판결)

('타인의 상품과 혼동을 하게 하는'의 의미 및 판단 방법)

"부정경쟁방지 및 영업비밀보호에 관한 법률(이하 '부정경쟁방지법'이라 한다) 제2조 제1호 (가)목 소정의 부정경쟁행위는 국내에 널리 인식된 타인의 성명, 상호, 상표, 상품의 용기, 포장 기타 타인의 상품임을 표시하는 표지와 동일 또는 유사한 것을 사용하거나 이러한 것을 사용한 상품을 판매·반포 또는 수입·수출하여 타인의 상품과 혼동을 하게 하는 행위를 의미하는바, 여기에서 "타인의 상품과 혼동을 하게 하는"이라는 의미는 상품의 출처가 동일하다고 오인하게 하는 경우뿐만 아니라 국내에 널리 인식된 타인의 상품표지와 동일 또는 유사한 표지를 사용함으로써 일반수요자나 거래자로 하여금 '당해 상품표지의 주체와 사용자 간에 자본, 조직 등에 밀접한 관계가 있지 않을까' 라고 오신하게 하는 경우도 포함하며, 타인의 상품과 혼동을 하게 하는 행위에 해당하는 여부는 상품표지의 주지성과 식별력의 정도, 표지의 유사 정도, 사용태양, 상품의 유사 및 고객층의 중복 등으로 인한 경업·경합관계의 존부, 그리고 모방자의 악의(사용의도) 유무 등을 종합하여 판단하여야 할 것이다."(대법원 2007. 4. 27. 선고 2006도8459 판결)

제3절 영업비밀로서 보호받을 수 있는 지 여부

I 영업비밀의 의의

냉전체제의 종식과 WTO체제의 출범 등으로 기술 및 지식이 무한경쟁시대의 핵심적인 생산요소로 등장하면서 기업이 보유한 기술상 또는 경영상 정보는 기업의 경쟁력을 좌우할 수 있는 중요한 요소로서 부각되었으나, 기업간 경쟁의 심화 및 산업의 전문화, 세분화와 벤처기업의 창업활성화, 컴퓨터 등 정보통신수단의 발달 등으로 기업이 보유한 각종 정보의 유출 가능성은 더욱 커지고 있다. "부정경쟁방지 및 영업비밀보호에 관한 법률"에서는 기업 등이 보유한 유출과 이러한 비밀정보를 법적으로 보호하기 위하여 영업비밀의 요건, 영업비밀 침해 보유한 유형, 침해 시의 법적대응 등이 정보의 유출이다.

영업비밀이란 개인 또는 기업이 경쟁상 우위를 확보하기 위하여 많은 비용과 인력 및 시간을 투입하여 개발, 축적하는 기술상 또는 경영상의 정보, 즉 재산적 정보를 총칭하는 것으로, 종래 영업비밀과 관련 하여서는 노하우, 재산적 정보, 비공개성정보 등 다양한 용어가 사용되어 왔으나, 거의 비슷한 개념으로 이해할 수 있다. 이에 대해, 우리나라 부정경쟁방지 및 영업비밀보호에 관한 법률은 "영업비밀이란, 공공연히 알려져 있지 아니하고 독립된 경제적 가치를 가지는 것으로서, 상당한 노력에 의하여 비밀로 유지된 생산방법, 판매방법, 그 밖에 영업활동에 유용한 기술상 또는 경영상의 정보를 말한다."(법 제2조 제2호)고 규정하고 있다.[92)]

따라서, 영업비밀보호제도는 개인 또는 기업이 경쟁상 우위를 확보하기 위하여 많은 비용과 인력 및 시간을 투입하여 개발·축적하는 재산적 정보를 타인이 절취(竊取), 기망(欺罔), 협박 등 부정한 수단으로 취득하여 사용하는 행위를 금지시키고, 아울러 사용자와 종업원간의 계약위반 또는 신뢰위반 행위 등을 금지시킴으로써 기업간의 공정한 경쟁을 유도함과 동시에 기업의 연구·개발활동 등을 촉진하고자 하는 데 그 목적이 있다.[93)]

---

92) UR/TRIPs협정에서는 "자연인 및 법인은 자기의 통제하에 있는 정보가 자기의 동의 없이 건전한 영업적 관행에 반하는 방법으로 타인에게 공개되거나 타인에 의해서 획득되거나 사용되는 것을 금지할 수 있다. 다만, 그 정보는 다음과 같은 것이어야 한다. 즉, ① 정보가 전체 또는 그 구성요소의 엄밀한 배열 및 조합의 형태로서 문제가 된 정보의 종류를 일반적으로 다루고 있는 업계의 사람들에게 일반적으로 알려져 있지 아니하고 또 쉽게 접근하기 어렵다는 의미에서 비밀일 것, ② 그것이 비밀이기 때문에 상업적 가치를 가지는 것일 것, ③ 적법하게 비밀을 통제하고 있는 자에 의해서 정보를 비밀로 유지하기 위한 적절한 조치하에 있는 것일 것(TRIPs 제39조 제2항)"이라고 규정하고 있다.

93) 특허제도와 영업비밀보호제도의 차이점은 그 목적에 있어서 특허는 발명을 보호·장려하고 그 이용을 도모함으로써 기술의 발전을 촉진하여 산업발전에 이바지하는데 반하여, 영업비밀은 타인의 영업비밀을 침해하는 행위를 방지하여 건전한 거래질서를 유지하는데 그 목적이 있다.

Ⅱ 영업비밀의 성립요건 및 침해행위

부정경쟁방지 및 영업비밀에 관한 법률

> 제2조 (정의)
> 이 법에서 사용하는 용어의 뜻은 다음과 같다.
> 2. "영업비밀"이란 공공연히 알려져 있지 아니하고 독립된 경제적 가치를 가지는 것으로서, 상당한 노력에 의하여 비밀로 유지된 생산방법, 판매방법, 그 밖에 영업활동에 유용한 기술상 또는 경영상의 정보를 말한다.

특정정보가 부정경쟁방지법 상의 영업비밀이기 위해서는 다음과 같이 ① 비밀관리, ② 유용성 및 ③ 비공지성(비밀성)의 3가지의 요건을 충족하여야 하며, 이들 3가지의 요건은 상호 밀접 불가분의 관계에 있어서 각기 독립적으로 분리될 수 없으며 언제나 이들 3가지의 요건을 동시에 충족하는 것이어야 한다.

1. 비밀관리성

영업비밀의 중요한 요건 중 하나는 「상당한 노력에 의하여 비밀로 유지된」 정보이어야 한다는 것 즉, 비밀관리성(비밀유지성)이다.

따라서, 경제적 가치를 지닌 비공지 상태의 기술·경영 정보라 하더라도 영업비밀로서 보호받기 위해서는 당해 정보의 보유자가 비밀유지를 위하여 「상당한 노력」을 하여야 한다. 즉 영업비밀 보유자가 주관적으로 비밀을 유지하려는 의식을 가져야 하고, 객관적으로 제3자 또는 종업원이 알 수 있는 방식으로 비밀임을 표시하여 관리해야 한다.

어느 경우에 당해 정보가 「상당한 노력」으로 관리되고 있는가는 구체적인 상황에 따라서 개별적으로 판단되어야 할 것이나, 대략 다음과 같은 경우를 생각해 볼 수 있다.

- 당해 정보에 비밀표시를 하여 접근할 수 있는 자에게 그것이 영업비밀이라는 사실을 주지시키고 있는 경우
- 당해 정보에 접근할 수 있는 사람의 수를 제한하거나, 접근자에게 그 정보를 사용·공개할 수 없다는 취지의 비밀 준수의무를 부과하는 경우
- 당해 정보에 대한 접근을 공간적·물리적으로 제한하는 경우 등

그러나, 영업비밀에 해당되는 정보는 물리적 매체(서류, 디스크, 필름 등)에 체화된 것 뿐만 아니라, 개인의 기억에 의한 것도 있으므로 영업비밀 주체의 업종, 규모, 종업원의 수, 정보의 성질과 중요성, 비밀침해의 수단과 방법 등을 고려해 볼 때 당해 정보가 비밀이라는 점이 합리적으로 추정될 수 있도록 관리되어야 한다.

즉, 영업비밀은 그 보유자가 당해 정보를 상당한 노력에 의하여 비밀로서 관리하고 있는 것이어야 한다. 즉 어떤 정보를 비밀로 생각하는 것으로는 충분치 아니하고, 객관적으로 그 정보가 비밀로 유지, 관리되고 있으며, 또 제3자가 그 비밀성을 객관적으로 인식할 수 있어야 한다. "비밀 관리 의사"가 있어야 함은 물론이고, 그 의사를 실천해 온 "관리 노력"이 인정되어야 한다.

판 례

(비밀관리성에 대한 인식)

"비밀관리성에 대하여 원고 회사는 이러한 영업비밀 중 핵심기술을 문서화하여 그 접근을 제한하는 방법으로 관리하는 한편 1992년 8월경에는 피고를 포함한 거의 전 직원들 사이에 퇴직 후 3년까지는 위 제조기술과 관련된 정보 및 원고 회사에서 직무상 지득한 영업비밀을 활용하거나 누설하지 아니하며 동 기밀을 사용하거나 사용하려고 하는 동종의 조직에 근무할 수 없기로 하는 내용의 회사기밀보호계약을 체결한 사실이 있어 비밀관리성을 인정했으며…"(대법원 1997. 6. 13. 선고 97다8229 판결)

2. 유용성

영업비밀로서 보호받기 위해서는 어떤 정보가 상업상·공업상 경제적 가치를 가지고 있어야 함을 전제로 한다. 이는 영업비밀 보유자가 시장에서 특정한 정보의 사용을 통해 경업자에 대한 경제상의 이익을 얻을 수 있거나 정보의 취득 또는 개발을 위해 상당한 비용이나 노력이 필요한 경우 등을 의미하며, 현실적으로 사용되고 있지 않다 하더라도 장래에 있어서 경제적 가치를 발휘할 가능성이 있는 정보(잠재적으로 유용한 정보)와 과거에 실패한 연구데이터와 같은 정보도 경제적 가치를 가지고 있다고 할 수 있다.

현실적으로 사용되고 있지 않다 하여도 장래에 있어서 경제적 가치를 발휘할 가능성이 있는 정보(잠재적으로 유용한 정보)와 경쟁회사의 제품개발계획, 판매계획 등과 같이 그 자체는 직접 생산방법·판매방법 등의 영업활동에 이용되지는 않지만 알고 있으면 경쟁상 매우 유용하게 활용될 수 있는 정보(간접적으로 유용한 정보)도 유용성이 있다. 해외 본사로부터 제품을 수입하여 영업사원이나 대리점을 통하여 국내에 판매하는 국내 현지판매법인의 제품원가 분석자료, 대리점 마진율, 할인율, 가격, 신제품 개발계획 등은 적어도 일반인에게는 알려져 있지 아니한 유용한 정보로서 그 경제적 가치가 크다. 기계의 기본적인 작동원리나 구성이 이미 공공연히 알려져 있더라도 그 기계를 구성하는 개개 부품의 규격이나 재질, 가공방법, 그와 관련된 설계도면 등이 공공연히 알려져 있지 아니하다면 이 역시 경제성이 있다고 할 수 있다.

또한 영업비밀의 경제적 가치는 영업비밀의 양도 또는 라이센스의 근거가 되고, 침해받을 우려가 있거나 침해받았을 경우 민사상·형사상 소인(訴因)이 되지만, 경제적 가치가 아무리 크다고 할지라도 사회적 타당성을 구비하지 못한 정보라면 영업비밀로서 보호받을 수 없다. 여기에서 독립된 경제적 가치를 가지는 것이란 공공연히 알려져 있지 아니한 비밀이기 때문에 영업비밀 보유자만이 독자적으로 향유할 수 있는 경제적 가치라는 의미이지 영업비밀 자체가 독립적인 경제적 가치를 가져야만 한다는 것은 아닌 것으로 해석된다.

판 례

(영업비밀의 내용 중 '독립된 경제적 가치를 가진다'의 의미)

"구 부정경쟁방지 및 영업비밀보호에 관한 법률(2004. 1. 20. 법률 제7095호로 개정되기 전의 것) 제2조 제2호의 영업비밀이란 일반적으로 알려져 있지 아니하고 독립된 경제적 가치를 가지며, 상당한 노력에 의하여 비밀로 유지·관리된 생산방법, 판매방법 기타 영업활동에 유용한 기술상 또는 경영상의 정보를 말하고, 이때 정보가 '독립된 경제적 가치를 가진다'는 의미는, 그 정보의 보유자가 그 정보의 사용을 통해 경쟁자에 대하여 경쟁상의 이익을 얻을 수 있거나 또는 그 정보의 취득이나 개발을 위해 상당한 비용이나 노력이 필요하다는 것인바, 어떠한 정보가 위와 같은 요건을 모두 갖추었다면, 위 정보가 바로 영업활동에 이용될 수 있을 정도의 완성된 단계에 이르지 못하였거나, 실제 제3자에게 아무런 도움을 준 바 없거나, 누구나 시제품만 있으면 실험을 통하여 알아낼 수 있는 정보라고 하더라도, 위 정보를 영업비밀로 보는 데 장애가 되는 것은 아니다. 사원이 회사를 퇴사하면서 부품과 원료의 배합비율과 제조공정을 기술한 자료와 회사가 시제품의 품질을 확인하거나 제조기술 향상을 위한 각종 실험을 통하여 나타난 결과를 기재한 자료를 가져간 경우 이는 절도에 해당하고, 위 자료는 구 부정경쟁방지 및 영업비밀보호에 관한 법률(2004. 1. 20, 법률 제7095호로 개정되기 전의 것)에 정한 영업비밀에 해당한다."(대법원 2008. 2. 15. 선고 2005도6223 판결)

3. 비공지성(비밀성)

「공공연히 알려져 있지 아니한」 상태란 당해 영업비밀정보가 간행물 등 전파매체 등에 의해 공개되어 있지 않거나 일반 공중이 언제, 어디서나 쉽게 구입・열람・복사・대출 등을 통해 영업비밀의 내용을 파악할 수 있도록 공개되어 있지 않아 일반인, 즉 불특정인이 알 수 있는 상태에 있지 않기 때문에 영업비밀보유자의 비밀정보 관리체제나 그 방법 등을 동원하여 이용하지 않고서는 일반적으로 그 정보를 취득할 수 없는 상태에 있는 것을 말한다.

따라서, 영업비밀로 보호받기 위해서는 당해 정보가 공공연히 알려지지 아니하였다는 비공지성을 필요로 한다.

일반인에게 혹은 적어도 그 업계에서는 일반적으로 알려진 것이어서는 아니 되나 그렇다고 절대적 비밀성이 요구되는 것은 아니다. 비밀성의 개념이 상대적인 만큼, 제한된 범위의 사람이 알고 있더라도 비밀을 지킬 의무가 있는 사람들로서 제한 상태가 유지되고 있는 한 비밀성이 있는 것이고, 다른 사람들이 그 정보의 대체적인 윤곽을 알고 있더라도 구체적인 상세 정보는 갖지 못했다면 역시 비밀성이 있다. 이처럼 보유자 이외의 타인이 당해 정보를 알고 있어도 보유자가 그 자에게 비밀 준수의무를 부과하고 있는 경우 또는 보유자와 무관한 제3자가 독자개발 등에 의해 동일한 정보를 보유하고 있어도 그 제3자가 당해 정보를 비밀로서 유지하고 있는 경우는 비공지된 것이다.

당해 정보가 시판 제품에 포함되어 있거나 간행물에 게재되어 있어도 현실로 그곳에서 당해 정보를 취득하는 것이 용이하지 않는 경우(예컨대, reverse engineering으로 정보를 취득하는 데에 장기간 및 높은 비용을 필요로 하는 등)에도 비밀성이 있다. 등기 등록으로 공시되는 권리가 아닌 이상, 제3자가 동일한 정보를 독자적으로 개발 소지할 수 있고, 이 경우 그 사람이 그 정보를 비밀로 관리하고 있는 동안에는 동일 정보의 영업 비밀성을 잃지 않는다고 본다.

그러나 일단 영업비밀이 공개되었다고 볼 것인지는 구체적 사정에 따라 판단할 문제이다. 일반적으로 그 정보와 직접적 관련이 있어 이를 가지고 경제적 이익을 얻을 가능성이 있는 자에게 알려지면 공개되었다고 보아야 하고, 반드시 일반 대중에게까지 알려져야 하는 것은 아니다. 그렇기 때문에 그 정보와 관계없는 사람이 우연히 그 정보를 알게 된 경우에는 그 사람이 이를 다시 공개하지 않을 가능성도 충분히 있으므로 정보의 비밀성이 상실되었다고 볼 것은 아니다.

판 례

(영업비밀의 내용 중 '공연히 알려져 있지 아니하고'의 의미)

"부정경쟁방지법 제2조 제2호의 영업비밀이라 함은 공연히 알려져 있지 아니하고 독립된 경제적 가치를 가지는 것으로서, 상당한 노력에 의하여 비밀로 유지된 생산방법·판매방법 기타 영업활동에 유용한 기술상 또는 경영상의 정보를 말한다 할 것이고(대법원 1998. 11. 10. 선고 98다45751 판결 참조), 여기서 공연히 알려져 있지 아니하다고 함은 그 정보가 간행물 등의 매체에 실리는 등 불특정 다수인에게 알려져 있지 않기 때문에 보유자를 통하지 아니하고는 그 정보를 통상 입수할 수 없는 것을 말하고, 보유자가 비밀로서 관리하고 있다고 하더라도 당해 정보의 내용이 이미 일반적으로 알려져 있을 때에는 영업비밀이라고 할 수 없다."(대법원 2004. 9. 23. 선고 2002다60610 판결)

Ⅲ 소결

유용성과 관련하여, 반도체 IP의 경우 보유자가 그 반도체 IP의 사용을 통해 경쟁자에 대하여 경쟁상의 이익을 얻을 수 있거나 또는 그 반도체 IP의 취득이나 개발을 위해 상당한 비용이나 노력이 필요하기 때문에 독립된 경제적 가치를 가지고 있다.

비밀성과 관련하여, 반도체 IP의 경우 그 보유자를 통하지 아니하고는 그 정보를 통상 입수할 수 없어 공연히 알려져 있지 아니하다고 할 수 있다. 또한 반도체 IP를 다른 사업자에게 공급하려고 할 경우, 계약에 의해 비밀 유지의무를 지움으로써, 당해 요건은 충족될 수 있다. 오히려 설계자산의 유통에 있어서 문제가 되는 것은, 설계자산의 유통거래에 앞서서 각 설계자산에 관련된 정보를 어느 정도 개시할 것이 요구될 것임에 반해, 그 개시에 의해 비공지성의 요건이 충족되지 못할 위험성이 존재하고 있다는 것이다. 다시 말해서, 각 설계자산의 성능 스펙이나 기술적 특성 등의 정보에 대해서 어느 정도까지 개시하였을 때 설계자산 그 자체에 대한 비공지성이 확보되는지 여부에 대한 그 한계를 설정하는 문제가 중요하다고 할 수 있다.

비밀관리성과 관련하여, 반도체 IP 보유자가 주관적으로 비밀을 유지하려는 의식을 가져야 하고, 객관적으로 제3자 또는 종업원이 알 수 있는 방식으로 비밀임을 표시하여 관리하고 있다면 비밀 관리성 역시 인정되어 반도체 IP는 영업비밀로 보호받을 수 있다. 통상적으로 반도체 IP가 유통되고 있다고 하더라도 반도체 IP 전체에 대한 접근은 각 보유자에 의하여 관리될 것이고, 제3자에게 내용을 개시할 때 영업비밀이란 점을 인식시키게 될 것이므로 기본적으로 비밀관리성은 충족될 것이다. 오히려, 반도체 IP에 대한 접근 기회의 증가에 수반하여 구체적으로 어떤 정보까지 비밀관리성을 인정할 것인가를 명확하게 하는 것이 문제라고 보여진다.

[표 29] 반도체 IP의 종류에 따른 영업비밀의 성립요건 고찰

종류	성립요건
소프트 IP	• 기능설계의 성과물이 종래의 기술을 단순히 조합한 것이며, 개개의 기술 자체는 이미 알려져 있는 경우라도, 기능성계의 성과물이 "비밀관리성"의 요건을 구비하고 있는 것이라면, 부정경쟁방지 및 영업비밀보호에 관한 법으로서 보호하는 것이 가능하다. • 왜냐하면, 종래의 기술 각각은 공지의 것이라도, 시스템 LSI로 실현해야 할 기능을 시스템 요구사양에서의 제한(소비전략, 가격 등) 또는 실장상의 제한(미세 가공기술, 개발기간 등)을 고려하면서, 최종 형태인 시스템 LSI의 하드웨어의 구성요소와 그 사이의 데이터의 흐름을 구체화 또는 상세화하기 위해서는 여러 가지 기술 중에서 특정의 기술을 적절하게 선택할 필요가 있으므로 기능설계의 성과물은, 영업비밀의 보호요건인 "유용성"의 요건을 구비하는 것으로 생각된다. • 이 때문에 기능설계의 성과물의 거래를 행하는 경우에는 계약에 의해 비밀유지의무를 담보함으로써 "비밀관리성"의 요건을 유지하는 것이 중요하다.
펌 IP	• 논리설계 자체에 새로운 창작이 없고, 종래의 기술을 이용하여 행하는 경우라 하더라도 논리설계의 성과물이 "비밀관리성"의 요건을 구비하는 것이라면, "영업비밀"의 정의에 해당되는 것으로 생각할 수 있다. • 왜냐하면, 기능설계의 경우와 같이, 논리설계 자체가 종래의 기술을 이용하고 종래의 기술 각각이 공지된 것이라도, 미세 가공기술의 제한을 고려하면서 구성하기 위해서는 여러 기술 중에서 특정 기술을 적절하게 선택할 필요가 있기 때문이다. 따라서, 논리설계의 성과물은 기능설계의 성과물의 경우와 같이 영업비밀의 보호요건인 "유용성"의 요건을 구비하는 것으로 판단된다. • 이 때문에 논리설계의 성과물의 거래를 행하는 경우는 기능설계 성과물의 경우와 같이 계약체결에 의해 비밀유지의무를 담보하는 것이 중요하게 된다.
하드 IP	• 레이아웃설계 자체가 종래의 기술을 이용하여 행하는 경우라도, 레이아웃설계의 성과물이 "비밀관리성"의 요건을 구비하는 것이라면, 부정경쟁방지 및 영업비밀보호에 관한 법의 보호대상인 영업비밀의 정의에 해당하는 것이라고 생각된다. • 기능설계 및 논리설계의 경우와 같이 레이아웃설계 자체가 종래의 기술을 이용하고 종래의 기술 각각이 공지된 것이라 해도, 레이아웃설계의 성과물을 얻기 위해서는 트라이얼&에러(Trial & Error)를 행할 필요가 있으므로, 레이아웃설계의 성과물은 기능설계 및 논리설계의 경우와 같이 영업비밀의 보호요건인 "유용성"을 구비하는 것으로 생각할 수 있기 때문이다. • 이 때문에 거래시 기능설계 및 논리설계의 경우와 같이 계약에 의해 비밀유지의무를 담보로 하는 것이 중요하게 된다.

이상 살펴본 바와 같이, 반도체 IP는 부정경쟁방지법상 일반론으로서는 영업비밀로서의 법적 보호를 받을 수 있는 가능성이 있다. 그러나, 유통화가 진전되는 경우, 거래상 개시가 요구되는 정보와의 관계에서 문제가 생길 수도 있을 것이다. 즉, 반도체 IP의 유통에 있어서는 반도체 IP에 대한 일정부분의 공개를 전제로 하기 때문에, 어느 정도까지의 공개가 영업비밀로 보호받을 수 있는 수준인 것인지에 대한 명확한 기준의 정립이 필요하다.

chapter

8 민법에 의한 보호

제1절 序

민법상 보호를 받기 위해서는 권리의 객체가 되어야 한다. 유형적인 물건이나 무형적인 행위가 권리의 객체가 되며 권리 자체가 다른 권리의 객체가 될 수도 있다. 예를 들면 물권에 있어서는 물건 또는 권리, 채권에 있어서는 채무자의 행위(급부), 친족권에 있어서는 친족법상의 지위, 상속권에 있어서는 상속재산이 각각 권리의 객체가 된다.

제2절 물권에 의한 보호

민법

제98조 (물건의 정의)
본법에서 물건이라 함은 유체물 및 전기 기타 관리할 수 있는 자연력을 말한다.

반도체 IP가 물권으로 보호받기 위해서는 권리의 객체 중 물건이 되어야 한다. 반도체 IP가 물건이 되기 위해서는 민법 제98조에서 정의하는 바와 같이 유체물 및 전기 기타 관리할 수 있는 자연력에 해당하여야 한다. 여기서, 「유체물」이라 함은 형체를 가지는 것을 말하고, 「관리가능하다」라 함은 배타적 지배가 가능함을 의미한다.

그런데, 반도체 IP는 관리 가능한 것이긴 하나 자연력이거나 유체물로는 볼 수 없으므로 물건이라 할 수 없고 따라서 물권의 객체가 될 수는 없다. 따라서, 반도체 IP가 민법상 물권의 객체로서 보호받을 수 없는 것으로 판단된다.

제3절 채권에 의한 보호

민법

제249조 (선의취득)
평온, 공연하게 동산을 양수한 자가 선의이며 과실없이 그 동산을 점유한 경우에는 양도인이 정당한 소유자가 아닌 때에도 즉시 그 동산의 소유권을 취득한다.

제390조 (채무불이행과 손해배상)
채무자가 채무의 내용에 좇은 이행을 하지 아니한 때에는 채권자는 손해배상을 청구할 수 있다. 그러나 채무자의 고의나 과실없이 이행할 수 없게 된 때에는 그러하지 아니하다.

제750조 (불법행위의 내용)
고의 또는 과실로 인한 위법행위로 타인에게 손해를 가한 자는 그 손해를 배상할 책임이 있다.

반도체 IP가 채권법에 의하여 보호될 수 있는가를 보면, 반도체 IP의 창작자와 이용자가 예컨대 그것을 모방하여 반도체칩의 제조, 판매를 하지 않는다는 계약을 맺은 경우 무단으로 그것을 모방하는 것은 채무불이행이 된다. 그와 같은 명시적인 특약이 없는 경우에도 계약의 해석에 의하여 채무불이행이 될 수도 있다.

한편, 계약의 당사자가 아닌 제3자가 설계재산을 모방한 경우에는 불법행위의 여부가 문제될 것이다. 우리 민법상 불법행위의 성립에 반드시 권리의 침해가 있어야만 하는 것은 아니다. 위법행위로 인한 이익의 침해가 있으면 충분하다. 위법행위에는 법규의 위반행위뿐만 아니라 선량한 풍속 기타의 사회질서를 위반하는 행위도 포함한다.

따라서 설계재산이 판매 등으로 일반에 공개되기 전에, 즉 기업의 비밀로서의 가치를 갖는 단계에서 부정한 방법으로 모방하여 반도체칩을 제조함으로써 손해를 입힌 경우에는 통상 불법행위가 성립된다고 할 것이다. 하지만 반도체칩이 일반에 적법하게 공개된 경우에 그것을 적법하게 취득하여 모방하는 행위는 설계재산 자체를 권리의 대상으로 보지 않는 한 위법하다고 하기 어렵다.

또한 불법에 해당하는 행위에 의하여 제조된 반도체칩을 선의·무과실로 양수한 자는 민법 제249조에 의한 선의취득을 주장할 수 있지만, 그 칩에 구현된 설계재산에 대하여 선의취득을 주장할 수 있을 지는 민법상 분명하지 않다.

chapter

9 계약에 의한 보호

제1절 序

반도체설계재산은 특허, 상표와 달리 그 유통에 본질이 있다고 할 정도로 거래의 필요성이 크기 때문에 반도체 IP의 보호라는 법익만큼 중요한 것이 반도체 IP 거래의 원활화이다. 그러나 가장 관련 있는 법이라 할 수 있는 현행 반도체집적회로의 배치설계에 관한 법률에서도 반도체 IP 거래에 대한 규정이 없어, 법률전문가가 아니면 이해하기 어려운 계약법에 의하여 규율되는 부분이 많을 뿐만 아니라 반도체 IP 분야는 특수분야로서 법률전문가 또한 계약지식만으로 접근하기 어렵다. 이하에서는 반도체 IP의 유통을 위해 계약서를 작성할 때 주의해야 될 사항에 대해 중점적으로 살펴본다.

제2절 반도체 IP 관련 계약의 종류

반도체설계재산과 관련된 계약은 아래 그림에서 살펴 볼 수 있는 바와 같이 기술이전의 흐름에 따라 여러 종류의 계약이 필요하다.

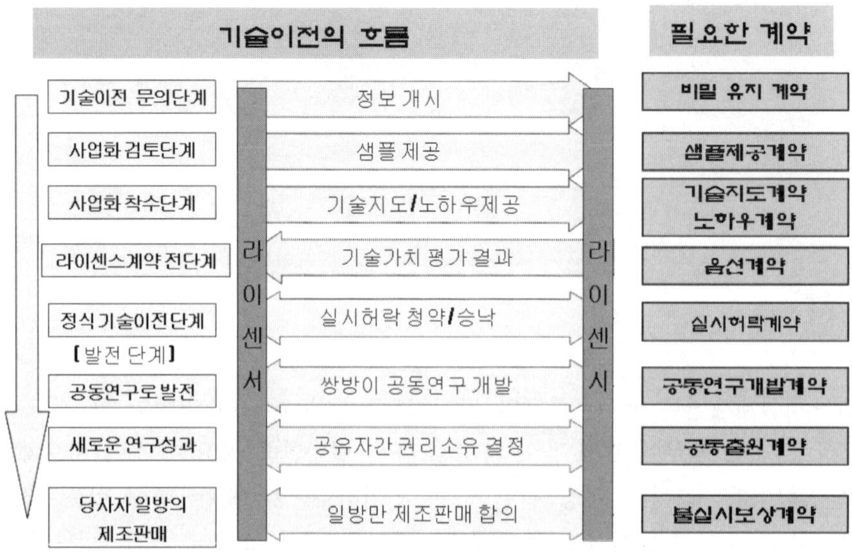

[그림 35] 기술이전 단계별 계약 유형

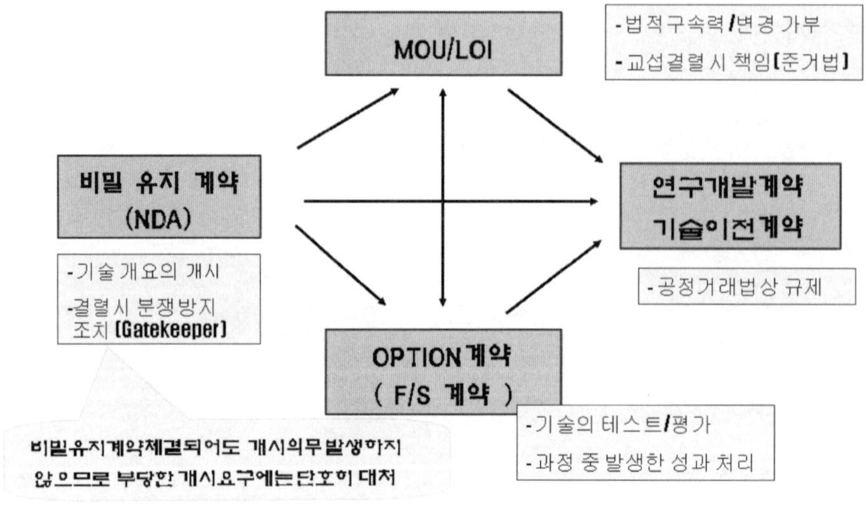

[그림 36] 계약단계별 쟁점사항

제3절 비밀유지계약

I 序

비밀유지계약은 기술이전 또는 연구계약 등에 들어가기 전에 상호간에 비밀보호계약을 체결하여 자신이 공개한 비밀정보를 다른 상대방이 허락된 목적이외에 임의로 사용하거나 비밀보호를 소홀히 하여 제3자에게 누설되거나 제공하는 것을 방지하기 위하여 체결하는 계약이다. 아울러 기술내용을 제3자에게 설명하였다는 사실 때문에 향후 특허를 받을 수 있는 권리 또는 영업비밀로 보전할 수 있는 권리를 침해받지 않도록 하는 안전장치이기도 하다. 상대방의 요청에 따라 제한 없이 기술정보, 상업정보를 제공하는 것은 위험하다.

개시수단,시기	논문 등으로 공 표	守秘의무없이 공 개	비밀유지계약 후 개시	계약 후 개시	개시불가
개시정보종류	일반공개정보	특정공개정보	비밀정보	비밀정보	비밀 비개시 정 보
Product specification	None	Major Items	Major Items	Full Items	
Equipment List	None	None	None	Complete	
Design Knowhow	None	None	None	None	None
Analytical Guide	None	Major Items	Full Items	Full Items	
Reference Plant List	General Information	Full Items	Full Items	Full Items	

[그림 37] 각 단계별 개시 정보의 종류

II 비밀유지계약의 내용

1. 비밀유지 및 개시 금지

상대방에게 공개한 재산적 가치 있는 정보를 비밀로 유지하고 직·간접을 불문하고 최소한의 정보도 제3자에게 개시하지 않을 의무를 부과한다. 공지정보를 포함한 비밀정보, 즉 계약기술 또는 제품에 관한 비밀정보의 일부 또는 비밀정보와 타요소의 조합에 공지정보의 일부나 상대방의 정보 일부가 포함되어도 비밀유지의무의 대상으로 규정한다.

임직원, 대리인, 하청업자, 판매업자 및 납입업자 등 개시당사자를 계약목적달성에 필요한 범위 내에서 구체적으로 명시하고, 이들이 비밀정보를 제3자에게 개시, 누설하거나 타 목적에 사용하지 않을 의무를 서면으로 현재 및 장래에 부담한다는 것을 상대방에게 보증하도록 한다.

2. 비밀유지의무 제외 정보의 명시

다음 4가지 유형으로 분류하고 해당 정보가 어느 범주에 속하는지와 해당사실은 상대방이 입증하도록 한다.

- 정보개시 당시 공지정보
- 정보 개시 후의 공지정보. 다만, 정보의 공지화가 오로지 상대방의 과실에 의한 경우에는 면책되지 않음을 규정
- 정보개시이전에 획득한 정보. 다만, 정보의 원천이 라이센서이거나 비밀유지의무를 부담하고 있는 제3자가 아닌 것을 조건으로 부가
- 정보개시 후에 정당한 권원이 있는 제3자로부터 취득한 정보

3. 목적 외 사용금지

사전 서면에 의한 허가 없이 계약상의 허락된 권리 및 계약 목적 이외의 목적으로 사용하는 것을 금지한다.

4. 비밀유지 의무기간

기술의 중요성, 해당기술의 개발속도, 해당기술이 특허권 또는 영업비밀의 대상인지 여부 등을 고려하여 비밀유지기간을 설정한다.

비밀유지계약에 공동연구개발 추진, 라이센스 계약 등 비밀유지 의무와 다른 내용의 합의사항이 포함되어 있는 경우는 계약기간과 비밀유지기간을 분리하여 설정하고, 비밀유지 의무기간이 더 장기일 경우에는 생존조항(Survival Clause)을 포함시켜 계약기간 종료 후에도 비밀유지 의무는 계속되도록 규정한다.

5. 산업재산권 소유권 조항

비밀정보에 대한 모든 산업재산권이 본인에게 있음을 상대방으로부터 확인받을 필요가 있다. 상호 기술정보를 논의하는 과정에서 발생한 발명 등에 관한 소유권의 귀속에 대해서도 규정한다.

6. 금전배상, 금지청구권 및 형평법상의 구제(equitable relief)

노하우의 부당한 누설 또는 개시가 발생한 경우에는 최대한 빨리 당해 정보의 사용, 판매, 배포 등 금지 또는 예방청구(부정경쟁방지 및 영업비밀보호에 관한 법률) 및 침해행위 조성물건의 폐기, 설비제거 기타 침해행위의 금지 또는 예방에 필요한 조치를 하여야 한다.

비밀유지의무를 위반하는 경우 그 피해액을 입증하기가 어려우므로 일정액을 보상한다는 손해배상의 예정조항을 규정한다.

미국기업과 계약 시에는 상대방에 대하여 보통법(common law)상의 금전배상 외에 금지청구권 및 형평법상의 구제수단(계약의 특정이행, 금지명령 등)도 받을 권리가 있음을 규정한다. 상대방 회사의 종업원 등이 비밀유지의무를 위반한 경우 회사와 개인이 연대하여 공동으로 책임지게 하는 조항(joint & several liability)도 효과적이다.

7. 비밀유지의무의 지리적 무제한 및 계약종료 후의 잔존의무 명시

노하우의 비밀유지의무는 지리적 제한 없음, 계약종료와 동시에 기술정보의 사용금지 및 필요시 상대방의 비용부담으로 기술정보의 반환, 계약종료 후 기술정보의 제3자 전매, 양도 및 라이센스 금지 등을 명시한다.

Ⅲ 관련법령

1. 지적재산권의 부당한 행사에 관한 지침(2000.8.30)

사용권자의 귀책사유에 의하지 아니하고 노하우가 공지의 사실이 된 후 사용권자가 이를 사용하는 데 대하여 기술료를 내도록 하거나 해당기술을 사용하지 못하도록 하면 불공정거래행위에 해당한다(제5조).

2. 부정경쟁방지 및 영업비밀보호에 관한 법률

계약관계 등에 의하여 영업비밀을 비밀로서 유지하여야 할 의무가 있는 자가 부정한 이익을 얻거나 그 영업비밀의 보유자에게 손해를 가할 목적으로 그 영업비밀을 사용하거나 공개하는 행위(법 제2조제3호 라목)에 대하여 민·형사상 제재를 규정하고 있다.

Ⅳ 유의사항

관련 발명의 출원이 예상되는 경우에는 양도한 특허출원이 공개되기 까지 양수인에게 비밀유지의무를 부과한다. 노하우 실시계약의 대상인 영업비밀을 라이센시의 동의 없이 특허출원할 경우 계약해지와 손해배상을 당할 위험이 있다. 뿐만 아니라 계약이 협상 중 결렬, 중도 해지 또는 계약기간 만료 후의 비밀유지조치 사항에 대하여도 상세하게 규정해야 한다.

외부에서 제공한 기술정보와 동일한 분야의 연구개발을 진행하고 있는 회사는 제공자와 계약이 체결되지 않은 경우 제공받은 기술정보를 부당하게 이용했다는 클레임을 받을 수 있음. 이런 가능성에 대비하여 중요한 사안에 대해서는 회사가 고용한 외부 자문가에게 제공자의 기술정보를 사전에 검토하는 Gatekeeper 기능을 수행하도록 하는 것이 바람직하다.

기타 비밀유지계약(NDA) 작성 시 유의사항

- 비밀 유지의 대상이 되는 정보의 명확화
- 영업비밀 사용목적의 한정
- 영업비밀의 관리(관리책임의 소재)
- 개시된 영업비밀을 포함한 매체의 관리
- 영업비밀(그 매체)의 복제 가부
- 개시를 받는 회사 종업원에 대한 감독책임
- 하청 등 제3자에 개시하는 경우의 감독책임
- 손해배상의무의 명시
- 비밀유지의무의 존속기간
- 비밀계약 종료 시의 영업비밀을 포함한 매체의 취급
- 분쟁발생 시 해결방법

표준 비밀유지계약서의 구성과 조문해설

표준 비밀유지계약서(Non-Disclosure Agreement)

〔해설〕 기업간에 공동연구, 기술이전 등의 제휴관계를 맺게되면 자사의 비밀정보를 상대방회사에게 제공하게 되는데 이러한 비밀정보는 비밀로 유지되어야만 그 경제적 가치를 보존할 수 있으므로 이를 위하여 계약당사자는 비밀성이 유지되도록 본 계약에 부속하여 별도의 비밀유지계약을 체결하게 된다. 본 비밀유지계약서는 주로 일방회사가 경우에 따라서는 상대방회사도 상호 비밀정보를 제공하고 비밀유지의무를 부담하는 경우이다.

설계재산 제공자 (이하 '갑'이라한다.)

성 명:

주 소:

소속기관:

책 임 자:

설계재산 사용자 (이하 '을'이라 한다)

성 명:

주 소:

소속기관:

책 임 자:

갑과 을은 KIPEX에 등록된 "갑" 소유의 설계재산에 대한 [계약의 목적]을 위하여 다음과 같이 비밀 유지 계약을 체결한다.

제1조 (정의)

본 계약에서 사용하는 용어의 정의는 다음과 같다.

① "본 건 설계재산"이라 함은 KIPEX에 등록된 설계재산 중 등록코드가 [설계재산코드]인 [설계재산 명, 버전]을 말한다.

② "KIPEX"이라 함은 서울특별시 강남구 역삼동 648-1번지 BYC빌딩 502호에 주소를 둔 반도체설계재산유통센터(Korean Semiconductor Intellectual Property EXchange)를 의미한다.

③ "비밀정보"라 함은 을이 갑으로부터 제공받는 본건 설계재산에 대한 Level 2의 정보와 Secret Q&A Board를 통하여 갑이 을에게 제공한 일체의 영업 혹은 기술상의 정보 및 이와 같은 영업 혹은 기술상의 정보에 근거하여 을이 개발하거나 도출하는 일체의 영업 혹은 기술상의 정보, 교섭 과정에서 알게 된 상대방에 관련된 일체의 영업 또는 기술상의 정보를 말한다.이와 같은 비밀정보는 서면, 구두 혹은 기타 방법으로 제공되는 모든 노하우, 공정, 도면, 설계, 실험결과, 샘플, 스펙, 데이터, 공식, 방법, 프로그램, 가격표, 거래명세서, 생산코스트, 선전상의 아이디어, 사업정보 등을 모두 포함한다.

제2조 (비밀 유지 의무자)

① 비밀정보에 대한 비밀유지의무를 지는 의무자는 갑과 그 대표자 및 그 종업원, 을과 그 대표자 및 종업원이다.

② 갑 또는 을은 상대방으로부터 제공받은 비밀정보를 본 계약의 목적에 부합하는 각 소속 관계직원들에 한정하여 이용하도록 조치하여야 하며, 비밀정보를 제공받은 날로부터 2주 이내에 해당 관계 직원에게 본 계약상의 비밀유지의무를 이행한다는 내용의 서약서를 받아 그 사본을 상대방에게 제출하는 등 부정경쟁방지 및 영업비밀보호에관한법률상의 영업비밀로 보호받을 수 있을 정도로 적절한 조치를 취하여야 한다.

〔해설〕 1. 기업간 비밀유지계약을 체결하는 것 뿐만 아니라 보호대상 비밀정보를 취급하는 각 회사의 종업원들에게도 비밀유지서약서를 받아둠으로써 해당 종업원이 퇴직시 재직 중 알게된 비밀을 외부에 누설하지 못하도록 하는 등의 조치를 하는 것이 반드시 필요하다.

2. 비밀정보를 취급하는 관계직원을 계약목적을 달성할 수 있는 최소한으로 한정하고, 부득이 한 경우를 제외하고는 자·모회사나 하청회사 등 관계회사까지 확장시키지 않도록 한다.

3. 회사간에 기술이전을 협의하고 있다는 사실이 공개되면 경쟁사들로부터 견제나 방해를 받을 우려가 있거나 기업경영전략의 노출, 노사문제, 내부자거래나 공시규정의 위반 가능성 등의 문제를 야기할 수 있는 경우에는 기술이전협의과정이 외부에 공개되는 것을 금지하는 규정을 마련한다.

제3조 (비밀 유지 의무)

갑 또는 을은 상대방의 사전승낙없이는 본 계약의 체결사실이나 내용 및 비밀정보를 공표하거나 제3자에게 알려서는 아니된다. 다만, 다음에 해당하는 정보임이 객관적인 증거를 통하여 입증되는 경우는 비밀유지의무가 없다.

1. 비밀정보의 제공 이전부터 제공받은 당사자가 보유하고 있던 정보.
2. 비밀정보를 제공받은 당사자의 고의 또는 과실에 의하지 않고 공지의 사실로 된 정보.
3. 비밀정보를 제공받은 당사자가 적법하게 제3자로부터 제공받은 정보.
4. 비밀정보를 제공받은 당사자가 비밀정보와 관계없이 독자적으로 개발한 정보.
5. 비밀정보를 제공한 당사자가 공개를 허락한 정보.
6. 관련법규나 정부당국에 의하여 공개가 요구된 정보. 이 경우 사전에 반드시 상대방에게 그 사실을 서면으로 통지하고, 상대방으로 하여금 적절한 보호 및 대응조치를 할 수 있도록 하여야 한다.

〔해설〕 1.일반적으로 비밀정보에 대하여 엄격한 비밀유지의무를 요구하는 반면에 위의 각호와 같이 제공받는 측의 귀책사유없이 비밀정보가 공개되는 등의 경우에는 비밀로서의 의의가 상실되었으므로 비밀유지의무에서 면제시키는 것이 공정하고 합리적이다.

2. 관련 발명의 출원이 예상되는 경우에는 양도한 특허출원이 공개되기 까지 양수인에게 비밀유지의무를 부과한다.

3. 노하우실시계약의 대상인 영업비밀을 라이센시의 동의없이 특허출원할 경우 계약해지와 손해배상을 당할 위험이 있으므로 유의하여야 한다.

제4조 (비밀의 표시)

갑 또는 을은 상대방에게 서면이나 서류 형태로 비밀정보를 제공하는 경우 서류상에 비밀임을 알리는 문구("비밀")를 명백히 표시해야 하며 서면이나 서류 이외의 형태 즉 구두나 영상 또는 당사자의 시설, 장비 샘플 기타 품목들을 관찰하거나 조사함으로써 비밀정보를 제공할 경우에는 공개시 상대방에게 본 정보가 비밀에 속한다는 것을 알리고 또한 공개일로부터 [일] 이내에 서면으로 비밀임을 알리는 문구를 표시하여 상대방에게 확인시켜야 한다.

〔해설〕 비밀정보를 제공할 경우에 비밀정보라는 것을 명기하는 것이 중요하다. 구두로 제공하는 비밀정보는 제공 후에 비밀정보임을 알리는 문서를 제출시키는 경우가 많다. 제공·개시의 시기, 회수, 범위, 수단 등에 대하여 미리 결정해 둔 경우에는 규정해두는 것이 좋다.

제5조 (비밀정보의 사용용도의 제한 등)

① 갑 또는 을은 상대방으로부터 제공받은 비밀정보를 본 건 설계재산에 대한 [계약의 목적]을 위한 판단 목적으로만 사용하여야 하며, [주계약]이 체결되는 경우를 제외하고

는 비밀정보를 자신 또는 제3자를 위하여 제공하지 않을 것과 이에 관한 지적재산권 보호를 위한 출원을 하지 않을 의무를 진다.
② 갑 또는 을은 상대방의 사전 서면 승인없이는 비밀정보가 기재 또는 기록된 모든 문서, 도면, 기타 서류 또는 전기적, 자기적, 광학적 기록 매체를 복제할 수 없다.

〔해설〕 통상 제공된 샘플이나 정보를 계약목적 이외의 목적을 위하여 사용하는 것을 금지하는 경우가 많으며, 예외적으로 상대방의 문서에 의한 승낙이 있는 경우에만 제3자에게 공개할 수 있다고 규정하는 경우도 있다.

제6조 (비밀정보의 반환 등) ① 본 계약상 제공되는 비밀정보에 관한 모든 권리는 제공한 당사자에 속하고 본 계약은 어떠한 경우에도, 본 계약상 제공된 비밀정보에 관하여 상대방에게 어떠한 권리나 사용권을 부여하는 것으로 해석되지 않는다.
② 본 계약은 어떠한 경우에도 당사자간에 향후 어떠한 확정적인 계약의 체결, 제조물의 판매나 구입, 실시권의 허여 등을 암시하거나 이를 강제하지 않으며, 기타 본 계약의 당사자가 본 계약상 기술과 관련하여 다른 제3자와 어떠한 거래나 계약관계에 들어가는 것을 금지하거나 제한하지 아니한다.
③ 갑 또는 을은 상대방의 요구 또는 본 계약의 종료 시에 상대방의 비밀정보가 기재되어 있거나 이를 포함하고 있는 제반 자료 및 그 사본, 장비, 서류, 샘플, 기타 유체물을 자신의 비용으로 즉시 반환하거나 상대방의 선택에 따라 이를 폐기하고 그 폐기를 증명하는 서류를 즉시 상대방에게 제공하여야 한다.

〔해설〕 제공된 정보나 샘플 등은 상대방에게 양도된 것이 아니며, 그 소유권은 당연히 제공자측에 귀속한다는 것을 확인시키는 규정이다. 따라서 계약 목적이 종료된 경우에 통상 제공자에게 반환하거나 폐기토록 한다. 정보가 중요하다면 어떠한 경우에 반환하고 폐기할 지를 구체적으로 규정해 두는 것이 바람직하다.

제7조 (의무 위반시의 책임)
① 본 계약을 위반한 당사자는 의무위반 일로부터 2주일 이내에 [금 원]을 상대방에게 위약벌로 지급한다.
② 제1항의 위약벌과 별도로 제1항의 계약위반으로 상대방이 입은 모든 손해를 배상하여야 한다.

〔해설〕 정보제공자는 비밀정보의 제공과 관련하여 엄격한 손해배상의무를 요구할 근거조항을 확보해 두어야 한다. 특히 계약의무위반으로 인한 손해배상책임을 금전적으로

사전에 정해 놓으면 상대방에 대한 구속력을 강화시킬 수 있으며 아울러 손해액의 입증책임의 부담에서 벗어날 수 있다. 다만, 이러한 손해배상 예정액은 당사자가 예상하는 실제 손해액과 어느 정도 일치하여야 하며 상당한 차이가 있는 경우에는 벌금으로 간주되어 인정되지 않을 수 있다.

제8조 (KIPEX의 책임 면제)

① KIPEX는 양당사자간에 원활한 거래가 이루어 질수 있도록 최대한 노력한다.

② KIPEX는 설계재산의 거래과정에서 일방 당사자나 쌍방 당사자사이에 발생하는 손해에 대해서는 어떠한 경우에도, 어떠한 상황에서도 직접적, 간접적 또는 부수적인지 파생적인지를 묻지 않고, 일체의 손해에 대하여 책임을 지지 않기로 한다.

제9조 (양도 제한)

본 계약의 권리와 의무는 상대방의 사전 서면 동의없이는 제3자에게 양도될 수 없다.

제10조 (계약의 수정)

본 계약의 수정이나 변경은 양 당사자의 정당한 대표자가 서명한 서면합의로만 이루어 질 수 있다.

제11조 (해석 및 보완)

① 본 계약에 명시되어 있지 아니하거나 해석상 이견이 있을 경우에는 사회 통념과 조리 및 거래관행에 맞게 이를 해결한다.

② 본 계약은 당사자가 충분히 그 내용을 숙지한 후 서명.날인한 것으로서 그 과정에 어떠한 기망이나 착오, 기타 의사불일치가 존재하지 않음을 확인한다.

제12조 (계약의 분리가능성)

본 계약 중 어느 규정이 법원에 의하여 불법, 무효 또는 집행불가능하다고 선언될 경우, 당사자간의 거래균형을 현저하게 변화시키지 않는 한 본 계약의 나머지 규정의 유효성에 영향을 미치지 아니한다.

〔해설〕 1. 계약의 일부 조항이 강행법규에 저촉되어 효력을 상실하게 되는 경우에 계약 전체를 무효로 하는 방법과 다른 규정에는 전혀 영향을 미치지 않는 것으로 하는 방법 및 절충안까지 여러 가지 대응방법이 있다. 본 규정은 후자의 방식을 택하고 있다.

2. 이와 같은 가분성조항을 채용하면 특정 조항이 법원 등에서 무효로 선언된 경우에도 계약 자체는 여전히 유효하다는 점을 유념해야 한다. 다만, 법원 등이 면제불가능한 조

항을 이유로 전체 계약을 무효로 판정하면 이 가분성조항만으로는 계약을 유효하게 만들 수는 없다. 다만, 법원은 가능하다면 계약의 유효성을 지켜 주는 것이 당사자들의 이해관계에 일반적으로 합치한다는 의견을 표명하고 있다.

제13조 (계약기간)
본 계약은 계약체결일로부터 [년]간 그 효력을 가지며, 본 계약서에 서명하기 전에 이미 상대방으로 부터 제공받은 비밀정보 등도 이 계약서의 적용을 받는다.

〔해설〕 1. 비밀유지계약서 중에는 계약기간을 정하지 않은 경우도 많다. 통상 비밀유지조항에서 비밀유지기간을 정하고 있기 때문에 별도로 계약기간을 정할 필요성이 없기 때문이다.

2. 계약조항마다 유효기간을 정하는 경우도 있으며, 계약기간을 정하고 비밀유지의무에 대해서는 계약기간 종료 후 일정기간 존속하는 것으로 정하는 경우도 흔히 볼 수 있다. 각 당사자의 입장에 따라 적절한 방법을 택한다. 계약서에 서명하기 전에 제공된 비밀정보 등도 이 계약서의 적용을 받는다는 것을 명시한다.

제14조 (특약사항)
[ ]

〔해설〕 본 계약서에 없는 규정은 법률 규정이나 거래관행에 따라 해석되고 집행되므로 뜻하지 않게 불이익을 받을 수도 있으므로 특별히 정할 사항이 있으면 이에 관한 사항을 본 조항에 구체적으로 기재한다.

제15조 (분쟁의 해결)
① 본 계약과 관련된 분쟁이 발생할 경우 당사자와 상호 협의에 의한 해결을 하되, 분쟁에 대한 합의가 이루어 지지 않는 경우에는 우선적으로 KIPEX의 분쟁조정 패널의 조정을 받도록 한다.
[Option 1 : 소송에 의한 해결]
② 제1항에 따른 조정이 성립되지 않을 경우 갑과 을 사이에 제기되는 소송은 서울중앙지방법원을 제1심 법원으로 하고, 대한민국의 현행 관계 법령의 적용을 받는 것으로 한다.
[Option 2 : 중재에 의한 해결]
② 이 계약으로부터 또는 이 계약과 관련하여 또는 이 계약의 불이행으로 말미암아 당사자간에 발생하는 모든 분쟁, 논쟁, 또는 의견차이는 한국 서울에서 대한상사중재원

의 상사중재규칙과 한국법에 따라, 중재에 의해 최종적으로 해결한다. 중재인(들)에 의해 내려지는 판정은 최종적인 것으로서 당사자 쌍방에 대해 구속력을 가진다.

〔해설〕 1. 분쟁해결방법에는 (1) 당사자간의 협상, (2) 당사자 또는 조정기관이 선정한 조정인을 통한 조정, (3) 당사자 또는 중재기관이 선정한 중재인을 통한 중재, (4) 법원에서의 재판 등이 있으며, 어떤 방법이 적합한지는 당사자관의 관계, 분쟁내용 · 정도, 문제의 긴박성 등 여러 변수에 따라 달라 질 수 있다. 당사자간 직접 협상을 진행하는 것이 적절한 해결방법인 경우에는 분쟁 발생 시 당사자가 의무적으로 준수해야 하는 협상절차를 계약서에 상세히 기술하여 당사자간에 협상통로가 단절되는 것을 방지하는 것이 바람직하다.

2. 영업비밀과 관련된 분쟁의 해결은 공개재판 중심으로 운영되는 소송에 비하여 비용이 보다 적게 들며, 비밀유지가 용이하고 해당분야에 전문성 있는 중재인에 의해 비공개로 신속하게 진행되는 중재가 유익할 수 있다. 다만, 가처분과 같은 강제성 있는 명령이나 증거수집 범위 등이 법원소송에 비하여 제한적이라는 단점도 있음을 고려해야 한다.

3. 분쟁을 소송으로 해결할 경우에 법에서 정하고 있는 관할법원이 당사자로부터 먼거리에 있거나 일방 당사자에게만 유리한 경우가 있으므로 미리 당사자간에 합의하여 관할법원을 정해 둔다. 관할합의에는 법정관할 외에 다른 법원에서도 소송을 제기할 수 있도록 하는 방법(부가적 관할합의)과 당사자가 합의로 정한 특정 법원에서만 소송을 제기할 수 있도록 하는 방법(전속적 관할 합의)이 있다.

(오프라인 계약 시)
본 계약의 성립 및 계약내용을 증명하기 위하여 계약서 3부를 작성하여, 쌍방이 각각 서명 날인하고 KIPEX가 확인 서명한 후 각각 1부씩 보관한다.

(온라인 계약 시)
본 약정의 성립을 증명하기 위하여 본 약정서에 쌍방이 전자서명한 후 KIPEX가 전자서명하여, 그 사본을 쌍방이 각각 보관하고 그 진정성에 대하여 다툼이 생긴 경우에는 KIPEX에 보관된 전자문서를 원본으로 한다.

〔해설〕 계약서 말미에 기재하는 후문(後文)은 계약당사자가 각각 1부씩 계약서를 가지고 있음을 명시함으로써 계약서의 위조와 변조를 방지할 수 있다는 장점이 있다.

[년 월 일]

갑
소속기관:
주　　소:
성　　명: (인)

을
소속기관:
주　　소:
성　　명: (인)

중개
기관명:
주　소:
대표자: (인)

제4절 의향서(Letter of Intent)

의향서, 양해각서 또는 협정서(Letter of Intent)란 장래 체결하여야 할 계약에 관한 예비적인 합의나 양해사항을 설명한 계약이전의 문서를 말하며 종종 Head of Agreement, Memorandum of Understanding, Protocol, Letter of Understanding, Memorandum of Intent, Term Sheet 등과 같은 표제를 사용하기도 한다. 명칭은 다르지만 예비적인 합의서라는 성격과 일반적으로 최종적인 구속력이 인정되지 않는다고 인식하는 공통점이 있으며, 명칭에 따라 법적 성격에 차이가 있는 것은 아니다.

아직 본 계약에는 이르지 않지만 어떤 내용에 대해서 잠정적으로나마 합의를 이룬 내용을 문서로 정리한 후 그 정신에 위배되지 않게 향후 협력을 계속해서 본 계약까지 체결하도록 상호 노력하자는 내용이 주를 이룬다. 일반적으로 의향서나 MOU는 협상기간 동안의 우선협상권 및 비밀유지의무 정도를 법적인 의무로 규정하고 나머지 사항들은 협조사항에 불과한 경우가 대부분이며, 양자의 공통의 비전에 대해서 추상적인 규정을 두는 경우가 많다.

실무에서는 법적인 효력을 부여하지 않으려고 의도하는 문서, 도덕적 구속력만 가지는 것으로 생각하는 경우도 있으나 그 내용에 법적 구속력을 인정하는 구체적인 표현을 쓰고 있다면, LOI 자체에서 명시적으로 법적 구속력을 배제하지 않는 한 법적구속력이 있다.

당사자들이 구속력 있는 합의를 의도했는지 여부, 의향서 내용이 구체적으로 작성된 정도 및 의향서 작성 후 당사자들의 행동 등을 종합적으로 검토하여 법적 구속력을 판단하게 된다. 구속력 있는 합의는 의무가 수반되는 행위를 하기로 현재 시점에서 약속하는 것이며, 반면에 구속력 없는 합의는 장래에 의무를 수반하는 행위를 할 예정이라고 현재시점에서 의사를 표명하는 것이다. 의향서에는 비밀유지의무나 배타적 거래조항처럼 구속력 있는 부분과 향후 체결할 라이센스의 선택조건처럼 구속력 없는 부분이 혼재하여 있는 경우가 많으므로 각 조항별로 구속력 여부를 판단하여야 한다.

법적 구속력 유무에 대한 해석상의 다툼을 피하고자 한다면 LOI중에 확실하게 규정해 둔다. 예를 들면 LOI에 법적 구속력을 인정하지 않고자 하는 경우에는 다음과 같은 조항을 포함시킨다. 당사자 간에 구속력 있는 합의를 체결하였음을 나타내기 위해서는 "This agreement constitutes a legally binding agreement. The parties here to agree to be bound by this agreement"라고 작성한다.

예 문

제O조 본 협약서의 내용은 협약당사자간에 법적인 구속력을 발생하지 않는다.
협약당사자간의 구체적인 권리·의무에 대해서는 별도의 계약을 체결하여 정하기로 한다.

Article __ (No binding effect)
The terms and conditions set forth in this Letter of Intent shall not be legally binding unless a formal agreement incorporating such terms and conditions is executed by the parties hereto.

위와 같은 법적 구속력을 인정하지 않는 규정을 두었다 하더라도 LOI에는 최소한 다음과 같은 효력이 있으므로 신중하게 대처하여야 할 것이다. 아울러 양 당사자가 최종적인 계약을 체결하기 위해 서로 성실한 노력을 다하자는 신사 협정적인 성격이 강하므로, 이후에 최종적인 계약으로 이어지지 않을 확률도 많다는 점을 유의하여야 한다.

- 의향서에 합의된 계약의 주요 조건에 대하여 상대방이 동의하지 않으면 이후 수정 또는 재논의 요구가 어렵다.
- 계약의 세부조건에 대한 협상을 신의성실에 따라 진행할 의무
- 의향서 체결 과정에서 알게 된 상대방의 기술상 또는 영업상의 비밀을 유지할 의무
- 배타적 교섭의무

표준 비밀유지계약서의 구성과 조문해설

표준 의향서(Letter of Intent)

설계재산 제공자 (이하 갑)

성　명:

주　소:

소속기관:

설계재산 사용자 (이하 을)

성　명:

주　소:

소속기관:

대상 설계재산 (이하 설계재산)

설계재산 코드:

설계재산 명:

설계재산 버전:

갑과 을은 다음의 설계재산에 대하여 다음과 같이 합의하여 의향서를 작성한다.

제1조 (목적)
본 의향서는 KIPEX에 등록된 갑의 본건 설계재산을 을에게 제공하여 을이 본 건 설계재산을 사용할 것인지의 여부를 판단하는데 있어서 각자의 책임을 인식하고, 향후 상호간에 설계재산의 사용 계약을 원활하게 체결하려는데 그 목적이 있다.

제2조 (정의)
본 의향서에서 사용하는 용어의 정의는 다음과 같다.
① "본 건 설계재산"이라 함은 KIPEX에 등록된 설계재산 중 등록코드가 [설계재산코드]인 [설계재산 명, 버전]을 말한다.
② "KIPEX"이라 함은 서울특별시 강남구 역삼동 648-1번지 BYC빌딩 502호에 주소를 둔 반도체설계재산유통센터(Korean Semiconductor Intellectual Property EXchange)를 의미한다.

③ “비밀정보”라 함은 을이 갑으로부터 제공받는 본건 설계재산에 대한 일체의 영업 혹은 기술상의 정보 및 이와 같은 영업 혹은 기술상의 정보에 근거하여 을이 개발하거나 도출하는 일체의 영업 혹은 기술상의 정보, 교섭 과정에서 알게 된 상대방에 관련된 일체의 영업 또는 기술상의 정보를 말한다. 이와 같은 비밀정보는 서면, 구두 혹은 기타 방법으로 제공되는 모든 노하우, 공정, 도면, 설계, 실험결과, 샘플, 스펙, 데이터, 공식, 방법, 프로그램, 가격표, 거래명세서, 생산코스트, 선전상의 아이디어, 사업정보 등을 모두 포함한다.

제2조 (설계재산 사용 조건)
① 갑은 본 의향서 체결일로부터 [일] 이내에 본 건 설계재산의 사용허락에 필요한 비밀정보 등을 을에게 제공하며, 본 의향서 체결일로부터 [개월] 이내에 을 이외의 제3자와 본건 설계재산에 관한 사용계약 등을 체결하지 않는다.
② 을이 본건 설계재산에 대한 사용을 원하는 경우 라이센스 방법, 라이센스비용 지급방법 및 설계재산의 유지보수 방법 등을 별첨한 “Buyer가 원하는 라이센스모델”에 명시하여, 본 의향서의 체결일로부터 [일] 이내에 통지하여야 한다.
③ 갑은 제2항의 통지를 받은 경우 [일] 이내에 본 건 설계재산의 사용허락의 여부에 대한 통지를 하여야 한다.

제3조 (기술원조) 을은 갑에 대하여 본건 설계재산의 분석·평가를 위하여 기술원조를 요청할 수 있다. 만일 갑의 기술자에 대한 파견이 필요한 경우 갑의 동의하에 파견을 요청할 수 있으며 을은 파견자에 대한 여비, 통상의 체제비 및 임금상당액을 부담한다.

제4조 (비밀 유지 의무)
① 갑 또는 을은 상대방의 서면에 의한 사전 승낙없이는 본 의향서의 체결사실이나 내용 및 비밀정보를 공표하거나 제3자에게 알려서는 아니된다. 다만, 다음에 해당하는 정보임이 객관적인 증거를 통하여 입증되는 경우는 비밀유지 의무가 없다.
1. 비밀정보의 제공 이전부터 제공받은 당사자가 보유하고 있던 정보.
2. 비밀정보를 제공받은 당사자의 고의 또는 과실에 의하지 않고 공지의 사실로 된 정보.
3. 비밀정보를 제공받은 당사자가 적법하게 제3자로부터 제공받은 정보.
4. 비밀정보를 제공받은 당사자가 비밀정보와 관계없이 독자적으로 개발한 정보.
5. 비밀정보를 제공한 당사자가 공개를 허락한 정보.
6. 관련법규나 정부당국에 의하여 공개가 요구된 정보. 이 경우 사전에 반드시 상대방에게 그 사실을 서면으로 통지하고, 상대방으로 하여금 적절한 보호 및 대응조치를 할 수 있도록 하여야 한다.

② 갑 또는 을은 상대방으로부터 제공받은 비밀정보를 본 계약의 목적에 부합하는 각 소속 관계직원들에 한정하여 이용하도록 조치하여야 하며, 비밀정보를 제공받은 날로부터 2주 이내에 해당 관계 직원에게 본 계약상의 비밀유지의무를 이행한다는 내용의 서약서를 받아 그 사본과 함께 자신의 영업비밀보호규정 및 그 규정을 관계직원에게 공람한 결과를 상대방에게 제출하는 등 부정경쟁방지 및 영업비밀보호에관한법률상의 영업비밀로 보호받을 수 있을 정도로 적절한 조치를 취하여야 한다.

〔해설〕 1. 기업간 비밀유지계약을 체결하는 것 뿐만 아니라 보호대상 비밀정보를 취급하는 각 회사의 종업원들에게도 비밀유지 서약서를 받아둠으로써 해당 종업원이 퇴직 시 재직 중 알게된 비밀을 외부에 누설하지 못하도록 하는 등의 조치를 하는 것이 반드시 필요하다.

2. 비밀정보를 취급하는 관계직원을 계약목적을 달성할 수 있는 최소한으로 한정하고, 부득이 한 경우를 제외하고는 자·모회사나 하청회사 등 관계회사까지 확장시키지 않도록 한다.

3. 회사간에 기술이전을 협의하고 있다는 사실이 공개되면 경쟁사들로부터 견제나 방해를 받을 우려가 있거나 기업경영전략의 노출, 노사문제, 내부자거래나 공시규정의 위반 가능성 등의 문제를 야기할 수 있는 경우에는 기술이전 협의과정이 외부에 공개되는 것을 금지하는 규정을 마련한다.

4. 일반적으로 비밀정보에 대하여 엄격한 비밀유지의무를 요구하는 반면에 위의 각호와 같이 제공받는 측의 귀책사유없이 비밀정보가 공개되는 등의 경우에는 비밀로서의 의의가 상실되었으므로 비밀유지의무에서 면제시키는 것이 공정하고 합리적이다.

5. 관련 발명의 출원이 예상되는 경우에는 양도한 특허출원이 공개되기 까지 양수인에게 비밀유지의무를 부과한다.

6. 노하우실시계약의 대상인 영업비밀을 라이센시의 동의없이 특허출원할 경우 계약해지와 손해배상을 당할 위험이 있으므로 유의하여야 한다.

제5조 (비밀의 표시)

갑 또는 을은 상대방에게 서면이나 서류 형태로 비밀정보를 제공하는 경우 서류상에 비밀임을 알리는 문구("비밀")를 명백히 표시해야 하며 서면이나 서류 이외의 형태 즉 구두나 영상 또는 당사자의 시설, 장비 샘플 기타 품목들을 관찰하거나 조사함으로써 비밀정보를 제공할 경우에는 공개 시 상대방에게 본 정보가 비밀에 속한다는 것을 알리고 또한 공개일로부터 [일] 이내에 서면으로 비밀임을 알리는 문구를 표시하여 상대방에게 확인시켜야 한다.

〔해설〕 비밀정보를 제공할 경우에 비밀정보라는 것을 명기하는 것이 중요하다. 구두로 제공하는 비밀정보는 제공 후에 비밀정보임을 알리는 문서를 제출시키는 경우가 많다. 제공 · 개시의 시기, 회수, 범위, 수단 등에 대하여 미리 결정해 둔 경우에는 규정해두는 것이 좋다.

제6조 (비밀정보의 사용용도의 제한 등)
① 갑 또는 을은 상대방으로부터 제공받은 비밀정보를 본 건 설계재산에 대한 [계약의 목적]을 위한 판단 목적으로만 사용하여야 하며, [주계약]이 체결되는 경우를 제외하고는 비밀정보를 자신 또는 제3자를 위하여 제공하지 않을 것과 이에 관한 지적재산권 보호를 위한 출원을 하지 않을 의무를 진다.
② 갑 또는 을은 상대방의 사전 서면 승인없이는 비밀정보가 기재 또는 기록된 모든 문서, 도면, 기타 서류 또는 전기적, 자기적, 광학적 기록 매체를 복제할 수 없다.

〔해설〕 통상 제공된 샘플이나 정보를 계약목적 이외의 목적을 위하여 사용하는 것을 금지하는 경우가 많으며, 예외적으로 상대방의 문서에 의한 승낙이 있는 경우에만 제3자에게 공개할 수 있다고 규정하는 경우도 있다.

제7조 (권리의 부존재 등) ① 본 의향서에 따라 제공되는 비밀정보에 관한 모든 권리는 제공한 당사자에 속하고 본 계약은 어떠한 경우에도, 비밀정보에 관하여 상대방에게 어떠한 권리나 사용권을 부여하는 것으로 해석되지 않는다.
② 본 계약은 어떠한 경우에도 당사자간에 향후 어떠한 확정적인 계약의 체결, 제조물의 판매나 구입, 실시권의 허여 등을 암시하거나 이를 강제하지 않으며, 기타 본 계약의 당사자가 본 계약상 기술과 관련하여 다른 제3자와 어떠한 거래나 계약관계에 들어가는 것을 금지하거나 제한하지 아니한다.

〔해설〕 제공된 정보나 샘플 등은 상대방에게 양도된 것이 아니며, 그 소유권은 당연히 제공자측에 귀속한다는 것을 확인시키는 규정이다. 따라서 계약 목적이 종료된 경우에는 통상 제공자에게 반환하거나 폐기토록 한다. 정보가 중요하다면 어떠한 경우에 반환하고 폐기할 지를 구체적으로 규정해 두는 것이 바람직하다.

제8조 (의무 위반시의 책임)
① 본 의향서상의 의무를 위반한 당사자는 의무위반 일로부터 2주일 이내에 [금원]을 상대방에게 위약벌로 지급한다.
② 제1항의 위약벌과 별도로 제1항의 계약위반으로 상대방이 입은 모든 손해를 배상하여야 한다.

〔해설〕 정보제공자는 비밀정보의 제공과 관련하여 엄격한 손해배상의무를 요구할 근거조항을 확보해 두어야 한다. 특히 계약의무위반으로 인한 손해배상책임을 금전적으로 사전에 정해 놓으면 상대방에 대한 구속력을 강화시킬 수 있으며 아울러 손해액의 입증책임의 부담에서 벗어날 수 있다. 다만, 이러한 손해배상 예정액은 당사자가 예상하는 실제 손해액과 어느 정도 일치하여야 하며 상당한 차이가 있는 경우에는 벌금으로 간주되어 인정되지 않을 수 있다.

제9조 (KIPEX의 책임 면제)
① KIPEX는 양당사자간에 원활한 거래가 이루어 질수 있도록 최대한 노력한다.
② KIPEX는 설계재산의 거래과정에서 일방 당사자나 쌍방 당사자사이에 발생하는 손해에 대해서는 어떠한 경우에도, 어떠한 상황에서도 직접적, 간접적 또는 부수적이거나 파생적인지를 묻지 않고, 일체의 손해에 대하여 책임을 지지 않기로 한다.

제10조 (양도 제한)
본 의향서의 권리와 의무는 상대방의 사전 서면 동의없이는 제3자에게 양도될 수 없다.

제11조 (완전합의 등)
① 본 의향서는 갑과 을 사이에 본건 설계재산의 사용허락에 관한 기본적인 사항을 규정한 것으로 양 당사자간의 모든 문서에 우선한다.
② 본 의향서의 수정이나 변경은 양 당사자의 정당한 대표자가 서명한 서면합의로만 이루어질 수 있다.

〔해설〕 1. 본 조항은 완전합의조항으로서 계약체결 전에 당사자간에 주고 받았던 문서 또는 구두에 의한 합의는 모두 배척되는 것이며, 계약서가 당사자의 의사를 해석하는 유일한 자료인 것을 규정한다.

2. 계약서의 서명 이전까지 작성 또는 교환된 일체의 합의 등을 부인하는 면책적효과가 있으므로 동일주제에 대한 복수의 상이한 약속으로 인하여 장래에 야기될지도 모르는 분쟁을 사전에 없애는 용도로 쓰인다. 완전합의조항이 갖는 이러한 효과를 충분히 감안하여 계약체결 시에 이미 합의한 또는 합의하고 싶은 사항의 누락은 없는지 등을 신중히 검토해야 한다. 또한 이미 합의한 내용이나 약속이 본 계약에 정확히 반영되지 않은 채 완전합의조항이 삽입될 경우는 그 효력이 소멸되므로 특히 유의해야 한다.

제12조 (해석 및 보완)
① 본 의향서에 명시되어 있지 아니하거나 해석상 이견이 있을 경우에는 양 당사자가 협의에 의해 사회 통념과 조리 및 거래관행에 맞게 이를 해결한다.

② 본 의향서는 당사자가 충분히 그 내용을 숙지한 후 서명.날인한 것으로서 그 과정에 어떠한 기망이나 착오, 기타 의사불일치가 존재하지 않음을 확인한다.

제13조 (분리가능성)
본 의향서 중 어느 규정이 법원에 의하여 불법, 무효 또는 집행불가능하다고 선언될 경우, 당사자간의 거래균형을 현저하게 변화시키지 않는 한 본 의향서의 나머지 규정의 유효성에 영향을 미치지 아니한다.

〔해설〕 1. 계약의 일부 조항이 강행법규에 저촉되어 효력을 상실하게 되는 경우에 계약 전체를 무효로 하는 방법과 다른 규정에는 전혀 영향을 미치지 않는 것으로 하는 방법 및 절충안까지 여러 가지 대응방법이 있다. 본 규정은 후자의 방식을 택하고 있다.

2. 이와 같은 가분성조항을 채용하면 특정 조항이 법원 등에서 무효로 선언된 경우에도 계약 자체는 여전히 유효하다는 점을 유념해야 한다. 다만, 법원 등이 면제불가능한 조항을 이유로 전체 계약을 무효로 판정하면 이 가분성조항만으로는 계약을 유효하게 만들 수는 없다. 다만, 법원은 가능하다면 계약의 유효성을 지켜 주는 것이 당사자들의 이해관계에 일반적으로 합치한다는 의견을 표명하고 있다.

제14조 (중요사항의 변경)
본 의향서 체결 후 법인의 주소 등 본 의향서의 이행과 관련된 중요사항이 변경되었을 경우 이를 상대방에게 지체없이 통지하여야 한다. 해당 당사자의 통지 불이행으로 인한 상대방의 착오에 대하여 그 책임을 물을 수 없다.

제15조 (계약기간 및 종료시의 조치)
① 제2조 제2항 및 제3항에서 규정한 기한내에 본 건 설계재산에 대한 사용의사가 없음을 상대방에게 통지한 경우에 제4조 및 제6조의 비밀유지에 관한 조항을 제외하고는 본 의향서는 종료한다.
② 제4조의 비밀유지 의무기간 및 제6조의 비밀정보의 사용용도 제한기간은 본 의향서의 체결일로부터 [년]간 그 효력을 가지며, 본 의향서에 서명하기 전에 이미 상대방으로 부터 제공받은 비밀정보 등도 본 조항의 적용을 받는다.
③ 갑 또는 을은 상대방의 요구 또는 본 의향서의 종료 시에 상대방의 비밀정보가 기재되어 있거나 이를 포함하고 있는 제반 자료 및 그 사본, 장비, 서류, 샘플, 기타 유체물을 자신의 비용으로 즉시 반환하거나 상대방의 선택에 따라 이를 폐기하고 그 폐기를 증명하는 서류를 즉시 상대방에게 제공하여야 한다.

〔해설〕 1. 비밀유지계약서 중에는 계약기간을 정하지 않은 경우도 많다. 통상 비밀유지조항에서 비밀유지기간을 정하고 있기 때문에 별도로 계약기간을 정할 필요성이 없기 때문이다.

2. 계약조항마다 유효기간을 정하는 경우도 있으며, 계약기간을 정하고 비밀유지의무에 대해서는 계약기간 종료 후 일정기간 존속하는 것으로 정하는 경우도 흔히 볼 수 있다. 각 당사자의 입장에 따라 적절한 방법을 택한다. 계약서에 서명하기 전에 제공된 비밀정보 등도 이 계약서의 적용을 받는다는 것을 명시한다.

제16조 (특약사항)

[ ]

〔해설〕 본 계약서에 없는 규정은 법률 규정이나 거래관행에 따라 해석되고 집행되므로 뜻하지 않게 불이익을 받을 수도 있으므로 특별히 정할 사항이 있으면 이에 관한 사항을 본 조항에 구체적으로 기재한다.

제17조 (분쟁의 해결)

① 본 계약과 관련한 분쟁이 발생할 경우 당사자의 상호 협의에 의한 해결을 하되, 분쟁에 대한 합의가 이루어 지지 않는 경우에는 우선적으로 KIPEX의 분쟁조정 패널의 조정을 받도록 한다.

[Option 1 : 소송에 의한 해결]

② 제1항에 따른 조정이 성립되지 않을 경우 갑과 을 사이에 제기되는 소송은 서울중앙지방법원을 제1심 법원으로 하고, 대한민국의 현행 관계 법령의 적용을 받는 것으로 한다.

[Option 2 : 중재에 의한 해결]

② 이 계약으로부터 또는 이 계약과 관련하여 또는 이 계약의 불이행으로 말미암아 당사자간에 발생하는 모든 분쟁, 논쟁, 또는 의견차이는 한국 서울에서 대한상사중재원의 상사중재규칙과 한국법에 따라, 중재에 의해 최종적으로 해결한다. 중재인(들)에 의해 내려지는 판정은 최종적인 것으로서 당사자 쌍방에 대해 구속력을 가진다.

〔해설〕 1. 분쟁해결방법에는 (1) 당사자간의 협상, (2) 당사자 또는 조정기관이 선정한 조정인을 통한 조정, (3) 당사자 또는 중재기관이 선정한 중재인을 통한 중재, (4) 법원에서의 재판 등이 있으며, 어떤 방법이 적합한지는 당사자관의 관계, 분쟁내용 · 정도,

문제의 긴박성 등 여러 변수에 따라 달라 질 수 있다. 당사자간 직접 협상을 진행하는 것이 적절한 해결방법인 경우에는 분쟁 발생 시 당사자가 의무적으로 준수해야 하는 협상절차를 계약서에 상세히 기술하여 당사자간에 협상통로가 단절되는 것을 방지하는 것이 바람직하다.

2. 영업비밀과 관련한 분쟁의 해결은 공개재판 중심으로 운영되는 소송에 비하여 비용이 보다 적게 들며, 비밀유지가 용이하고 해당분야에 전문성 있는 중재인에 의한 비공개로 신속하게 진행되는 중재가 유익할 수 있다. 다만, 가처분과 같은 강제성 있는 명령이나 증거수집 범위 등이 법원소송에 비하여 제한적이라는 단점도 있음을 고려해야 한다.

3. 분쟁을 소송으로 해결할 경우에 법에서 정하고 있는 관할법원이 당사자로부터 먼거리에 있거나 일방 당사자에게만 유리한 경우가 있으므로 미리 당사자간에 합의하여 관할법원을 정해 둔다. 관할합의에는 법정관할 외에 다른 법원에서도 소송을 제기할 수 있도록 하는 방법(부가적 관할합의)과 당사자가 합의로 정한 특정 법원에서만 소송을 제기할 수 있도록 하는 방법(전속적 관할 합의)이 있다.

(오프라인 계약 시)
본 계약의 성립 및 계약내용을 증명하기 위하여 계약서 3부를 작성하여, 쌍방이 각각 서명 날인하고 KIPEX가 확인 서명한 후 각각 1부씩 보관한다.

(온라인 계약 시)
본 약정의 성립을 증명하기 위하여 본 약정서에 쌍방이 전자서명한 후 KIPEX가 전자서명하여, 그 사본을 쌍방이 각각 보관하고 그 진정성에 대하여 다툼이 생긴 경우에는 KIPEX에 보관된 전자문서를 원본으로 한다.

〔해설〕 계약서 말미에 기재하는 후문(後文)은 계약당사자가 각각 1부씩 계약서를 가지고 있음을 명시함으로써 계약서의 위조와 변조를 방지할 수 있다는 장점이 있다.

[년 월 일]

갑
소속기관:
주 소:
성 명: (인)

을
소속기관:
주　　소:
성　　명:　　　　　　　　　　　　　(인)

중개
기관명:
주　소:
대표자:　(인)

제5절 설계재산 사용계약

I 序

설계재산 사용계약이란 당사자일방(라이센서)이 상대방(라이센시)의 설계재산에 대하여 일정한 대가(기술료)를 받고 사용권을 허락하는 계약을 말하며, 세 가지 요소 중 한 가지라도 결여사항이 있으면 계약의 효력이 부인될 수 있다.

II 계약서의 구성

[표 30] 계약서의 구성

구성	내용
표제	
전문	– 당사자표시, 계약 목적과 범위, 계약체결의사 등을 기재한다. 당사자명칭과 본점소재지(의무이행지/관할법원 결정 기준임)는 등기부상의 기재와 일치해야 한다.
본문	– 정의조항 – 사용권허락조항(사용허락, 수출, 하청실시, 재실시허락) – 기술료조항(기술료, 최저기술료, 기술료의 계산 · 보고 · 지불, 장부 등의 보관, 회계감사 등) – 특약사항(사용권 허락자의 담보책임, 기술의 개량, 원재료 · 부품 등의 구입, 경쟁품등의 취급제한, 비밀유지, 침해조항, 최혜대우조항 등) – 사용기간과 해지(계약기간 및 연장, 해지조항, 종료조항) – 일반조항(불가항력 조항, 양도조항, 통지조항, 계약의 변경, 완전합의조항, 분쟁의 해결)
후문	– 말미문언, 당사자의 표시, 기명날인(서명), 계약체결 연월일

Ⅲ 사용권의 종류

1. 독점사용권

독점사용권은 사용권자만이 설계재산을 사용할 수 있는 권리를 말하며, 설계재산권자는 독점사용권의 허락 후에도 해당 설계재산을 사용하기 위해서는 그 취지를 규정하여야 한다.

설계재산권자는 독점사용권의 허락 후에도 특정 제3자에 대하여 동일한 범위의 사용권을 허락할 수 있는 권한을 유보할 수 있다. 예컨대, 설계재산권자가 이미 제3자와 옵션계약을 체결하고 있어 당해 제3자가 장래 그 옵션에 대한 권리를 행사할 가능성이 있는 경우, 장래 자신의 자회사 등에게 사용권을 허락할 가능성이 있는 경우 또는 독점사용권자의 불성실한 사용에 대처하려고 하는 경우 등이 이에 해당한다.

독점사용권허락 후 일정기간이 경과한 경우 또는 계약기간 중에 일정한 사실(예컨대, 사용권자가 소정기간 내에 소정의 판매실적을 달성하지 못한 경우)이 발생한 경우에는 독점사용권을 비독점사용권으로 변경할 수 있음을 규정할 수 있다.

2. 비독점 사용권

복수의 사용권이 공존할 수 있는 경우의 사용권을 말한다. 설계재산권자는 어느 종류의 사용권을 선택하는 것이 가장 많은 수입을 올릴 수 있으며 경영정책에 합치하는지를 고려하여야 할 것이다. 사용권자는 독점사용권이 유리한 반면에 사용료 등의 의무(사용의무, 최저기술료 지불의무 등)도 강화되는 점을 유념하여야 한다.

Ⅳ 기술료 조항

1. 선급금

최근 선급금을 수수하는 경우가 증가하고 있으며, 사용권자에게 조속하고 성실한 실시를 촉구함과 동시에 경쟁자의 출현을 방지할 목적만으로 독점사용권을 취득하려고 하는 의도를 미연에 배제할 수 있다는 점에서 유용하다. 계약이 해지되거나 계약기간 중에 종료되는 경우 선급금의 반환여부를 규정하는 것이 다툼을 예방할 수 있다.

2. 사용료의 감액

계약기간 중에 다음과 같은 사유가 발생한 경우에는 소정의 사용료를 감액하도록 규정하는 것이 계약관계를 지속적으로 유지할 수 있고, 또한 상호 모두에게 이익이 된다.

- 경쟁품이 출현하여 라이센시의 이익이 현저하게 감소한 경우
- 라이센시가 소정의 수량을 초과하여 계약제품을 판매한 경우
- 라이센서가 제3자에게 사용권을 허락한 경우
- 허락 설계재산을 사용함에 있어서 제3자의 특허 등을 실시할 필요가 발생한 경우

3. 최저기술료

어느 기간 중에 발생한 실적사용료의 총액이 약정 금액에 미달되는 때에 라이센시는 그 차액을 라이센서에게 지불할 것을 약속하는 경우의 약정금액을 최저기술료라 한다. 따라서 당초부터 고정되어 있는 정액기술료(비실적기술료)의 경우에는 최저기술료의 문제는 발생하지 않는다. 최저기술료 조항은 라이센시의 불성실한 실시 등에 의한 기술료 수입의 감소에 대하여 최소한도의 보증이 되므로 독점사용권 허여 시 매우 중요하다.

라이센시는 최저기술료를 달성하지 못한 것이 라이센시 자신의 책임이 아닌 사유(허락기술의 진부화, 경쟁품의 출현으로 인한 매출액 급감 등)에 의한 경우에는 최저기술료조항의 적용을 제외하는 조치를 강구해 둘 수 있다.

최저기술료가 합의된 경우에 라이센시의 사용의무는 최저기술료액의 한도로 제한된다. 라이센시는 최저기술료조항의 삽입을 요구받은 경우에 실시노력조항을 설정하여 그러한 요구를 회피할 수 있으면 보다 유리할 것이다. 최저기술료 조항을 부득이하게 수용하였을 경우에는 최대기술료조항을 설정하도록 협상하여야 한다.

실적실시료액이 최저기술료에 미달하는 경우에 라이센시는 그 부족액을 지급하면 되지만 라이센서로서는 독점성 변경권(독점사용권을 비독점사용권으로 전환) 또는 계약해지권을 유보하는 것이 유리하다.

4. 불공정한 기술료 산정

설계재산권에 직접 적용되는지 여부가 명확하지 않은 점은 있으나 지적재산권의 부당한 행사에 대한 심사 지침은 다음과 같은 경우에 불공정한 계약으로 판단하여 일정한 제재를 하고 있음에 유의하여야 한다.

- 기술료 산정방식이 계약서에 명시되지 않고 산업재산권자가 기술료 산정방식을 일방적으로 결정하는 경우
- 계약기술 등을 사용하지 않은 제품에 대해서도 기술료를 지급하게 하는 경우
- 계약기술 등의 실시를 위해 직접적으로 필요하지 않은 기술을 일괄해서 실시하도록 하거나 직접적으로 필요하지 않는 제품을 일괄해서 구입하게 하는 경우

예 문

(기술료 조항)

제○조 ① 본 계약 제○조에 의한 사용권 허락의 대가로서 사용권자는 허락자에 대하여 아래 금액을 지불하기로 한다.

1. 일시금 : 금 20억원
2. 경상실시료 : 사용권자가 본계약기간 중에 판매하거나 무상양도하거나 또는 자기가 사용하는 계약제품에 대하여 본 조 제2항 내지 제4항에서 정한 순판매 가격의 3%

② 사용권자가 계약제품을 제3자에게 판매하는 경우에 순판매 가격은 총판매 가격에서 포장비, 수송비, 대리점수수료, 설치비, 물품세, 관세 및 상거래 관행상 허용되는 타당한 범위 내의 현금 할인액, 수량 할인액 등을 공제한 잔액을 말한다. 다만, 이들 비용 및 금액이 사용권자가 구입자에게 발급한 청구서 중에서 계약제품의 가격과 명확하게 구별하여 기재되어 있지 않는 경우에는 위의 공제는 인정되지 아니한다. 위의 경우에 경상기술료는 사용권자가 계약제품을 그 구입자에게 인도한 날 또는 그 대금을 구입자로부터 수령한 날 중 빠른 날에 발생한다.

③ 전 항의 규정에도 불구하고 사용권자가 계약제품을 그의 자회사 또는 관련회사에 판매하는 경우에 순판매 가격은 허락자의 사전 승낙을 얻은 가격으로 하며, 이 경우에 경상기술료의 발생시기에 대해서는 전 항 후단의 규정을 준용한다.

④ 사용권자가 계약제품을 제3자에게 무상 양도하거나 또는 자기 사용에 제공하는 경우에 순판매 가격은 허락자의 사전 승낙을 얻은 가격으로 하며, 이 경우의 경상기술료는 계약제품을 당해 제3자에게 인도한 날 또는 계약제품의 자기 사용을 실제로 개시한 날에 발생한다.

(최저기술료 조항)

제○조 ① 경쟁품의 출현, 시장상황의 현저한 변동, 기타 라이센시의 책임에 의하지 않는 사유에 의하여 라이센시가 최저기술료를 달성할 수 없는 경우에는 라이센시의 청구에 의하여 당사자는 최저기술료의 감액에 대하여 성의를 갖고 협의하는 것으로 한다.

② 라이센시의 책임 있는 사유에 의한 것인 지를 묻지 않고 라이센시가 2년간 연속하여 최저기술료를 달성할 수 없는 경우에는 라이센서는 본 계약 제○조에서 정한 독점사용권을 비독점사용권으로 변경할 수 있다. 위 변경의 효력은 변경의 통지가 라이센시에게 도달한 날의 다음날에 발생한다.

V 기술지원

기술지원조항은 사용허락조항에서 약속한 계약제품에 관한 노하우 등의 정보 제공 시기, 방법, 형태, 범위 및 개시절차를 구체적으로 규정한 것으로 지원일정과 방법을 효율적으로 규정하면 경상기술료를 쉽게 받을 수 있다. 또한, 이 조항은 라이센시의 선급기술료와 밀접하게 관련되어 있어 라이센시가 약정한 대로 선급기술료를 지불하지 않으면 라이센서는 기술정보를 제공하지 않아도 된다.

계약교섭단계에서 흔히 문제되는 사항은 아래와 같으며, 이해관계를 조정하여 상호 도움이 될 수 있도록 협의하여야 한다.

- 라이센시에게 제공할 노하우의 문서화, 매뉴얼화의 정비
- 허락기술에 관한 라이센시측의 수용체제(기술자의 기술력과 경험)
- 라이센서측의 라이센시에 대한 교육지도체제의 정비(교육설비 및 상호방문)
- 이전 노하우의 비밀유지절차 등 보호 조치. 특히, 라이센시측에서 기술이전에 관련된 인원과 회사 간의 비밀유지계약 또는 사외 컨설턴트와의 비밀유지 계약 등을 하도록 규정하고 반드시 알 필요성이 있는 자에게만 꼭 필요한 단편정보를 개시하도록 한다.
- 선급기술료로 받는 범위(인원수, 기간, 실시장소, 인원의 종류, 여비, 생활비, 상해보험 등)
- 라이센시에게 긴급사태발생 시의 대응조치
- 실시계획일정을 위반한 자에 대한 조치사항

제공정보는 적어도 도면화 또는 문서화(한글과 영어를 함께 사용하는 것이 바람직하다.)하여 둔다. 현장에서 기술자 간에 실무작업을 통해서만 전달할 수 있는 노하우 등의 경우도 가능하면 의사록 등의 형태로 남겨 두고, 현지에서 작성할 수 없는 경우에는 귀국 후에 협의내용에 대한 확인서를 받아 두면 향후 분쟁발생 시에 유효하게 사용할 수 있다.

라이센서는 라이센시에게 구체적인 정보의 종류 및 형태 등을 계약부속서에 명기하여야 한다. 예를 들면 기계도면인 경우에는 도면의 종류(전체조립도, 단면도, 부품도, 각종 가공도 등), 형태(인쇄, 마이크로 필름, 플로피 디스켓, CD 등), 규격(A0, B4 등), 제출시기, 매수 등을 명기한 일람표를 계약부속서의 형태로 전달정보를 지정한다. 도면이나 문서로 전달할 수 없는 정보는 기술자를 라이센시측에 파견하여 현장에서 계약제품의 제조, 시험·검사, 운전, 보수·점검, 수리 등을 지도하면서 전달하여야 한다.

개발·개량정보도 포함하여 책임 있고 시의적절한 정보전달 및 상호 신뢰관계 형성을 위하여 라이센서와 라이센시가 각각 부·과장급으로 영업창구와 기술창구를 설정하고 이를 통하여 라이센스 계약과 관련된 연락 및 정보교환을 하는 것이 효율적이다. 공식창구를 통하여 전달된 정보만이 계약상 정식으로 전달된 정보라고 합의해두면 유용할 것이다. 또한 교대로 연1회 일정한 시기에 임원급 회의를 개최하여 과거 1년간의 활동실적 보고 및 금후 1년간의 계획 등을 전달하고, 동시에 경쟁회사 및 업계의 동향에 대한 정보교환을 하고 분쟁이 있으면 그 처리에 대해서도 의견교환과 방침을 결정하여야 한다. 이러한 정례회의를 통하여 신뢰관계를 구축하고 라이센스 계약의 원활한 이행에도 유용하다.

예 문

제○조(기술원조) ① 라이센서는 본 계약 제6조의 규정을 조건으로 라이센시에 대하여 계약발효일로부터 90일 이내에 본 계약서에 첨부되어 본 계약서의 일부를 구성하는 부록3에 열거된 계약발효일 현재 라이센서가 소유하는 기술정보를 부록3에 정해진 일정에 따라 제공한다.

② 라이센서는 본 계약 제6조, 제17조 제1항 및 제2항의 규정을 조건으로 본 계약기간 중에 발생하는 추가 기술정보를 라이센시에게 지체없이 제공한다.

③ 라이센서는 제6조, 제17조 제1항 및 제2항의 규정을 조건으로 본 계약기간 중 라이센시의 요구가 있으면 라이센서의 사무소 및 공장에서 라이센시의 직원을 계약년도에는 2주간 5명, 계약 다음연도는 5주간 4명을 초과하지 않는 범위내에서 파견받아 계약제품에 관한 교육훈련을 하며, 제1항과 제2항에 따라서 라이센시에게 제공된 라이센서의 기술정보의 범위 내에서 라이센시의 파견직원이 계약제품의 설계 및 제조 방법을 숙달하도록 지원하여야 한다. 라이센시는 파견 시 마다 사전에 라이센서에게 파견목적, 체류기간을 통지하고 라이센서의 동의를 받아야 한다. 다만, 라이센서는 라이센서가 통상의 관련작업을 하는데 지장을 주지 않는 한 라이센시의 직원을 파견받는 것을 부당하게 거부하거나 연기할 수 없다. 본 계약에 따라 라이센시의 파견에 부수하여 발생하는 모든 비용은 라이센시가 부담하기로 한다. 그러나 라이센시는 제4차계약년도 말일 이후에는 여하한 경우에도 본 조항에 따른 교육훈련을 받을 권리를 주장할 수 없다.

④ 라이센서는 제6조, 제17조 제1항 및 제2항의 규정을 조건으로 본 계약기간 중 라이센시의 요구가 있으면 라이센서의 기술자를 라이센시에게 파견하며, 본 조 제1항 및 제2항의 규정에 따라 라이센시에게 제공한 기술정보의 범위내에서 라이센시가 필요로 하는 상담이나 자문을 하기로 한다. 다만, 제1조 제1항 및 제2항에 규정한 계약제품 중 제2모델에 관하여 계약년도에는 50일을 초과하지 않기로 한다. 본

> 조항에 규정된 목적을 위해 라이센서가 파견한 직원의 계약지역 내에서 발생한 통상의 생활비 및 교통비는 라이센시가 부담한다. 그러나 라이센시는 제4년도말일 이후에는 여하한 경우에도 본조에 따른 라이센서의 상담 및 자문을 받을 권리를 갖지 않는다.
> ⑤ 라이센서는 본조 제3항 및 제4항에 규정된 한도를 초과한 교육훈련, 상담업무 및 자문을 추가하여 하기로 하며, 라이센시는 반드시 본조항의 추가 상담업무 및 자문에 대하여 1일당 ○○원을 라이센서에게 지불하여야 한다. 그러나 제4년도 말일이후에는 라이센시는 어떠한 경우에도 본 조에 따른 라이센서의 추가상담 및 자문을 받을 권리를 갖지 않는다.

Ⅵ 수출

수출에 대하여 아무런 규정을 하지 않은 경우에 라이센서의 승낙을 얻지 않고 특허제품을 외국에 수출할 수 있는 지가 문제되므로 수출 가능여부에 대한 명확한 규정을 마련하여야 한다.

계약체결 당시 산업재산권자의 기득권지역(당해 산업재산권등록지역)에 대하여 기득권지역의 국내법에 의해 계약제품의 수출 기득권한되는 범위 내에서 산업재산권자가 실시권자의 수출을 제한하거나 산업재산권자의 사전 동의 또는 승인을 받게 하는 경우, 국내법에 의해 계약제품의 수출이 금지된 지역에 대하여 실시권자의 수출을 금지하는 경우 등은 위법으로 보기 어렵다.

Ⅶ 재사용허락(서브라이센스)

재사용권자는 라이센시와 별개의 독립된 책임과 계산으로 허락설계재산을 사용하는 것이므로 라이센시가 제3자에게 재사용권을 허락하는 데는 반드시 라이센서의 승낙을 얻어야 한다. 라이센서는 라이센시와 체결하는 계약(주계약) 중에서 재사용허락권을 라이센시에게 부여할 수 있지만, 라이센서와 재사용권자와의 사이에는 원칙으로 계약상 직접적인 법적 관계는 발생하지 않는다. 재사용허락에 대한 주된 검토사항은 재사용허락권 부여의 여부, 만일 허락한다고 하면 재사용권자의 범위, 재사용허락권 부여의 조건, 재사용계약의 내용 등이다.

예 문

제○조 ① 사용권자는 사용권허락자의 사전승낙을 받은 자에 대해서만 재사용권을 허락할 수 있다.
② 전 항에 따라 사용권자가 재사용권을 허락할 경우에는 그때마다 당해 재사용계약서안을 허락자에게 제출하여 사전승낙을 얻어야 한다.
③ 사용권자가 재사용계약을 체결한 때에는 지체없이 당해 계약서 정본의 사본1부를 허락자에게 교부하여야 한다.

라이센서와 재사용권자사이에 직접적인 법률관계는 없기 때문에 주계약이 소멸하면 재사용계약도 당연히 종료(재사용계약의 부수성)하므로 재사용권자는 사용권자의 재사용 허락권한 유무 및 그 범위에 대한 사전조사가 중요하다.

Ⅷ 기술료의 계산, 기록보관, 보고의무 및 공장출입 · 검사

1. 序

특별한 합의가 없으면 라이센서는 라이센시의 장부 등을 검사하거나 공장을 출입할 권리를 갖지 않는다. 따라서 라이센서가 검사권 등을 유보하려고 하는 경우에는 반드시 그 취지의 규정을 계약 중에 포함시켜야 한다.

라이센시의 입장에서는 라이센시의 검사에 대하여 어느 정도 제한을 하는 것이 업무의 지장이나 불필요한 정보유출을 방지할 수 있으므로 검사의 횟수 및 인원 제한, 시기 및 검사시간 제한, 대상 회계장부와 관련기록의 열람제한 및 복사금지(총액 집계자료에 한정하고, 원가자료에 접근제한 등), 일정 및 인원 등에 대한 사전통지와 승인, 검사관련 비용에 대한 라이센서의 전액부담 원칙, 허용오차나 오류 발생 시 수정 등을 규정해야 할 것이다.

2. 장부 등의 기록, 보관장소, 보존기간

허락 설계재산의 사용항목, 기술료보고서의 내용 등의 확인을 용이하게 하기 위하여 라이센시로 하여금 관계장부, 서류 등을 기록, 수집하여 이들을 일정 장소에 보관시킨다. 장부 등의 보존기간은 상사채권인 기술료청구권의 소멸시효가 5년인 것과의 균형상 그 보존기관을 5년 이하(통상 2, 3년)로 정한다.

3. 장부 등의 검사

실시권자가 실시료보고서를 제출하지 않는 경우나 제출된 실시료보고서의 기재사항에 의심이 있는 경우에만 장부의 검사권을 한정적으로 행사할 수 있다.

라이센서는 장부 등의 보관장소에 출입하거나 그 제출과 열람을 라이센시에게 요구할 수 있다. 그러나 특별한 합의가 없는 한 장부 등의 복사권은 없으므로 라이센서는 검사권의 행사를 용이하게 하기 위해서 장부 등을 복사하거나, 라이센시에게 그 사본을 제출하게 하거나 또는 불분명한 사항에 대해 라이센시에게 해석을 요구할 권리를 유보하는 경우가 있다.

- 장부 등의 검사기간경과 후 라이센시는 라이센서의 검사청구에 따를 의무가 없으며, 동일 장부 등에 관한 검사회수를 가령 1회로 한정할 수 있다. 검사기간에 대해서는 라이센시의 영업일의 통상영업시간 내로 한정하는 것이 일반적이다.
- 라이센서, 라이센서가 지명하는 자 또는 양당사자가 합의한 자를 검사인으로 하되 공인회계사, 세무사, 변호사 등 공적인 자격을 가지는 자로서 법령에 의하여 명확하게 업무상 비밀유지의무를 부담하는 자로 한정한다.
- 검사비용은 특별히 합의가 없는 한 라이센서의 부담이나 라이센시의 전부 부담 또는 양당사자가 합의하는 비율로 분담하기로 규정하는 경우도 있다. 다만, 검사의 결과, 실시료보고서에 부실한 기재가 발견된 경우에는 라이센시의 전부 부담으로 하도록 규정하는 경우도 있다.
- 라이센서는 검사과정 또는 결과로서 알게 된 라이센시 일체의 비밀사항을 타인에게 명시하거나 누설하지 않을 것을 규정하고, 제3자를 검사인으로 지명한 경우에는 기술료의 산정에 필요한 사항이외의 라이센시의 비밀사항을 라이센서에게 개시하지 않을 의무를 당해 검사인에게 부과할 수 있다.

예 문

제○조(실시보고 등) ① 라이센시는 각 년도 개시 전 1개월 이내에 다음연도의 계약제품의 제조, 판매계획을 책정하여 라이센서에게 제출하기로 한다. 또한 라이센서의 요구가 있을 때에는 라이센시는 위 계획의 실시상황에 대하여 그 때마다 서면으로 라이센서에게 보고하기로 한다.

② 계약제품의 사양, 품질, 성능 등에 대해서는 라이센서가 별도로 정하는 바에 의한다. 라이센서의 요구가 있을 때에는 라이센시는 자기의 비용으로 그 제조에 관계된 계약제품의 견본을 라이센서에게 제공하기로 한다. 또한 라이센서는 계약 제품 및 그 제조방법을 검사하기 위해 라이센시의 공장, 사업소에 출입할 수 있으며 라

이센시는 이에 협력하여야 한다. 다만, 라이센서는 적어도 출입 1주일 전에 라이센시에게 그 취지를 통지하여야 한다.

Ⅸ 사용의무

1. 序

계약서에 사용의무의 유무 및 그 내용에 대하여 규정하고 있지 않은 경우에 라이센시가 사용의무를 부담하는지에 대하여 다툼이 있으므로 계약서 중에 사용의무조항을 삽입하는데 통상 독점사용계약에 삽입된다. 일반적으로 무상사용이나 정액기술료로 정한 경우에는 사용의무가 없으며, 최저기술료를 약정한 경우에는 사용의무는 최저기술료의 한도로 제한된다. 라이센서는 라이센시가 사용의무조항에 위반한 경우를 대비하여 독점성 변경, 계약해지, 손해배상청구를 규정해야 한다.

사용의무의 내용, 사용의무위반에 대한 조치, 사용의무의 면책사유 및 허락자의 협력원조 등이 주요 검토사항이며, 실제의 계약에서는 위 사항 모두를 규정하는 예는 적으며 필요에 따라 취사선택한다.

2. 실시의 개시시기

계약발효 후 일정기간 안에 계약제품의 제조, 판매를 개시하도록 규정한다. 개시까지의 기간은 계약제품의 시장상황, 허락특허의 상업적 개발정도, 사용권자의 기술소화능력과 경험, 판매계획 등을 감안하여 결정한다.

3. 실시수량

제조, 판매수량의 최저한도 또는 최대한도에 대하여 규정한다.

4. 품질 · 성능

상표, 상호 등의 사용허락을 포함하는 계약의 경우에는 반드시 계약제품의 품질기준 등을 약정하지만 그 밖의 경우(특히 독점적사용권허락의 경우)에도 계약제품 등의 품질기준, 견본의 제출, 검사 기타 사항에 대하여 규정하는 경우가 있다.[94)]

---

94) 품질기준에 대해서는 그 대상범위(계약제품 외에 그 제조에 사용되는 원재료, 부품, 제법, 설비 등), 그 사양 및 변경방법 등을, 검사에 대해서는 검사의 대상, 방법, 시기, 변경방법 등을 명기하고, 나아가서 원재료, 부품 등의 구입처의 지정, 하청제조의 제한, 감독, 제조공정의 출입검사, 위반에 대한 조치 등에 대하여 규정한다.

5. 판매가격

라이센시는 사용의무를 면하기 위하여 부당하게 높은 판매가격을 결정하거나 또는 부당하게 낮은 가격을 결정하여 라이센서나 타 라이센시에게 대항할 수 있으므로 라이센서는 라이센시가 판매하는 계약제품의 판매가격에 일정한 제한을 하는 경우가 있다. 합리적 범위를 넘지 않으면 독점금지법에 저촉되지 않는다.

6. 판매촉진

계약제품의 판매촉진, 선전광고에 대하여 그 방법, 시기, 비용분담 등을 규정함과 동시에 필요한 교환, 수리부품이나 판매인원의 유지, 훈련에 대하여 규정하는 경우도 있다.

7. 제조판매계획의 제출 등

라이센시의 사용내용을 사전에 파악하고 또한 적절한 조언을 하기 위하여 다음 연도의 계약제품의 제조판매계획을 사전에 작성, 제출하게 하고 그 사용상황을 보고토록 할 수 있다.

8. 사용의무위반에 대한 조치

독점실시권의 비독점실시권으로의 변경, 계약해지, 손해배상청구 등을 규정한다.

예 문

제○조(실시의무) ① 라이센시는 본 계약의 발효 후 6개월 이내에 계약제품의 상업적 판매를 개시하여야 한다.

② 라이센시는 계약제품의 상업적 판매개시일이 속하는 연도를 제외하고 이후 매년마다 최저 1,000대의 계약제품을 판매하는 것으로 한다.

③ 라이센시는 계약제품의 판매촉진 및 선전광고에 대해 최선의 노력을 다하기로 한다.

④ 라이센시가 위 조항중에 하나라도 위반하는 때에는 라이센서는 서면통지에 의해 제O조 소정의 독점실시권을 비독점실시권으로 변경할 수 있다. 위 변경의 효력은 그 통지가 라이센시에게 도달한 날에 발생하며, 이후 라이센시는 사용의무를 부담하지 않는 것으로 한다.

⑤ 위의 각 항의 규정에도 불구하고 우수한 경쟁품이 출현하였기 때문에 계약 제품의 판매가 곤란하게 된 때에는 라이센시의 서면에 의한 요청에 의하여 양당사자 는 그 해결방안에 대해 협의하기로 한다.
⑥ 라이센서가 허락지역에서 계약제품의 주문을 받은 때에는 지체없이 당해 주문을 라이센시에게 이첩하기로 한다.

X 라이센시에 의한 개량기술의 귀속

개량조항을 통하여 라이센서는 개량기술을 라이센시에게 계속적으로 개시하여 사용하게 함으로써 계약제품에 관한 라이센시의 경쟁력을 유지·강화하고 기술료 수입을 계속 확보할 수 있으며, 계약제품의 이미지 하락을 방지하고 라이센시가 계약기간을 연장하도록 유도할 수 있다. 라이센시도 경쟁력을 강화하고, 판매수익의 증대를 도모하는 등의 이익을 얻을 수 있다. 또한 라이센서는 라이센시로부터 개량기술을 제공받음으로써 연구개발비를 지출하지 않고 기술 축적과 경쟁력을 강화할 수 있으며, 라이센시도 개량기술을 유상으로 라이센서에게 사용하게 하면 서로 유용하다.

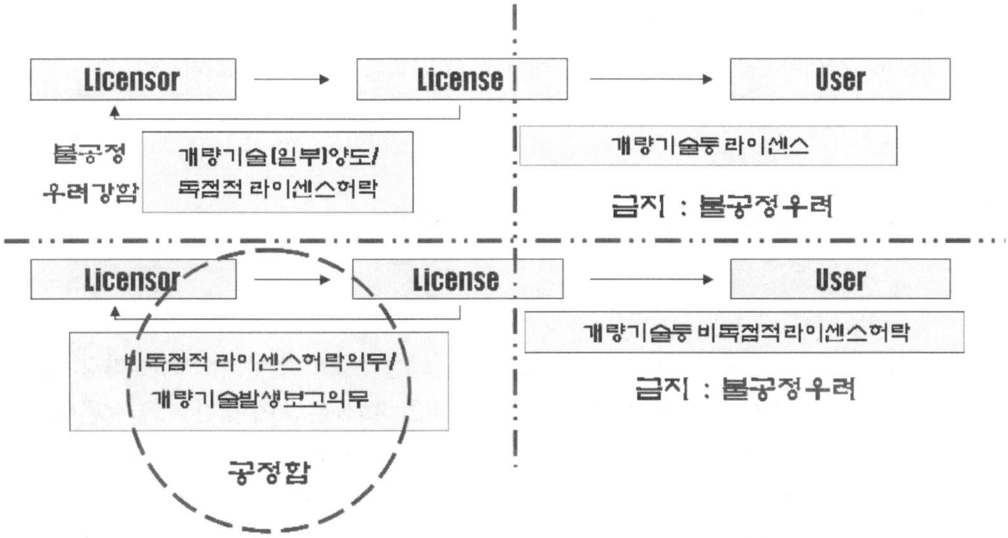

[그림 38] 라이센시의 개량기술의 처리에 대한 법적 취급

개량기술은 개발한 자에 귀속하므로 라이센서는 별도의 정함이 없으면 개량기술을 제공할 의무가 없으며, 라이센시에게 feed back(개량기술 발생보고), assign back(개량기술의 소유권을 상대방에게 귀속), grant back(개량기술의 시용권을 상대방에게

허여)의 의무를 부과하는 것은 독점규제법상의 불공정 조항에 해당할 우려가 있으므로 유의하여야 한다.

개량기술의 사용에 관한 주된 검토사항은 사용권의 종류, 사용허락의 내용적, 지역적, 시간적 범위, 재사용허락권의 유무, 대가 등임. 개량기술에 관한 사용허락의 조건이 편무적인 경우, 또는 쌍무적이라 해도 그 내용이 불균형인 경우에는 불공정거래행위에 해당할 수 있으므로 유의하여야 한다. 또한, 라이센서는 라이센시가 개량기술을 제3자에게 양도하거나 또는 사용권을 허락하는 경우에 최초로 라이센서와 교섭할 것을 계약상 확보해 두어야 한다.

예 문

제O조(개량기술의 개시) 당사자 일방이 본 계약체결 후 3년 이내에 취득한 개량기술에 대해서는 취득 후 1개월 이내에 그 내용을 서면이나 기타의 방법으로 상세히 상대방에게 무상으로 개시하기로 한다.

〈해설〉 개량발명의 귀속 및 이용에 대해서 규정하고 있지 않으므로 상대방에게 귀속하거나 개시를 받은 개량발명을 실시할 수 없다.

제O조(개량기술의 귀속) ① 일방 당사자가 개발한 개량기술은 당해 당사자에게 귀속하며, 상대방에게 위 개량기술에 대한 무상의 비독점실시권을 허락한다.

XI 보증 및 책임(Warranties and Liabilities)

1. 序

보증조항은 라이센스 계약 중에서도 가장 현실적이고 실무적으로도 가장 중요한 조항이다. 라이센서의 경우에 보증문제를 처리할 예산은 기수령한 기술료범위로 한정되어야 하므로 보증범위나 책임범위는 가능하면 엄밀하게 규정하여야 한다. 라이센서가 면책특약을 한 경우에도 라이센서가 하자를 알면서 고지하지 않거나 제3자에게 권리를 설정 또는 양도한 행위에 대하여는 책임을 부담해야 한다. 라이센시는 라이센서가 사용권을 부여할 권한을 가지고 있고, 위와 같은 권한을 부정하는 소송이나 클레임을 받지 않았으며 해당 기술이 제3자의 권리를 침해하지 않는다는 보증 등을 라이센서에게 받아 두어야 한다. 그러나 위와 같이 최대한 보증을 받기는 현실적으로 어려우므로 기술자료 등의 결함에 최대한 주의를 기울이는 등 스스로 문제발생의 예방에 주력하여야 한다.

다음은 라이센스 계약에서 협상 또는 규정할 수 있는 대안으로 라이센시에게 유리한 순서대로 열거한 것이며, 당사자 간의 힘 관계 등을 고려하여 적절한 안을 선택할 수 있다.

- 라이센서가 제3자 권리에 대한 불침해성을 보증하고, 침해의 경우에는 전적인 책임(기술적 및 금전적 책임 일체)을 지고 처리한다.
- 라이센서가 기술적인 책임과 대책을 부담하고, 라이센시는 금전적 책임을 부담한다.
- 라이센시가 전반적인 책임을 지고, 라이센서는 기술적 대처방안(기술자료의 변경, 수정, 대체 등)을 적극 지원한다.
- 전적으로 라이센시의 책임으로 처리한다.(이 경우에는 침해가능성의 사전조사가 필수적이다.)

〈라이센시에게 유리한 조문〉

"본 계약의 기술 등이 제3자의 유효한 특허권, 저작권, 상표권, 영업비밀 또는 기타 지적재산권을 침해하지 않는다는 것을 진술 및 보증한다."

〈라이센서에게 유리한 조문〉

"기술 및 본 건 계약에 따라 라이센시에게 부여되는 일체의 권리는 제3자의 유효한 특허권, 저작권, 상표권, 영업비밀 또는 기타 지적재산권을 침해하지 않는다는 점을 진술 및 보증하지 않는다."

[그림 39] 라이센스 계약 시 보증 및 책임

2. 보증의 범위 및 내용

- 라이센서가 정확한 기술정보를 제공한 경우 이상 라이센서는 라이센시가 그 기술정보를 사용한 결과에 대해서는 면책되며 만약, 제공한 기술정보에 잘못이 있을 경우 라이센서의 비용으로 잘못을 정정하거나 부족정보를 추가 제공한다.
- 라이센시는 소비자와 판매처에 대한 계약제품의 하자담보를 전적으로 보증해야 한다. 판매에 관해서는 라이센시가 전적으로 책임을 지고 처리하며, 라이센서는 일체 책임을 지지 않는다.

- 라이센시가 제조·판매한 계약제품과 관련하여 제조물책임 등의 문제가 발생하여 라이센서와 자회사 또는 공동개발자 등 관계자에게 피해가 미칠 경우에 라이센시가 모든 손해를 배상해야 한다.
- 라이센서는 자신이 아는 한 계약대상 설계재산이 제3자의 지적재산권을 침해하지 않음을 표명해야 한다.
- 라이센서의 입장에서는 라이센서가 기술적인 책임과 대책을 부담하고 , 라이센시는 금전을 부담하도록 해야 한다.
- 라이센시의 입장에서는 라이센시가 계약제품의 제조·판매를 계속하기 위해 제3자의 권리에 대하여 라이센스를 받을 필요가 있고 라이센서도 인정한 경우는 라이센서와 라이센시는 제3자에게 각각 절반씩 기술료를 지불하도록 해야 한다.
- 제3자의 권리침해에 대한 해소방안이 없을 경우 사전 서면통지로 상호 손해배상의 청구 없이 계약을 종료시킬 수 있도록 규정해야 한다.

XII 최혜대우

1. 序

최혜대우조항은 허락자가 비독점사용권을 허락한 후에 동일기술에 대하여 보다 유리한 조건으로 제3자에게 사용권을 허락한 때에는 그 유리한 조건을 선행사용권자에게도 향유시킬 것을 정한 조항이다.

2. 검토사항

- 후행 라이센스 계약의 통지
- 비교의 대상(모든 계약조건인지 특정조건만의 비교인지의 여부)

3. 조건비교의 전제조건

- 후행계약의 허락기술이 전부 선행계약의 허락기술에 포함되고 있는 경우에만 조건비교를 할 수 있는 것으로 하는 경우
- 후행계약의 허락기술 중 1건이라도 선행계약의 허락기술에 포함되고 있으면 조건비교를 할 수 있는 것으로 하는 경우
- 후행계약의 허락기술과 사용허락의 범위가 전부 선행계약과 완전히 동일한 경우에만 조건비교를 할 수 있는 것으로 하는 경우

예 문

제O조 (최혜대우) ① 허락자가 본 계약체결 후 아래에 열거하는 모든 요건을 구비한 사용계약(이하 「후행계약」이라 함)을 제3자와 체결한 때는 지체 없이 위 계약서의 사본1통을 실시권자에게 송부하기로 한다.

1. 후행계약에 따른 사용허락이 대상기술 중 1건이라도 허락기술에 포함되고 있는 경우
2. 요율실시료의 정함이 있는 경우이고 그 산정기초가 본계약과 동일한 경우
3. 실시요율이 본계약보다 낮은 경우

② 전항에 의하여 후행계약서의 사본을 수령한 사용권자는 위 수령일로 부터 10일 이내에 후행계약에서 정한 기술료의 적용을 수락할 것인 지의 여부를 선택할 수 있다.
③ 전항에 의거하여 사용권가 허락자에 대하여 서면으로 수락의 의사표시를 행한 때에는 본계약 제 O조에서 정한 계약변경의 절차에 불구하고 사용권자는 후행계약의 발효일로 소급하여 위 계약에서 정한 실시요율의 적용을 받는 것으로 한다.

표준 비밀유지계약서의 구성과 조문해설

표준 설계재산 사용계약서

설계재산 제공자 (이하 갑)
성 명:
주 소:
소속기관:
책 임 자:

설계재산 사용자 (이하 을)
성 명:
주 소:
소속기관:
책 임 자 :

대상 설계재산 (이하 설계재산)
설계재산 코드:
설계재산 명:
설계재산 전달물:

갑과 을은 갑이 소유한 설계재산(이하 "본건 설계재산"이라 한다)을 본 계약조건에 따라 을에게 제공함에 있어서 다음과 같이 계약을 체결한다.

제1조 (정의)
① 이 계약서의 대상이 되는 "본건 설계재산"이라 함은 KIPEX에 등록된 설계재산 중 등록코드가 [설계재산 코드]인 [설계재산 명]을 말한다.
② "KIPEX"이라 함은 서울특별시 강남구 역삼동 648-1번지 BYC빌딩 502호에 주소를 둔 반도체설계재산유통센터(Korean Semiconductor Intellectual Property EXchange)를 의미한다.

제2조 (설계재산의 제공)
[Option 1 : 1회 사용허가의 경우]
갑은 본건 설계재산을 을이 사용 가능하도록 [년 월 일]까지 을에게 제공하

여야 하고, [　　　　년　　월 　일]까지 을은 1회에 한하여 본건설계재산을 사용할 수 있는 권한을 가진다.

[Option 2 : 제한된 복수 사용허가의 경우]
갑은 본건 설계재산을 을이 사용 가능하도록 [　　　　년　　월　　일]까지 을에게 제공하여야 하고, 을은 [　　회]에 한하여 본건 설계재산을 반복하여 사용할 수 있는 권한을 가진다.

[Option 3 : 제한된 기간 내에서 제한된 복수 사용허가의 경우]
갑은 본건 설계재산을 을이 사용 가능하도록 [　　　　년　　월　　일]까지 을에게 제공하여야 하고, [　　　　년　　월　　일]까지 을은 [　　회]에 한하여 본건 설계재산을 반복하여 사용할 수 있는 권한을 가진다.

[Option 4 : 제한된 기간 내에서 무제한 복수 사용허가의 경우]
갑은 본건 설계재산을 을이 사용 가능하도록 [　　　　년　　월　　일]까지 을에게 제공하여야 하고, [　　　　년　　월　　일]까지 을은 본건 설계재산을 무제한 반복하여 사용할 수 있는 권한을 가진다.

[Option 5 : 독점사용권 부여의 경우]
갑은 본건 설계재산을 을이 사용 가능하도록 [　　　　년　　월　　일]까지 을에게 제공하여야 하고, [　　　　년　　월　　일]까지 을은 본건 설계재산에 대하여 독점사용권을 가지고, 이 기간 동안 을만이 본건 설계재산을 반복 사용할 수 있는 권한을 가진다.

[Option 6 : 설계재산권 등 제반권리에 대한 양도의 경우]
갑은 [　　　　년　　월　　일]까지 본건 설계재산과 설계재산에 대한 소유권 등 제반 권리를 을에게 제공하여야 한다.

제3조 (사용 목적의 한정)
[Option 1 : 시제품 제작에만 사용의 경우]
을은 시제품을 생산하는 데에만 본건 설계재산을 사용할 수 있으며, 시제품 생산과 동등하다고 판단되지 않는 사용의 경우에는 갑과 그 사용권한에 대하여 다시 계약을 체결하여야 한다.

[Option 2 : 교육 또는 연구목적으로만 사용의 경우]
을은 교육 또는 연구목적으로만 본건 설계재산을 이용할 수 있으며, 교육 또는 연구 목

적의 사용으로 인정될 수 없는 사용의 경우에는 갑과 그 사용권한에 대하여 다시 계약을 체결하여야 한다.

[Option 3 : 계약의 목적 범위내 사용제한의 경우]
을은 자신의 사용 목적에 따라 본건 설계재산을 사용할 수 있으나, 갑에게 피해를 야기할 수 있는 용도로 본건 설계재산을 이용할 수 없다.

제4조 (서브 라이센스 제공)
[Option 1 : 서브 라이센스를 제공하지 않는 경우]
을은 갑의 사전 서면 동의 없이 제3자에게 본건 설계재산 사용에 대한 서브 라이센스를 제공해서는 안 된다.

[Option 2 : 서브 라이센스를 제공하는 경우]
① 을은 갑의 사전 서면동의를 받아 을외에 [명]에게 본건 설계재산 사용에 대한 서브 라이센스를 제공할 수 있다.
② 을은 제1항에 따라 제3자에게 서브라이센스를 허락함으로써 갑에게 발생한 손해에 대하여 책임을 진다.
③ 을은 제1항에 따라 제3자로부터 취득하는 서브라이센스 대가의 [%]를 취득한 날로부터 [일]이내에 갑에게 지급한다.

〔해설〕 1. 라이센서는 서면에 의한 사전 승낙을 받은 경우에만 라이센시의 서브라이센스를 허용하도록 한다. 서브라이센스를 허락할 경우에는 그 때마다 당해 서브라이센스 계약서안을 제출하도록 하여 사전에 통제할 수 있는 조치를 규정한다.

2. 라이센서는 라이센시와 체결하는 계약(주계약)중에서 재사용허락권을 라이센시에게 부여할 수 있지만 라이센서와 재사용권자와의 사이에는 원칙으로 계약상 직접적인 법적 관계는 발생하지 않음

3. 재사용허락에 대한 주된 검토사항은 재사용허락권부여의 여부, 만일 허여한다고 하면 재사용권자의 범위, 재사용허락권부여의 조건, 재사용계약의 내용 등이다.

제5조 (다른 설계재산 생성 및 귀속)
[Option 1 : 다른 설계재산을 생성하지 않는 경우]
을은 본건 설계재산을 이용하여 또 다른 설계재산을 생성할 수 없다.

[Option 2 : 다른 설계재산을 생성하는 경우]
① 을은 본건 설계재산을 이용하여 또 다른 설계재산을 생성할 수 있으며, 생성된 설계재산은 을의 소유로 한다.
② 을은 제1항에 따라 을의 소유로 된 설계재산에 대하여 갑의 사용허락 요구가 있는 경우에 을은 정당한 이유 없으면 〔Option 1 : 갑에게 비독점사용권을 허여하되, 그 기술료는 상호 협의하여 결정한다.〕 〔Option 2 : 갑에게 무상의 비독점 사용권을 허여한다.〕
③ 전 항의 사용허락이 이루어진 경우에는 을이 새로운 설계재산의 사용을 위하여 갑에 대하여 사용허락의 연장을 요구하는 경우에 갑은 정당한 이유 없이 이를 거부하지 못한다.

〔해설〕 사용권자가 라이센스 받은 설계재산을 사용하는 중에 이에 기초한 새로운 설계재산을 개발할 경우 그 권리의 귀속을 어떻게 하느냐가 중요한 문제이다. 통상적으로 라이센서(지적재산권의 보유자)는 라이센시(라이센서로부터 사용권을 설정 받은 자)에 의해 개량된 기술도 일률적으로 라이센서에게 귀속되도록 요구하는 경우가 많은 바, 라이센시의 입장에서는 유상의 비독점실시권을 허여하는 것으로 하고, 이것이 여의치 않을 경우에는 공동소유로 하거나 무상의 비독점사용권을 허여하는 것으로 협의한다.

제6조 (기술료의 지급)
① [Option 1 : 약정 금액(Upfront Fee) 일시 지급]
을은 본건 설계재산을 사용하는 대가로 [년 월 일]까지 [금 원]을 〔 은행 지점 계좌번호 (예금주:)〕 에 송금한다.

[Option 2 : 약정 금액(Upfront Fee) 선급 및 로열티(Royalty) 지급]
을은 본건 설계재산을 사용하는 대가로, 우선 [년 월 일]까지 [금 원]을 아래 계좌로 송금하여야 하고, 이후에 [의 %], [의 %], [당 원], [당 원], [년 월 일부터 년 월 일까지 ( )개월마다 원], [부터 까지 ( )개월마다 원]을(를) 동일 계좌로 송금하여야 한다.
○ 송금처 : 은행 지점 계좌번호 (예금주:)

[Option 3 : 순수 로열티(Pure Royalty) 지급]
을은 본건 설계재산을 사용하는 대가로 [의 %], [의 %], [당 원], [당 원], [년

월 일부터 년 월 일까지 ( )개월마다 원], [부터 까지 ( )개월마다 원]을(를) 〔 은행 지점 계좌번호 (예금주:)〕 에 송금한다.

② 본 조의 기술료는 부가가치세를 제외한 금액을 말한다.

③ 을이 제1항의 사용료 지급의무를 게을리한 때에는 그 지급기일 익일부터 연 20%의 비율에 의한 지연손해금을 지급한다.

〔해설〕 1. 기술료 산정방식과 관련하여 매출액을 기준으로 하는지 순이익을 기준으로 하는지를 명확하게 정하여야 하며, 순이익을 기준으로 할 경우그 순이익은 어떻게 산정하는지 상세히 기재하여야 한다.

2. 라이센서의 입장에서는 라이센시가 기술료의 지급을 지체하는 경우 이에 대한 지체상금 규정을 두는 것이 필요하다.

제7조 (회계자료의 열람 등) 〔제6조의 Option 2,3인 경우에 해당〕

① 을은 제6조에 의한 기술료 지급 시 공인회계사 또는 세무사가 확인한 기술료 산출근거를 갑에게 제시하여야 한다.

② 을은 대한민국 기업회계기준이 정하는 원칙에 따라 회계장부를 작성, 보관하고 갑이 제1항에 의한 기술료의 산출근거를 확인하기 위하여 직접 또는 대리인을 통하여 을의 회계장부를 검사하고자 하는 경우 이에 적극 협조하여야 한다.

③ 제2항에 의한 회계장부의 검사 결과 정당한 금액과 이미 지급한 금액 사이에 차액이 발생하는 경우 을은 이를 즉시 갑에게 지급하여야 한다. 또한 그 차액이 이미 지급한 금액의 3%를 초과하는 경우 갑이 회계장부의 검사를 위하여 사용한 비용은 을이 부담한다.

제8조 (유지보수 의무)

① 갑이 을에 대하여 지는 유지보수 의무는 [유지보수 서비스 종류 1], [유지보수 서비스 종류 2], [유지보수 서비스 종류 3], [유지보수 서비스 종류 4], [유지보수 서비스 종류 5], [유지보수 서비스 종류 6], [유지보수 서비스 종류 7], [유지보수 서비스 종류 8], [유지보수 서비스 종류 9], [유지보수 서비스 종류 10]이다.

② [Option 1 : Test Vector를 제공하지 않는 경우]갑은 을에게 설계재산을 테스트 하기 위한 Test Vector를 제공할 의무가 없다.

[Option 2 : Test Vector를 제공하는 경우]갑은 을에게 설계재산을 테스트 하기 위한 Test Vector, [Test Vector 목록 1], [Test Vector 목록 2], [Test Vector 목록 3], [Test Vector 목록 4], [Test Vector 목록 5], [Test Vector 목록 6], [Test Vector 목

록 7], [Test Vector 목록 8], [Test Vector 목록 9], [Test Vector 목록 10]을(를) 제공하여야 한다.
③ 유지보수 의무를 지는 기간은 갑이 설계재산을 을에게 제공한 날로부터 [년]이다.
④ 을이 갑에 대하여 유지보수를 요구한 경우, 갑은 [시간] 이내에 을에 대하여 그 유지보수에 대하여 필요한 조치를 하여야 한다.

제9조 (설계재산 변경)
[Option 1 : 설계재산을 변경하지 못하는 경우]
을은 본건 설계재산을 변경해서는 안 된다.

[Option 2 : 설계재산을 변경할 수 있는 경우]
을은 본건 설계재산을 아래에서 명시하는 변경범위 내에서 변경할 수 있으며, 갑은 을에게 변경된 설계재산에 대한 유지보수 서비스를 [제공하여야 한다.(제공할 의무가 없다.)]
설계재산 변경범위 :

제10조 (설계재산의 양도 금지)
① 을은 갑의 사전 서면 동의 없이 위 설계재산의 사용권한을 제3자에게 양도할 수 없다.
② 갑의 사전 서면 동의 없이 을이 제3자에게 사용권한을 양도한 경우, 갑에게 발생한 모든 손해에 대하여 제3자와 연대하여 책임을 진다.

제11조 (설계재산 제공자 및 KIPEX의 책임)
① 본건 설계재산에 하자가 있거나 제3자의 권리를 침해하여 을 또는 제3자에 대하여 손해를 입힌 경우에는 갑이 그 책임을 지며, 을이 제3자에 대하여 그 손해를 배상한 경우에는 을은 갑에 대하여 구상권을 행사할 수 있다.
② 제1항에 의하여 갑이 부담하는 책임은 계약기간 내에 을 또는 제3자가 현실적으로 입은 손해에 한하여 갑이 을로부터 수령한 사용료 금액의 범위를 한도로 한다.
③ 본건 설계재산에 대하여 제3자에 의하여 소송이 제기된 경우 갑 또는 을은 그 사실을 상대방에게 통지하여야 한다. 갑은 을이 원하는 경우 을의 비용부담으로 방어할 의무를 진다. 이 경우 을은 갑이 소송을 적정하게 수행할 수 있도록 일체의 협력을 하여야 한다.
④ KIPEX는 양당사자간에 원활한 거래가 이루어 질수 있도록 최대한 노력하며, 본건 설계재산의 거래과정에서 일방 당사자나 쌍방 당사자사이에 발생하는 손해에 대해서는 KIPEX는 어떠한 경우에도, 어떠한 상황에서도 직접적, 간접적 또는 부수적인지 파생적인지를 묻지 않고, 일체의 손해에 대하여 책임을 지지 않기로 한다.

제12조 (비밀 유지 의무)

① 갑 또는 을은 상대방의 서면에 의한 사전 승낙없이는 본건 설계재산에 대한 비밀정보나 본 계약체결과정에서 취득한 상대방의 비밀정보를 공표하거나 제3자에게 알려서는 아니된다. 다만, 다음에 해당하는 정보임이 객관적인 증거를 통하여 입증되는 경우는 비밀유지의무가 없다.

1. 비밀정보의 제공 이전부터 제공받은 당사자가 보유하고 있던 정보.
2. 비밀정보를 제공받은 당사자의 고의 또는 과실에 의하지 않고 공지의 사실로 된 정보.
3. 비밀정보를 제공받은 당사자가 적법하게 제3자로부터 제공받은 정보.
4. 비밀정보를 제공받은 당사자가 비밀정보와 관계없이 독자적으로 개발한 정보.
5. 비밀정보를 제공한 당사자가 공개를 허락한 정보.
6. 관련법규나 정부당국에 의하여 공개가 요구된 정보. 이 경우 사전에 반드시 상대방에게 그 사실을 서면으로 통지하고, 상대방으로 하여금 적절한 보호 및 대응조치를 할 수 있도록 하여야 한다.

② 갑 또는 을은 상대방으로부터 제공받은 비밀정보를 본 계약의 목적에 부합하는 각 소속 관계직원들에 한정하여 이용하도록 조치하여야 하며, 비밀정보를 제공받은 날로부터 2주 이내에 해당 관계 직원에게 본 계약상의 비밀유지의무를 이행한다는 내용의 서약서를 받아 그 사본과 함께 자신의 영업비밀보호규정 및 그 규정을 관계직원에게 공람한 결과를 상대방에게 제출하는 등 부정경쟁방지 및 영업비밀보호에관한법률상의 영업비밀로 보호받을 수 있을 정도로 적절한 조치를 취하여야 한다.

〔해설〕 1. 계약서에 비밀유지조항을 설정하는 뿐만 아니라 보호대상 비밀정보를 취급하는 각 회사의 종업원들에게도 비밀유지서약서를 받아둠으로써 해당 종업원이 퇴직시 재직 중 알게된 비밀을 외부에 누설하지 못하도록 하는 등의 조치를 하는 것이 반드시 필요하다.

2. 비밀정보를 취급하는 관계직원을 계약목적을 달성할 수 있는 최소한으로 한정하고, 부득이 한 경우를 제외하고는 자·모회사나 하청회사 등 관계회사까지 확장시키지 않도록 한다.

3. 회사간에 기술이전을 협의하고 있다는 사실이 공개되면 경쟁사들로부터 견제나 방해를 받을 우려가 있거나 기업경영전략의 노출, 노사문제, 내부자거래나 공시규정의 위반 가능성 등의 문제를 야기할 수 있는 경우에는 기술이전협의과정이 외부에 공개되는 것을 금지하는 규정을 마련한다.

4. 일반적으로 비밀정보에 대하여 엄격한 비밀유지의무를 요구하는 반면에 위의 각호와 같이 제공받는 측의 귀책사유없이 비밀정보가 공개되는 등의 경우에는 비밀로서의 의의가 상실되었으므로 비밀유지의무에서 면제시키는 것이 공정하고 합리적이다.

5. 관련 발명의 출원이 예상되는 경우에는 양도한 특허출원이 공개되기 까지 양수인에게 비밀유지의무를 부과한다.

6. 노하우실시계약의 대상인 영업비밀을 라이센시의 동의없이 특허출원할 경우 계약해지와 손해배상을 당할 위험이 있으므로 유의하여야 한다.

제13조 (계약의 해제와 해지)

① 다음 각호 1에 해당하는 사유가 발생한 경우에는 본 계약은 즉시 해지된 것으로 본다.

1. 을이 본건 설계재산의 사용을 포기한다는 의사를 표시한 경우
2. 법원의 확정판결 등으로 을이 더 이상 본건 설계재산을 사용할 수 없게 된 경우
3. 일방 당사자가 파산, 회사정리절차의 개시 및 화의절차의 개시 등으로 인하여 본 계약을 이행할 수 없는 경우
4. 천재지변, 전쟁(선전포고의 유무를 불문), 정부 또는 정부기관의 행위, 법률/규칙/명령의 준수, 화재, 폭풍, 홍수, 지진, 반란, 혁명, 폭동, 파업 또는 공장폐쇄 등 일방이 지배할 수 없는 기타 불가항력적인 사유로 본 계약의 이행이 3개월 이상 지연된 경우

② 갑은 다음 각호 1에 해당하는 경우 30일의 기한을 두고 을에게 그 이행을 서면으로 최고함으로써 본 계약을 해제할 수 있다.

1. 을이 제6조에 따른 사용료를 지급하지 아니하는 경우
2. 을이 직접 또는 간접적으로 본건 설계재산의 효력을 다투는 경우
3. 기타 본 계약상의 의무를 위반하는 경우

③ 제1항과 제2항의 경우 계약을 해제 또는 해지하는 당사자는 타방 당사자에게 본 계약의 해제 또는 해지로 발생한 손해의 배상을 청구할 수 있다.

〔해설〕 1. 당사자의 일방적 의사표시에 의해 계약을 종료시키는 것으로서 중요한 사정변경이 없는 경우, 특별히 해지권을 유보하지 않았다면 일방적인 해지권행사는 사실상 어렵기 때문에 해지, 해제사유를 계약에서 정해 두면 이들 사유에 대하여 약정해제권이 인정되어 상대방이 그 사유에 해당하는 행위를 한 때에는 일방적인 의사표시로 계약을 해지 또는 해제할 수 있게 되어 유용하다.

2. 일방이 계약을 해제하여 당초부터 계약이 없었던 것으로 하기 위하여는 우선 상당한 기간(상대가 계약을 이행하는데 필요한 기간)을 정하여 이행을 최고할 필요가 있으며, 이러한 최고에도 불구하고 상대방이 이행을 하지 않을 때에는 비로소 계약을 해제할 수 있다(민법 제544조). 장래에 대하여 계약을 소멸하는 경우를 계약의 해지라고 하며, 계속적 거래계약에서 발생한다. 그러나 이러한 절차를 진행하는데 있어서 계약 해제가 순조롭지 못하여 해제의 기회를 상실할 수 있을 뿐만 아니라 상대방이 도산하거나, 아직 이행시기가 도래하지 않았기 때문에 계약을 해제할 수 없어서 계약대상물을 되돌려

받을 수 없는 우려가 있다. 또한 거래상대방이 도산하거나 회사정리절차의 개시를 신청하였을 때는 즉각 계약을 해제할 필요가 있다. 이러한 경우에는 즉시 계약을 해제할 수 있도록 계약서에 특약을 기재하여 두는 것이 바람직하며, 이에 따라 본 조문은 위의 두 가지 경우를 구분하여 작성하였다.

3. 대법원은 부수적인 의무위반을 이유로 계약 전체를 해제하는 것은 부당하다고 판시하고 있으므로 계약목적을 달성하지 못할 정도의 중요한 사유들을 계약해제사유로 정하는 것이 바람직하다.

4. 해제의 의사표시는 철회하지 못하므로(민법 제543조 제2항) 신중하게 한다.

5. 불가항력 사유가 발생한 경우, 통상은 계약의 이행 지연이나 불이행의 책임이 면책되지만, 계약에서 특약이 없는 한 해제권은 발생하지 않는 것으로 되는 것이 일반적이나 설계재산의 기술수명주기를 감안하여 본 계약서에서는 계약해제/해지사유로 열거하였다.

제14조 (의무 위반시의 책임)

① 본 계약상의 제2조, 제3조, 제4조 〔Option2의 경우〕, 제5조, 제7조, 제8조, 제9조, 제10조 및 제12조의 의무를 위반한 당사자는 본 계약에서 책임을 면제하거나 달리 정함이 없으면, 의무위반 일로부터 2주일 이내에 [금 원]을 상대방에게 위약벌로 지급한다.

② 제1항의 위약벌과 별도로 제1항의 계약위반으로 상대방이 입은 모든 손해를 배상하여야 한다.

〔해설〕 1. 설계재산의 경우 전전유통할 우려가 크고, 개량 등 변경이 쉬우며, 위반사항에 대한 적발이 용이 하지 않으므로 엄격한 손해배상의무를 요구할 근거조항을 확보해 두어야 한다. 특히 계약의무위반으로 인한 손해배상액을 사전에 정해 놓으면 상대방에 대한 구속력을 강화시킬 수 있으며 아울러 손해액의 입증책임의 부담에서 벗어날 수 있다.

2. 다만, 미국의 경우 손해배상 예정액은 계약불이행에 손해배상액의 산정이 곤란하고, 예정된 손해배상액이 합리적일 경우에 한하여 유효하며, 이러한 요건을 충족하지 못하는 경우에는 위약손해배상에 관한 약정은 일종의 벌칙(penalty)으로 간주되어 무효임에 유의하여야 한다.

3. 우리나라의 경우 일단손해 배상액을 합의하면 실제 손해가 합의액보다 크거나 적더라도 증액이나 감액을 할 수 없으므로(대법원 판결 1983.5.24., 87다카3133), 본 조문과 같이 위약벌로서 규정하고 추가손해에 대해서도 배상을 청구할 수 있도록 2중의 안전장치를 할 필요가 있다.

제15조 (완전합의 등)
① 본 계약서는 갑과 을 사이에 본건 설계재산의 사용허락에 관한 기본적인 사항을 규정한 것으로 양 당사자간의 모든 문서에 우선한다.
② 본 계약서의 수정이나 변경은 양 당사자의 정당한 대표자가 서명한 서면합의로만 이루어질 수 있다.

〔해설〕 1.본 조항은 완전합의조항으로서 계약체결 전에 당사자간에 주고 받았던 문서 또는 구두에 의한 합의는 모두 배척되는 것이며, 계약서가 당사자의 의사를 해석하는 유일한 자료인 것을 규정한다.

2. 계약서의 서명 이전까지 작성 또는 교환된 일체의 합의 등을 부인하는 면책적 효과가 있으므로 동일주제에 대한 복수의 상이한 약속으로 인하여 장래에 야기될지도 모르는 분쟁을 사전에 없애는 용도로 쓰인다. 완전합의조항이 갖는 이러한 효과를 충분히 감안하여 계약체결 시에 이미 합의한 또는 합의하고 싶은 사항의 누락은 없는지 등을 신중히 검토해야 한다. 또한 이미 합의한 내용이나 약속이 본 계약에 정확히 반영되지 않은채 완전합의조항이 삽입될 경우는 그 효력이 소멸되므로 특히 유의해야 한다.

제16조 (해석 및 보완)
① 본 계약서에 명시되어 있지 아니하거나 해석상 이견이 있을 경우에는 양당사자가 협의에 의해 사회 통념과 조리 및 거래관행에 맞게 이를 해결한다.
② 본 계약은 당사자가 충분히 그 내용을 숙지한 후 서명·날인한 것으로서 그 과정에 어떠한 기망이나 착오, 기타 의사불일치가 존재하지 않음을 확인한다.

제17조 (분리가능성)
본 계약서 중 어느 규정이 법원에 의하여 불법, 무효 또는 집행불가능하다고 선언될 경우, 당사자간의 거래균형을 현저하게 변화시키지 않는 한 본 의향서는 나머지 규정의 유효성에 영향을 미치지 아니한다.

〔해설〕 1. 계약의 일부 조항이 강행법규에 저촉되어 효력을 상실하게 되는 경우에 계약 전체를 무효로 하는 방법과 다른 규정에는 전혀 영향을 미치지 않는 것으로 하는 방법 및 절충안까지 여러 가지 대응방법이 있다. 본 규정은 후자의 방식을 택하고 있다.

2. 이와 같은 가분성조항을 채용하면 특정 조항이 법원 등에서 무효로 선언된 경우에도 계약 자체는 여전히 유효하다는 점을 유념해야 한다. 다만, 법원 등이 면제불가능한 조항을 이유로 전체 계약을 무효로 판정하면 이 가분성조항만으로는 계약을 유효하게 만

들 수는 없다. 다만, 법원은 가능하다면 계약의 유효성을 지켜 주는 것이 당사자들의 이해관계에 일반적으로 합치한다는 의견을 표명하고 있다.

제18조 (중요사항의 변경)
본 계약서 체결 후 법인의 주소 등 본 의향서의 이행과 관련한 중요사항이 변경되었을 경우 이를 상대방에게 지체없이 통지하여야 한다. 해당 당사자의 통지 불이행으로 인한 상대방의 착오에 대하여 그 책임을 물을 수 없다.

제19조 (계약기간 및 종료시의 조치)
① 제2조에 의한 사용허락 기간 만료일로부터 1개월 이전에 계약의 연장의사를 서면으로 상대방에게 통지하지 않은 경우에 본 계약은 기간 만료일로 소멸한다.
② 본 계약에 기하여 을이 제3자와 체결한 서브라이센스계약은 본 계약의 기간만료와 동시에 종료한다. 다만, 서브라이센스권자의 요청이 있는 경우에는 갑은 서브라이센스권자와의 협의에 의해 정한 조건에 따라 서브라이센스권자에 대하여 다시 서브라이센스권을 허락하는 것으로 한다.
③ 제12조의 비밀유지의무기간은 본 계약서의 체결일로부터 [년]간 그 효력을 가지며, 본 계약서 체결 전에 이미 상대방으로 부터 제공받은 비밀정보 등도 본 조항의 적용을 받는다.
④ 갑 또는 을은 상대방의 요구 또는 본 의향서의 종료 시에 상대방의 비밀정보가 기재되어 있거나 이를 포함하고 있는 제반 자료 및 그 사본, 장비, 서류, 샘플, 기타 유체물을 자신의 비용으로 즉시 반환하거나 상대방의 선택에 따라 이를 폐기하고 그 폐기를 증명하는 서류를 즉시 상대방에게 제공하여야 한다.

〔해설〕 1. 계약은 기간만료로 당연히 종료하며 법률의 규정에 의해 연장되는 경우를 제외하고 계약의 연장을 위해서는 다시 계약을 하여야 한다. 따라서, 계약 연장이 유리한 경우에는 위와 같이 당초 계약 체결 시에 "계약 만료 O일전까지 당사자의 이의가 없으면 자동으로 연장된다."는 조항을 삽입하는 것이 바람직하다. 반면에 계속연장이 유리하지 않은 경우에는 "별도의 의사표시가 없는 한 계약은 만료된다."는 내용을 삽입해 두는 것이 좋다.

2. 연장계약의 내용은 원래 계약과 동일하게 하는 경우가 일반적이나 동일조건으로 하면 불리한 경우에는 예를 들면 "실시료부분을 제외한 계약조건들은 동일한 조건으로 1년간 연장된다. 실시료에 대한 부분은 별도 협의를 거쳐 재조정하기로 한다"는 단서조항을 삽입한다.

3. 연장계약의 계약유효기간은 일정기간 또는 원래계약과 동일기간으로 하는 예가 많으나 당사자간의 협의에 의해 결정하는 경우도 있다.

4. 갱신계약은 법률상 별개의 계약임에 대하여 연장계약은 원래계약이 그 동일성을 유지하면서 존속하며 계약기간만을 연장하는 것이기 때문에 채무자가 제공한 담보 등은 그대로 존속한다. 따라서 갱신계약은 갱신 때마다 일시금으로 지불해야 하는지의 여부, 기술자료의 반환과 재차 제공을 반복하여야 하는지 등의 의문이 발생할 여지가 있으므로 계약연장으로 하는 것이 바람직하며, 갱신의 경우에는 새로운 계약서를 작성하면 다툼을 피할 수 있다.

5. 계약조항마다 유효기간을 정하는 경우도 있으며, 계약기간을 정하고 비밀유지의무에 대해서는 계약기간 종료 후 일정기간 존속하는 것으로 정하는 경우도 흔히 볼 수 있다. 각 당사자의 입장에 따라 적절한 방법을 택한다. 계약서에 서명하기 전에 제공된 비밀정보 등도 이 계약서의 적용을 받는다는 것을 명시한다.

제20조 (특약사항)

[

]

〔해설〕 본 계약서에 없는 규정은 법률 규정이나 거래관행에 따라 해석되고 집행되므로 뜻하지 않게 불이익을 받을 수도 있으므로 특별히 정할 사항이 있으면 이에 관한 사항을 본 조항에 구체적으로 기재한다.

제21조 (분쟁의 해결)

① 본 계약과 관련된 분쟁이 발생할 경우 당사자의 상호 협의에 의한 해결을 하되, 분쟁에 대한 합의가 이루어 지지 않는 경우에는 우선적으로 KIPEX의 분쟁조정 패널의 조정을 받도록 한다.

[Option 1 : 소송에 의한 해결]

② 제1항에 따른 조정이 성립되지 않을 경우 갑과 을 사이에 제기되는 소송은 서울중앙지방법원을 제1심 법원으로 하고, 대한민국의 현행 관계 법령의 적용을 받는 것으로 한다.

[Option 2 : 중재에 의한 해결]

② 이 계약으로부터 또는 이 계약과 관련하여 또는 이 계약의 불이행으로 말미암아 당사자간에 발생하는 모든 분쟁, 논쟁, 또는 의견차이는 한국 서울에서 대한상사중재원의 상사중재규칙과 한국법에 따라, 중재에 의해 최종적으로 해결한다. 중재인(들)에 의해 내려지는 판정은 최종적인 것으로서 당사자 쌍방에 대해 구속력을 가진다.

〔해설〕 1. 분쟁해결방법에는 (1) 당사자간의 협상, (2) 당사자 또는 조정기관이 선정한 조정인을 통한 조정, (3) 당사자 또는 중재기관이 선정한 중재인을 통한 중재, (4) 법원에서의 재판 등이 있으며, 어떤 방법이 적합한지는 당사자간의 관계, 분쟁내용·정도, 문제의 긴박성 등 여러 변수에 따라 달라 질 수 있다. 당사자간 직접 협상을 진행하는 것이 적절한 해결방법인 경우에는 분쟁 발생 시 당사자가 의무적으로 준수해야 하는 협상절차를 계약서에 상세히 기술하여 당사자간에 협상통로가 단절되는 것을 방지하는 것이 바람직하다.

2. 영업비밀과 관련한 분쟁의 해결은 공개재판 중심으로 운영되는 소송에 비하여 비용이 보다 적게 들며, 비밀유지가 용이하고 해당분야에 전문성 있는 중재인에 의한 비공개로 신속하게 진행되는 중재가 유익할 수 있다. 다만, 가처분과 같은 강제성 있는 명령이나 증거수집 범위 등이 법원소송에 비하여 제한적이라는 단점도 있음을 고려해야 한다.

3. 분쟁을 소송으로 해결할 경우에 법에서 정하고 있는 관할법원이 당사자로부터 먼거리에 있거나 일방 당사자에게만 유리한 경우가 있으므로 미리 당사자간에 합의하여 관할법원을 정해 둔다. 관할합의에는 법정관할 외에 다른 법원에서도 소송을 제기할 수 있도록 하는 방법(부가적 관할합의)과 당사자가 합의로 정한 특정 법원에서만 소송을 제기할 수 있도록 하는 방법(전속적 관할 합의)이 있다.

(오프라인 계약 시)
본 계약의 성립을 증명하기 위하여 계약서 3부를 작성, 쌍방이 서명 날인한 후 KIPEX이 서명 날인하여 쌍방이 각각 1부씩 소지하고 KIPEX에서 1부 보관한다.

(온라인 계약 시)
본 계약의 성립을 증명하기 위하여 본 계약서에 쌍방이 전자서명한 후 KIPEX이 전자서명하여, 그 사본을 쌍방이 각각 보관하고 그 진정성에 대하여 다툼이 생긴 경우에는 KIPEX에 보관된 전자문서를 원본으로 한다.

[년 월 일]

갑
소속기관:
주 소:
성 명: (인)

을
소속기관:
주　　소:
성　　명:　　　　　　　　　　　　　　　　　(인)

중개
기관명: 반도체설계재산유통센터 (KIPEX)
주　소: 서울특별시 강남구 역삼동 648-1번지 BYC빌딩 502호
대표자:　　　　　　　　　　　　　　　　　　(인)

제6절 공동연구계약

I 사전 점검사항

공동연구계약을 체결할 때 특히 중요한 사항은 상대방의 조사와 연구성과의 취급에 관한 검토이다.

- 상대방이 목적달성에 필요한 기술역량을 보유하고 있어야 한다.
- 공동연구의 최종목적은 연구성과의 실시(기업화)에 의하여 상호 이익을 향수하는데 있으므로 공동연구의 성과를 어떻게 사업화 할 것인지, 이익은 어떻게 배분할 것인지를 가능한 명확하게 하여 계약내용에 포함시켜야 한다.

계약 전에 조사 또는 검토할 사항은 다음과 같다.

- 공동연구의 범위(공동연구의 목적)
- 상대방의 기술력, 신뢰성(경제력을 포함), 자사와의 관계, 성과의 실시에 대한 적합성(판매력, 생산력)
- 자사의 현재 보유기술과 그 권리화의 필요성
- 상대방에게 개시할 기술자료와 그 비밀유지의 필요성
- 자사의 연구분담능력(인력, 기술력, 재원 등)
- 연구분야에서 자사의 경업자와 그의 역량
- 제3자 소유의 특허발명 등과의 권리저촉관계 유무
- 연구성과의 사업화 구상(실시의 시기 및 실시형태, 수익의 분배 등)

- 다른 계약과의 저촉관계(자사의 타 부문이 기존에 체결하고 있는 계약과 중복 또는 저촉하는 경우 동일 연구주제에 대한 제3자와 연구금지, 동일 연구주제에 대한 비밀유지의무 등이 있을 수 있으므로 전사적으로 체크할 필요가 있다.)
- 각국의 독점규제 및 공정거래에 관한 법률에서 금지한 사항에 유의함(우리나라의 경우에 공동연구개발은 독점규제법상 그다지 문제되지 않고 있지만 외국의 경우에 미국의 『공동연구법』, 『국제적 사업활동 가이드라인』, EC의 『연구개발 일괄적용 제외에 관한 규칙』, 일본의 『공동연구개발에 관한 독금법 상의 지침』 등에 의하여 기준이 명시되고 있으므로 해당국가의 기업과 공동연구를 할 경우 반드시 참고하여야 한다.)

[표 31] 불공정한 공동연구개발의 법적 유형

공 정	불공정 우려
– 공동연구개발에 필요한 기술정보 공개 – 공개된 기술정보에 대한 비밀유지의무 – 연구개발을 위한 부담 – 공동연구개발주제와 통일연구주제의 연구 – 성과의 정의, 귀속, 비밀유지 조항 – 노하우의 비밀유지를 위해 단기간에 한해 제3자와 공동연구개발 제한 – 성과의 개량발명 등 상대방에 공개·비독점 실시허락의무 부과 – 성과와 관련된 실시료의 분배	– 기존기술의 사용제한 – 공동연구개발성과를 사용한 제품 이외의 제품에 대한 생산·판매활동제한 – 공동연구개발 주제이외의 연구개발 제한 – 성과를 이용한 연구개발활동에 필요이상의 제한 – 성과의 개량발명 등의 상대방에 양도 또는 비독점적 실시의무에 대한 제한 – 제품의 생산·판매·지역제한, 생산·판매수량제한, 판매처·판매방법제한, 원재료·부품구입처제한, 품질·규격제한 등(상대방의 사업활동을 부당하게 구속하고 제품시장에서의 경쟁 강퇴여부 판단에 의함)

Ⅱ 주요 합의사항

- 보유기술정보의 상호교환(시기, 방법 등), 기술정보의 관리방법 및 외부유출방지방안, 정보개시에 대한 대가 지급유무 및 비밀유지의무, 상호 기술정보에 대한 논의과정 중에 발생한 기술 등의 소유권자 결정기준
- 연구의 역할분담, 비용분담, 상대방의 합병, 파산 등의 사정으로 연구중단 시 연구비, 성과 등의 취급
- 연구개발기간은 가급적 장기간은 피하고, 장기화가 불가피한 경우 몇 단계로 나누고, 단계마다 성과를 확인하면서 계속여부를 판단
- 직무발명의 처리 기준에 대한 확인(예약승계, 양도증 제출, 직무발명 보상금 등이 규정된 직무발명규정의 유무 및 규정내용의 상호확인)
- 연구성과 및 연구기간 종료 후 발생한 개량기술의 귀속과 활용 기준(지분산정방법과 성과활용방법, 개량기술의 공동소유여부, 단독명의 시 상대방에 대한 사용권허락 여부 등)

Ⅲ 정의조항

계약서에서 사용되는 정의가 정확하지 않은 경우, 정의자체의 해석에 관하여 분쟁이 일어나는 경우가 적지 않기 때문에 이와 같은 다툼을 미연에 방지하기 위해서도 용어의 정의를 구체적으로 해 두는 것이 바람직하다. 따로 『정의』 조항을 두지 않는 경우에는 각 조문 중에서 정의하여야 한다.

정의조항에서 가장 중요한 것은 개발대상 기술, 계약제품의 정의이며, 이것은 개발업무의 분담, 성과의 귀속, 성과활용에 의한 기술료 수입 등에 큰 영향을 미친다. 아울러 각 당사자가 공동연구 전에 보유한 기술 등을 고려하여 신중하게 정하여야 한다. 특히 보유기술이 공동연구개발에 이용될 경우 그에 대한 확인 및 대가여부, 공동연구개발 성과물을 활용할 경우 이용여부 등을 명확하게 해두어야 할 것이다.

성과의 귀속에 대한 정의는 다른 업종간 공동연구 시 매우 중요하며, 특히 계약서 중에 타목적 사용제한 규정이 있을 경우 유의하여야 한다. 성과의 한정 유무, 이를 한정할 경우 확정기준을 구체적으로 정한다.

Ⅳ 연구목적

이 조항은 연구의 대상 및 그 범위를 명확하게 하기 위한 것이다.

연구의 대상 및 범위의 특정은 당사자의 계약에 의하여 발생하는 권리의무의 범위, 즉 각 당사자가 계약에 의해 구속되거나 혹은 권리를 주장할 수 있는 범위와 직접 관계가 있으면서 공동연구의 성공, 불성공의 판단기준으로 되므로 신중하고 명확하게 규정할 필요가 있다.

연구의 대상범위의 특정이 불명확하거나 지나치게 넓으면 자신의 타 연구분야나 사업분야 와의 구별이 곤란하게 되어 예기치 않는 불이익을 받는 경우가 있으므로 대상범위를 용도, 목적 등을 가미하여 구체적으로 한정하여 필요이상으로 광범위하게 되지 않도록 하여야 한다.

대상기술에 따른 특정 외에 기술의 발전단계에 따른 특정도 구체화하여야 한다. 연구를 어느 단계(기초연구인지 상품화연구)까지 행할지는 연구기간, 연구비용과도 밀접하게 관련이 있으므로 가능한 한 명확하게 해 두는 것이 바람직하다.

Ⅴ 연구분담

복수의 당사자가 공동연구를 하는 경우에 연구의 중복 없이 연구를 효율적으로 수행하기 위해 각자의 연구범위 및 책임범위를 명확하게 하는 것을 목적으로 한다.

연구분담은 각자의 기술적 역량을 유효하게 이용하여 연구가 원활하고 효율적으로 행해지도록 각자의 기술분야 및 기술능력에 맞게 적절하게 정하여야 한다. 연구비용의 분담, 연구의 성과, 지적재산권의 귀속 등을 연구 분담에 따라서 정하는 경우에는 이들 조항과의 균형을 맞추어 불공평하게 되지 않도록 배려해야 한다..

연구비용의 부담방법으로서는 통상 다음의 3가지를 들 수 있는데 첫 번째 방법이 가장 일반적이다.

- 각자가 자기의 연구 분담에서 발생한 비용을 부담
- 공동연구에서 발생한 비용을 비율을 정하여 부담
- 공동연구에서 발생한 비용을 당사자의 일방이 전액 부담

연구분담에 따라 비용을 부담하는 방법은 일방 당사자에게 예상하지 못한 비용이 소요되어 공평하지 못한 경우 또는 그 비용분담이 불명한 경우가 있으므로 이와 같은 경우의 비용부담에 대해서는 협의사항으로서 유보하여 두는 것이 바람직하다. 또한 아래와 같은 사태의 발생이 미리 예상되는 경우에는 그 비용부담에 대하여 구체적으로 규정하여 두어야 할 것이다.

- 일방의 당사자가 상대방에 대하여 시험장치, 샘플 등의 제공의무를 부담하고, 그 비용부담이 큰 경우
- 연구를 위해 일방의 당사자가 시작장치의 신설, 파이롯트플랜트의 설치 혹은 고가의 측정기구 등을 구입하는 경우

예 문

제O조 '갑' 및 '을'은 제△조의 『연구의 분담』에 따라 각각 자기가 분담한 연구에 소요되는 비용을 부담한다. 다만, 본 연구를 수행하는데 일방의 당사자에게 현저하게 부담이 되는 비용 및 분담이 명확하지 않은 비용에 대해서는 '갑'과 '을'이 협의하여 부담을 정한다.

제O조 '갑' 및 '을'은 본 연구에 소요된 비용을 원칙으로 절반씩 부담하기로 하며, 그 상세에 대해서는 별도 협의한 후에 결정한다.

Ⅵ 연구기간

목적으로 하는 연구성과의 획득시기는 제3자와의 경쟁상 혹은 성과의 실시시기 등의 점에서 매우 중요하므로 연구기간은 성과의 기업화구상에 기초하여 성과를 적시에 획득할 수 있도록 각자의 경제력, 기술력을 고려하여 적절하게 정하여야 한다.

소기의 목적을 달성할 수 있는 성과를 당초 정한 연구기간 내에 달성하지 못해 양 당사자가 연구를 계속 희망하는 경우가 자주 있다. 이와 같은 경우에 대비하여 계약의 갱신 혹은 재계약을 회피하기 위해 계약기간의 연장에 대하여 조치하여 두는 경우가 많은데, 연구기간의 안이한 연장을 조장하는 규정방식을 취하지 않도록 유의하여야 한다. 예를 들면, 당사자의 계약종료 의사표시가 없으면 연구기간이 자동적으로 연장되는 규정은 대체로 연장의 의사표시를 하지 않는 경우가 많으므로 계약이 종료하였다고 오인하게 하여 예기치 않는 다툼이 발생하거나 불이익을 받는 경우가 생기므로 연장이 필요한 경우에는 반드시 합의에 따르도록 규정하여야 한다.

연구기간을 계약의 유효기간과 일치시켜 특별히 연구기간을 정하지 않는 경우도 많은데, 연구기간과 계약기간을 따로 정하는 경우에는 연구기간이 연장되는 경우도 포함하여 양자사이에 모순이 발생하지 않도록 주의한다.

예 문

제O조 본 연구의 기간은 본 계약의 체결일로부터 0년간으로 한다. 다만, 이 연구기간은 '갑'과 '을'이 협의한 후 서면에 의한 확인에 의해 연장할 수 있다.

Ⅶ 자료 · 정보의 교환

연구를 효율적으로 수행하기 위해서는 각자가 소유하고 있는 자료 · 정보를 상호 신뢰관계에 따라 교환하여 유효하게 이용하는 것이 바람직하나 당사자의 일방이 현재 보유하고 있는 자료 중에는 제3자와의 계약에 의해 비밀유지의무를 부담하고 있는 관계로 이 자료를 상대방에게 개시하는 것이 금지되어 있는 경우도 있으므로 계약체결 전에 충분히 조사하여 이들 자료의 취급에 대하여 미리 그 대책을 마련해둘 필요가 있다.

자료 · 정보의 대상으로는 계약 시에 각자 소유하고 있는 것만으로 한정하는 경우와 계약기간 중의 것도 포함하는 경우가 있다. 아래 예문은 두 경우를 다루고 있으며, 사안마다 적절한 것을 선택하고 아울러 특정한 자료를 대상으로 하는 경우에는 구체적으로 그 자료를 명시해야 한다.

- 정보개시청구권을 일반적으로 승인한 조항
- 특별한 합의가 없으면 정보교환의 대가는 무상(정보 종류, 범위, 형식, 대가 여부 등에 대한 상세한 규정)
- 제공기술로 참가기업 단독의 연구개발 추진, 연구개발이외의 제조행위, 제3자에 대한 실시허락 등 제공된 기술, 정보의 유용금지는 적법
- 개시된 정보 등에 대한 비밀유지의무 규정이 필요

예 문

제O조 '갑' 및 '을'은 본 연구를 개시할 때 각자가 보유하고 있는 자료. 정보 중에 본 연구의 수행에 필요하고 유익한 자료정보를 상대방에게 제공한다. 다만, 제3자와의 계약에 의해 비밀유지의무를 부담하고 있는 것은 그러하지 않다.

Ⅷ 연구자 파견(기술지도 포함)

자기의 기술자를 상대방에게 파견하거나 상대방의 기술자를 자기의 시설에 파견받아 공동연구의 목적을 효율적으로 달성하는 경우가 있으며, 이 경우에 기술자의 파견조건을 미리 합의하여 두는 것이 바람직하다.

예 문

제O조 각 당사자는 상대방의 요구에 의하여 본 연구를 담당하는 상대방 연구자의 질문에 응하며, 가능한 범위 내에서 본 연구에 필요한 기술지도를 행하기 위해 상대방에게 연구자를 파견한다.

다른 업종 당사자 간의 공동연구에서는 자기가 소유하지 않는 연구시설을 사용할 필요가 있는 경우에 그 사용조건을 사전에 설정함으로써 상호의 연구를 촉진시킬 수 있다.

예 문

제O조 당사자의 일방이 『본 연구』의 수행을 위해 상대방 연구시설의 사용신청을 할 때에는 상대방은 그 신청을 부당하게 거부하지 않기로 한다. 이러한 경우 사용조건에 대해서는 당사자가 협의하여 결정한다.

IX 진도보고

진도보고는 공동연구의 진행상황 및 그 내용을 상호 확인하여 연구의 촉진을 도모함과 아울러 연구의 진행방법에 대한 재검토 또는 성과의 취급의 확인 등을 원활하게 한다.

진도상황에 대한 보고방식에는 정기보고와 수시보고가 있으며, 양자 중 연구목적을 달성하는데 용이한 것으로 정하고, 보고의 형식, 보고의 빈도 및 보고의 내용확인을 위한 의사록의 작성 등을 미리 정한 경우에는 이러한 사항을 조항에 명확하게 규정해야 한다.

예 문

제O조 '갑' 및 '을'은 본 연구기간 중에 정기적으로 본 연구의 진행상황에 대하여 상호 통지하기로 하며, 그 실시요령에 대해서는 별도로 협의하여 정한다.

X 제3자와 연구제한

연구는 본래 '연구분담'에서 정한 대로 행해지지만 각자의 시간적, 기술적 제약에 의해 그 연구분담의 일부를 제3자에게 위탁하는 것이 바람직한 경우가 있다. 연구를 제3자에게 위탁하는 경우에는 비밀유지, 성과의 귀속, 지적 재산권의 귀속, 성과의 실시 등에 있어서 상대방의 이해와 밀접한 관련을 가지므로 제3자에게 위탁하는 경우에는 상대방과 위탁자의 선택 및 위탁조건에 대하여 협의한 후에 실행해야 한다.

예 문

제O조 '갑' 및 '을'은 제△조에서 정한 자기의 연구분담의 일부 또는 전부를 상대방의 문서에 의한 동의를 받은 경우에 한하여 제3자에게 위탁할 수 있다.

제3자와 공동연구금지조항의 목적은 공동연구의 일방당사자가 제3자와 동일하거나 유사한 공동연구를 하면 그 제3자에게 공동연구와 관련된 비밀이 누설될 우려가 있을 뿐만 아니라 성과의 귀속을 객관적으로 판별할 수 없게 되는 경우가 있으므로 동일한 목적 또는 유사한 공동연구를 자유로이 상대방에게 위탁하지 않도록 제한하여 당사자 간에 신뢰관계를 유지하는데 있다.

공동연구금지조항과 같은 제한은 특히 제조자와 수요자간의 공동연구에서 중요하다. 목적으로 하는 공동연구의 기술분야에는 통상 복수의 제조자와 수요자가 있으며, 상대방이외의 제3자와 공동연구를 하려고 하는 기회가 서로 많기 때문이다. 그러나 특별한 사유로 인해 동일목적의 공동연구를 평행하여 제3자와 하는 것을 예외적으로 인정하는 경우에는 각각의 공동연구에서 제공된 자료, 정보 및 발생한 성과에 대하여 혼동이 생기지 않도록 명확하게 구별하고, 비밀유지에 특히 유의하여야 한다.

금지 또는 제한하는 연구범위가 불명확하게 되면 나중에 다툼의 원인이 되므로 그 범위를 명확하게 한정하도록 고려하여 '유사한 연구' 혹은 '관련된 연구'와 같은 표현으로 제한하는 것은 회피하여야 한다.

제3자를 적극적으로 공동연구에 참가시키는 것이 유리한 경우, 제3자의 가입은 성과의 귀속, 지적재산권의 귀속, 성과의 실시, 비밀유지 등의 점에서 현행의 공동연구와 이해를 갖는 경우가 많으므로 가입하는 제3자의 권리·의무에 대하여 충분하게 검토하여야 한다. 공동연구의 종료 후에도 일정기간 제3자와의 공동연구를 제한하는 경우, 독점금지 및 공정거래에 관한 법률상의 문제점을 고려해야 한다.

예 문

제O조 '갑' 및 '을'은 상대방의 동의 없이 본 연구와 동일목적의 연구를 제3자와 공동하여 행하거나 또는 제3자로부터 수탁하여서는 안된다.

제O조 '갑' 및 '을'은 제3자를 이 공동연구에 참가시키는 것이 필요한 경우에는 상대방의 사전 동의를 받아 참가시킬 수 있다.

XI 연구성과의 귀속

공동연구의 성과 중 이 계약에서 귀속을 정한 성과를 정의하고, 공동연구라는 당사자쌍방의 작업에서 발생하는 결과의 이익배분의 기초를 명확하게 한다. 성과의 귀속은 성과를 실시하는 것에 의하여 얻을 수 있는 공동연구로 부터의 이익배분의 기초를 형성하는 것이기 때문에 공동연구 당사자간의 전체적 공평이 유지되도록 배려해야 한다.

우선 대상인 성과란 무엇을 가리키는 지를 명확하게 해두는 것이 필요하며, 애매하게 규정하면 계약의 이행 및 운용에서 다툼의 소지가 있으므로 '본 연구에 의하여 얻은 성과'와 같은 표현은 피하여야 한다. 성과를 정하는 경우 공동연구를 통하여 얻은 기술적 지식을 모두 연구의 성과로서 취급하는 방식과 기술적 지식 중 특정한 것으로 한정하는 방식이 있는데 후자의 경우, 다른 업종간의 공동연구이며 성과의 타 목적 유용을 제한하는 규정을 둔 경우에는 성과의 범위를 구체적으로 명확하게 해두지 않으면 일방의 당사자가 불이익을 받을 수 있다. 이와 같은 불합리한 점을 제거하기 위하여 공동연구에 의하여 얻은 기술적 지식 중에 상호합의한 것만을 성과의 대상으로 취급하고 그 밖의 것은 계약으로 제약되지 않도록 한다.

성과범위의 한정은 공동연구 목적과 직접적으로 관련된 것(Ⅰ,Ⅱ)과 소기의 목표수준에 도달한 것(I, III)만을 성과로 하는 방법이 있다.

성과		공동연구 목적과 직접관계 유무	
		있음(A)	없음
목표기술수준	달성(B)	Ⅰ	Ⅲ
	미달성	Ⅱ	Ⅳ

연구성과의 한정 유무, 한정한다면 (A), (B)의 어느 쪽으로 할지는 연구의 주제, 연구의 실시형태 및 연구성과에 관계가 있는 다른 조항의 내용에 의하여 결정하면 된다. 필요 시 계약당사자가 자유롭게 취사선택할 수 있도록 유보하는 방법도 있다.

예 문

제O조 '갑' 및 '을 제O조 ① 본 연구의 성과란 본 연구의 목적에 직접적으로 관계있는 발명, 고안, 의장, 컴퓨터 소프트웨어 및 노하우이며, 본 연구의 목적이 달성된 것을 말한다.

② '甲' 및 '乙'은 본 연구의 성과에 대해서 그것이 전항에서 말하는 연구의 성과에 상당하는지 여부의 확인을 상대방의 연락에 따라서 그때마다 행하는 것으로 한다. 본 연구기간 중에 정기적으로 본 연구의 진행상황에 대하여 상호 통지하기로 하며, 그 실시요령에 대해서는 별도로 협의하여 정한다.

공동연구는 양당사자가 지식을 서로 제공하고 공동하여 연구활동을 행하는 것이므로 성과는 공유하는 경우가 많으나 각 당사자가 성과를 낸 공헌도에 상응하여 경제적 이익이 분배되도록 소유권을 정하여야 한다. 공헌도에는 직접적 공헌뿐만 아니라 자료와 정보에 의한 간접적 공헌도 고려하여야 하며, 상대방으로부터 제공된 자료, 정보를 유효하게 사용한다든지 혹은 그것을 기초로 하여 성과가 창출된 경우 그 기여도를 반영할 수 있는 규정도 고려할 필요가 있다.

성과 지분을 결정하는 방법으로는 다음과 같은 것들이 있다.

- 발생주의 : 발명한 종업원의 소속 당사자에게 귀속
- 공헌도주의 : 발명과정에서 보다 공헌이 많은 당사자에게 귀속(연구자원 부담비율로 공동소유)
- 분야별 주의 : 의도하는 분야의 당사자에게 관련 발명 귀속(실시규정과 밀접한 관련이 있으므로 신중한 검토 필요)
- 지분비율은 특약이 없으면 법률의 규정에 의하여 정해짐
- 비율이 불명한 때에는 각 공유자의 지분은 균등한 것으로 추정
- 기술적 곤란정도, 목적달성에 소요되는 기간의 장단에 따라 확정방식과 불확정방식 채택
- 지분비율 산정방식이 합리적이지 않으면 목적달성을 곤란하게 하며, 분쟁을 내포함

예 문

제O조 ① 甲 및 乙은 상대방으로부터 자료, 정보의 제공, 조언, 원조, 협력 없이 자기가 단독으로 얻은 성과를 단독 소유한다.
② 甲및 乙은 상대방으로부터 얻은 자료, 정보, 조언, 원조, 협력에 의하여 얻은 성과를 공유한다.
③ 전항의 규정에 있어서 甲 및 乙은 양자의 공헌도에 따라서 성과의 지분을 각자 정한다.

XII 지적 재산권의 귀속

공유 성과를 반드시 성과의 귀속과 일치시켜서 할 필요는 없으며, 필요에 따라서는 일방 당사자에게 귀속시키는 것도 자주 행해지고 있다. 공동연구의 성과를 모두 서면 권리를 활용함은 불합리한 면이 있으므로 당사자간에 불공평함이 생기지 않도록 발명자의 인원수, 공헌도, 사업분야(연구분담) 등을 고려하여 적절하게 정하여야 한다.

공유산업재산권의 출원(중간처리 등의 권리화까지의 제반 절차를 포함한다.) 및 권리유지를 위한 절차를 누가 담당할 것인지, 이 절차 중에서 어떤 절차에 대하여 양자가 협의하여 처리할 것인지, 여기에 소요되는 비용을 누가 분담할 것인지를 협의하여 명확히 규정하여야 한다.

권리침해에 대한 조치방안과 거기에 소요되는 비용분담, 지불방법 등도 반드시 규정하여야 한다. 특히 해결방법에 따라서 다액의 비용이 소요되므로 양자의 지분에

따른 부담으로 하면 사업형태를 달리하는 당사자에게는 공평하지 않을 우려가 있으므로 협의사항으로 하여 두는 것이 바람직하다.

예 문

제O조 甲 및 乙은 본 계약의 유효기간 중 및 그 종료 후 O년간 본 연구의 성과인 발명 또는 고안에 관계된 산업재산권을 받을 권리 및 당해 권리에 의거하여 취득한 산업재산권의 귀속을 다음과 같이 정한다.

(1) 甲 및 乙의 종업원이 공동으로 한 발명 등에 대한 권리는 甲과 乙의 공유로 한다.

(2) 甲 또는 乙의 일방의 종업원만이 한 발명 등의 권리는 당해 당사자의 단독소유로 한다.

② 甲은 전항 제1호에서 정한 산업소유권의 출원 및 등록후의 권리 유지의 절차를 진행하며 乙은 이에 협력한다.

③ 甲 및 乙은 전항의 절차에 요하는 비용을 지분에 따라 부담한다.

④ '갑' 및 '을'은 제△조에 따라 취득한 공유의 산업재산권을 제3자가 권리침해를 한 경우에는 협력하여 그 해결을 도모하기로 하며, 이에 소요되는 비용은 상호 협의하여 정한다.

XIII 개량발명

공동연구에서의 기여도, 성과의 실시상황 등 여러 사정을 고려하여 개량 · 개발의무의 유무, 개량 · 개발기술의 제공의무의 유무 및 제공조건의 명시 등에 관한 계약상 책임과 의무를 계약서상에 명시하여야 한다. 만약 별도의 정함이 없으면 개량기술의 제공의무는 부담할 필요는 없다. 개량기술을 제3자에게 양도 또는 실시권 허락시 최우선적으로 공동연구 상대방과 교섭할 것을 계약상 확보 또는 동일 조건으로 활용할 수 있다.

예 문

제O조 ① '갑' 및 '을'은 본 계약의 유효기간 종료 후 2년이내에 본 연구의 성과와 관련된 OO에 대하여 개량발명 또는 고안 등을 한 경우에는 '갑'과 '을'의 공동소유로 한다.

② 전항에 따른 개량발명 또는 고안 등에 대해서는 본 계약의 모든 조항을 그대로 적용한다.

XIV 연구성과의 발표

연구성과의 발표는 기업활동에서 필요한 경우도 있지만 비밀이 누설될 수 있으므로 발표내용, 발표시기, 발표방법에 대하여 발표 전에 쌍방이 협의할 것을 정할 필요가 있다. 특히 성과 중 노하우에 대해서는 유의하여야 한다. 연구성과는 공유재산이므로 발표내용 및 발표시기에 대하여 사전에 쌍방이 합의한 후에 하도록 정해두며, 또한 특별히 정함이 없으면 당사자의 일방에 귀속하는 단독의 성과도 당연히 포함된다.

> **예 문**
>
> 제O조 '갑' 및 '을'은 본 계약의 유효기간 중 및 그 종료 후에도 본 연구의 성과를 발표하려고 하는 경우에는 그 내용, 시기, 방법에 대하여 미리 문서로서 상대방에게 통지하여 그 승낙을 받기로 한다.

XV 제3자에 대한 실시허락

공동연구의 성과를 제3자에게 실시허락할 것인지의 여부, 실시허락하는 경우의 대상 및 조건, 당해 제3자로부터 얻은 이익의 당사자 간의 배분 등에 대하여 규정한다. 자기실시는 자유이지만 상대방이 생산원가가 싼 자회사에 위탁생산하는 경우 자기생산에 관한 예상하지 못한 사태를 초래할 우려가 있으므로 협의사항으로 한다.(조건 등에 보상요소도 포함할 수 있다.)

> **예 문**
>
> 제O조 (제3자 실시권) '갑'과 '을'은 양당사자가 공유하는 본성과 및 본권리에 대하여 제3자(각각의 자회사를 포함한다.)에게 실시권을 허락하는 경우에는 사전에 상대방과 그 가부 및 조건 등에 대하여 협의하여야 한다. 다만, 본제품 이외의 분야에서 실시권을 허락하는 경우에는 그러하지 않다.그 실시요령에 대해서는 별도로 협의하여 정한다.

XVI 기타 사항

성과를 사용하는데 상대방 지적재산권의 사용이 예상되는 경우에 미리 사용 여부 및 사용조건을 규정한다.

> **예 문**
>
> 제O조 '갑'은 '갑'이 본건 제품에 관하여 소유하는 산업재산권에 대하여 '을'이 본건 제품의 기업화를 목적으로 하는 실시허락의 신청을 한 경우에는 이에 응하는 것으로 하며, 그 조건에 대하여는 별도로 협의하여 정한다.

공동연구의 경우에는 양당사자의 보증능력이 동일한 경우가 많지 않으므로 일반적으로 상호 보증하지 않는다는 규정을 두는 것이 바람직하다.

> **예 문**
>
> 제O조 본 계약의 어느 당사자도 본 계약에 따른 상대방 당사자의 제품의 제조, 사용 및 판매가 제3자가 소유하는 특허를 침해하지 않는다는 것을 보증하지 않으며, 또한 상대방 당사자가 당해 당사자의 「특허」, 「기술정보」, 「프로그램」, 「개량」, 「기 보유 정보」 및 /또는 「기 보유 특허」를 사용함에 있어서는 여하한 경우에도 품질, 이익 또는 제조비를 보증하지 않으며, 이러한 사용에 의하여 발생하는 어떠한 손해, 손상 또는 인적 상해에 대하여 책임을 지지 않는다.

공동연구기간 중에 취득한 성과에 대해서는 그 후에도 양 당사자에게 권리 및 의무가 잔존하므로 그 내용과 기간을 명확하게 규정해 두는 것이 필요하다. 공동구입한 장치 및 기자재, 교환한 자료정보의 취급에 대해서도 규정해야 한다. 보통 연구종료 시에 잔존하는 권리와 의무에 대해서는 각각의 항목에서 규정하는 경우가 많지만 그 기간에 대해서는 '계약유효기간조항'에서 적정하게 규정되어 있는지를 검토할 필요가 있다.

계약의 시기와 종기를 정한 것으로, 즉 계약에서 정한 각 당사자의 권리의무의 효력발생일과 실효일을 규정하는 것을 목적으로 한다. 공동연구의 경우에 그 종기에 대해 적용제외조항이 많다는 특징이 있다. 통상적으로 성과의 실시, 제3자에 대한 실시허락, 거래문의 정보의 교환, 산업재산권의 유지, 보전, 권리침해, 비밀유지, 성과의 발표 등 연구종료 후에도 적용될 수 있는 사항이 포함되어 있으므로 계약은 이들 조항의 적용을 배제하여 계약이 종료한 후에도 다시 일정기간 유효하게 존속시키도록 규정한다. 특히 적용제외조항의 선택에 대해서는 본래 적용제외조항으로서 취급하여야 할 것을 누락하지 않도록 주의하여야 한다. 존속기간은 각 적용제외조항에 맞게 적절한 기간을 정하여야 하지만 일반적으로 성과의 실시 및 성과와 관련된 산업재산권의 관련조항에 대한 존속기간은 당해 산업재산권의 존속기간에 맞추는 경우가 많다.

예 문

제O조 ① 본 계약의 유효기간은 본 계약의 조인일로 부터 O년간으로 한다. 다만, 이 계약기간은 '갑', '을'이 협의한 후 서면에 의한 확인에 의하여 동일조건으로 연장할 수 있다.
② 전항의 규정에도 불구하고 제△조 「성과의 실시」, 제△조 「제3자에 대한 실시허락」, 제△조 「거래문의정보의 교환」, 제△조 「특허 등의 취득, 보전」, 제△조 「권리침해」, 제△조 「성과의 발표」, 제△조 「비밀유지」의 규정은 본 계약기간 만료일로부터 10년간 그 효력을 가진다. 다만, 제△조 「특허 등의 취득, 보전」, 제△조 「권리침해」의 규정은 제△조에 근거한 '갑', '을'의 공유산업재산권출원이 거절된 경우 혹은 당해 산업재산권이 무효로 된 경우에는 당해 거절 및 무효가 확정된 날까지로 한다.

主要參考文獻

國內文獻

· 김춘석, 반도체 설계재산의 지적재산권적 보호에 관한 연구(2006), 충남대 특허법무대학원 석사

· 박병준, 반도체 집적회로의 배치설계와 설계자산의 보호에 관한 연구(2003), 연세대 법무대학원, 석사

· 진수영, 반도체 집적회로 배치설계의 지적재산권적 보호에 관한 연구(2002), 한남대 행정정책대학원 석사

· 최서윤, 반도체 설계자산 보호법제 현황과 문제점(2004), 충남대 대학원 석사

· 이원녕, 반도체 설계자산의 법적 보호방안에 관한 연구(2004), 인하대 산업대학원 석사

· 이지연, 반도체 집적회로 배치설계의 보호(1998), 11기 수습변리사논문

· 정태훈, 반도체 집적회로의 배치설계에 관한 소고(2001), 14기 수습변리사논문

· 부정경쟁방지 및 영업비밀 보호 업무 해설서(2008), 특허청

· 남희섭, 반도체설계법과 향후 발전방향(2000)

· 박재훈, 미국의 반도체칩 보호법 및 관련 판례 연구(2008), 지식재산21(4월호)

· 반도체집적회로의 배치설계에 관한 법령해설(2007), 특허청

· 임병웅, 이지특허법 제7판(2009), 한빛지적소유권센터

· 송영식 · 이상정, 저작권법 개설, 세창출판사(2008)

· 반도체설계자산 보호 · 유통기반 조성사업(2008), 특허청

外國文獻

- 1994, Agreement on Trade-Related Aspects of Intellectual Property Rights
- Ian Mackintosh, "Intellectual Property Protection: Schemes Alternatives and Disscussing", IPP DWG Version 1.0 VSI Alliance.
- Cooter, Robert, Ulen, Thomas, Law & Economics(4th edn; Pearson Education(2004)
- Andrew Christie, "Integrated Circuits and their contents : International Protection", Sweet & Maxwell(1995).
- Robert J. Hart, Guide to Intellectual Property in the I.T. Industry, Sweet & Maxwell, London(1998)
- Lemley, Mark A., Menell, Peter S., Merges, Robert P., Samuelson, Pamela, Software and Internet Law(3rd edn.; Aspen Publishers, 2006)
- Tritton, Guy, Intellectual Property in Europe(2nd edn.; London: Sweet & Maxwell, 2002)
- Radomsky, Leon, 'Sixteen Years after the Passage of the U.S. Semiconductor Chip Protection Act: Is International Protection Working?', Berkeley Technology Law Journal, 15 (2000)
- 'Brooktree Corp. v. Advanced Micro Devices, Inc.', F.2d(977: CAFC, 1992)
- 'Altera Corp. v. Clear Logic, Inc.', F.3d(424: 9th Circuit, 2005)

찾아보기

(ㅅ)

(ㅇ)

(ㅈ)

(ㅊ)

(ㅋ)

(ㅌ)

정가 15,000원

Core-A 반도체배치설계관련 지식재산권

2009년 11월 20일 초판 인쇄
2009년 11월 30일 초판 발행

저 자 : 이 경 란 · 임 병 웅
발행자 : 우 명 찬 · 송 준
발행처 : 홍릉과학출판사
주 소 : ㊝ 142-885 서울시 강북구 인수동 455-60
등 록 : 1976년 10월 21일 제5-66호
전 화 : 999－2274~5, 996－8341, 903－7037
팩 스 : 905-6729
ISBN : 978-89-7283-804-3

hongpub@hongpub.co.kr
www.hongpub.co.kr